Pronto
para
recomeçar

psicografia de
Sulamita Santos

pelo espírito
Margarida da Cunha

Pronto para recomeçar

LÚMEN
EDITORIAL

Pronto para recomeçar
pelo espírito Margarida da Cunha
psicografia de Sulamita Santos

Copyright © 2015-2022
by Lúmen Editorial Ltda.

2ª edição – Outubro de 2022

Coordenação editorial: Ronaldo A. Sperdutti
Projeto gráfico, capa e diagramação: Casa de Ideias
Impressão e acabamento: Assahi Gráfica

Dados Internacionais de Catalogação na Publicação (CIP)
(Câmara Brasileira do Livro, SP, Brasil)

Cunha, Margarida da (Espírito).
    Pronto para recomeçar / pelo espírito Margarida da Cunha ; psicografia de Sulamita Santos. – São Paulo : Lúmen Editorial, 2015.

    ISBN 978-85-7813-162-3

    1. Espiritismo 2. Psicografia 3. Romance espírita I. Santos, Sulamita. II. Título.

15-03765   CDD-133.93

Índices para catálogo sistemático:
1. Romances espíritas psicografados :
    Espiritismo   133.93

LÚMEN
EDITORIAL

Av. Porto Ferreira, 1031 - Parque Iracema
CEP 15809-020 - Catanduva-SP
17 3531.4444

www.lumeneditorial.com.br | atendimento@lumeneditorial.com.br

www.boanova.net | boanova@boanova.net

2015-2022

Proibida a reprodução total ou parcial desta obra
sem prévia autorização da editora
Impresso no Brasil – *Printed in Brazil*

2-10-22-2.000-6.050

Sumário

Capítulo 1	Nota vermelha	9
Capítulo 2	Altino	12
Capítulo 3	A noite no hospital	14
Capítulo 4	Na casa da amante	22
Capítulo 5	Revolta e coragem	25
Capítulo 6	Anjos	28
Capítulo 7	A escolha de Joselina	32
Capítulo 8	Noite maldormida	34
Capítulo 9	O retorno	39
Capítulo 10	Segunda chance	42
Capítulo 11	Violão	45
Capítulo 12	Rompimento	47
Capítulo 13	Tarde tranquila	50
Capítulo 14	Casamento em ruínas	52
Capítulo 15	Uma sombra	55
Capítulo 16	Desabafo	57
Capítulo 17	Um dia de trabalho	60
Capítulo 18	João sai atrasado	63
Capítulo 19	Altino sai sem pressa	65
Capítulo 20	Tirando curativos	68

Capítulo 21	Celeuma	71
Capítulo 22	Um segredo	74
Capítulo 23	Culpa velada	77
Capítulo 24	Era bom demais para ser verdade	79
Capítulo 25	Conversa entre homens	81
Capítulo 26	Problemas financeiros	84
Capítulo 27	O "novo" Altino	86
Capítulo 28	Erro do passado	89
Capítulo 29	A decisão de Caetano	91
Capítulo 30	Uma professora preocupada	95
Capítulo 31	Mulheres	98
Capítulo 32	Maricas	104
Capítulo 33	Perambulando	107
Capítulo 34	A empregada misteriosa	108
Capítulo 35	Desmascarando Maria Helena	110
Capítulo 36	Ódio por Caetano	114
Capítulo 37	O crime de Joselina	115
Capítulo 38	Na sala de cirurgia	119
Capítulo 39	Corre a notícia	120
Capítulo 40	A preocupação dos colegas	124
Capítulo 41	A notícia chega à oficina	126
Capítulo 42	Marina recebe a notícia	128
Capítulo 43	Altino deixa a casa	130
Capítulo 44	Dando um jeito	133
Capítulo 45	O advogado	135
Capítulo 46	Dores	137
Capítulo 47	Arlete	139
Capítulo 48	O violão	142
Capítulo 49	Regina e Carlão	148
Capítulo 50	O galante Ricardo	152
Capítulo 51	O arrependimento de Caetano	155
Capítulo 52	O psicólogo	159
Capítulo 53	A decisão de Marina	162
Capítulo 54	Na pensão de dona Teresa	166
Capítulo 55	Joselina fica só	169
Capítulo 56	Discutindo na frente da pensão	173
Capítulo 57	Uma conversa com Elisa	176

Capítulo 58	O retorno de Ricardo	178
Capítulo 59	O tempo passa	180
Capítulo 60	Caso perdido	182
Capítulo 61	Baile	186
Capítulo 62	Menino pobre	191
Capítulo 63	Menina rica	192
Capítulo 64	Evitando Nico	193
Capítulo 65	Velório	199
Capítulo 66	Vingança anunciada	205
Capítulo 67	A visita de doutor José Carlos	207
Capítulo 68	Desabafo	209
Capítulo 69	O segredo vem à tona	211
Capítulo 70	Briga na pensão	217
Capítulo 71	Marina tenta conversar com João	220
Capítulo 72	Sem mobília	222
Capítulo 73	Mudanças	223
Capítulo 74	Deixando de ser um bom menino	229
Capítulo 75	Chibaba	233
Capítulo 76	Assassinato	238
Capítulo 77	Cassiano	242
Capítulo 78	Pegadas	245
Capítulo 79	A cena do crime	247
Capítulo 80	Investigação	249
Capítulo 81	Suspeito	253
Capítulo 82	LSD	258
Capítulo 83	Causa e efeito	261
Capítulo 84	Cocaína	264
Capítulo 85	Sugestões diabólicas	267
Capítulo 86	Os astros morrem	271
Capítulo 87	Viciado	276
Capítulo 88	Na Casa Espírita	278
Capítulo 89	Desencarne	282
Capítulo 90	A frieza de Altino	285
Capítulo 91	A despedida de João	286
Capítulo 92	Conforto para a alma	289
Capítulo 93	No Vale de Lágrimas	293
Capítulo 94	Juntos após a morte	301

Capítulo 95	Um desejo de Marina	305
Capítulo 96	Chegada à Colônia	309
Capítulo 97	Sobre o umbral	315
Capítulo 98	Como São Tomé	317
Capítulo 99	O mensageiro	319
Capítulo 100	Balbino perde a paciência	323
Capítulo 101	Viagem a Uberaba	326
Capítulo 102	Em Uberaba	330
Capítulo 103	A carta	332
Capítulo 104	Chegam as cartas	334
Capítulo 105	Espíritos na Casa da Prece	339
Capítulo 106	Rotina	340
Capítulo 107	Sofrimento e desencarne	342
Capítulo 108	Recuperação	352
Capítulo 109	Reencontro	356
	Posfácio	358

CAPÍTULO

1

Nota vermelha

João Pedro chegou à sua casa. Estava apreensivo, pois trazia o boletim escolar nas mãos. Com expressão preocupada, disse para Marina, sua mãe:
— Mamãe, tenho uma má notícia.
A mulher, que estava sentada à máquina de costura, olhou surpresa para o menino e perguntou:
— O que aconteceu na escola? Ficou de castigo?
João Pedro, que não era um menino muito falante, daquela vez olhou desapontado para a mãe, dizendo:
— De maneira alguma! Eu sempre me dei muito bem com meus colegas de classe. O problema é outro...
Marina parou o que estava fazendo e, remexendo-se na cadeira, perguntou:
— O que aconteceu, meu filho?
João Pedro abriu sua mochila, tirou o boletim escolar e o entregou à mãe. Naquele momento, Marina percebeu que o menino havia tirado nota baixa, porém, manteve o aspecto sério para que ele sentisse que precisava se aplicar mais no colégio. Então, ajeitando os óculos, a mulher viu a nota vermelha em matemática e logo perguntou:
— João, não acredito que tirou nota vermelha em matemática!
— Mamãe, desde que substituíram a professora Elvira pelo professor Armando, eu comecei a ter dificuldade na matéria – o menino respondeu com os lábios trêmulos. - A professora Elvira sempre explicava de novo quando eu

não entendia alguma coisa. Mas o professor Armando é muito bravo e, para falar a verdade, tenho medo de falar com ele, pois está sempre mal-humorado.

Marina sabia que uma das virtudes de João era sempre falar a verdade e, por isso, disse:

— João, você não precisa ter medo do seu professor de matemática. Ele está sendo pago para ensinar, e não para que os alunos tenham medo dele.

— Mãe, a senhora diz isso porque não conhece o professor Armando – disse com lágrimas nos olhos. – Ele explica só uma vez, e chama de burro se alguém faz alguma pergunta. A senhora sabe que não é preciso fazer muita coisa para eu passar vergonha.

Marina, depois de pensar, disse:

— Meu filho, quando você não entender alguma coisa, fale comigo. Darei um jeito de pagar um professor para dar aulas particulares para você.

João, que tinha doze anos, disse:

— Mãe, a senhora não tem como pagar um professor particular para mim. Papai vive desempregado, e o que a senhora ganha na costura é para manter a casa.

Marina, olhando para o filho como se o visse pela primeira vez, percebeu que João sabia de tudo o que acontecia em casa, por mais que ela fosse discreta. A mulher, sorrindo, continuou:

— Meu filho, graças a Deus minha freguesia é grande, então, dá para pagar um professor particular se você precisar.

O menino pensou por alguns instantes e respondeu:

— Não vai precisar, mamãe. Eu vou prestar muita atenção nas explicações do professor, e quando tiver alguma dúvida converso com o Gerson. Ele é o melhor aluno de matemática da classe.

A mulher concordou sorrindo:

— Está bem, meu filho. Mas saiba que, se isso não for suficiente, pagarei um professor, e está decidido.

Marina abriu uma gaveta do móvel da máquina de costura e, prontamente, pegou uma caneta para assinar o boletim de João. Ele perguntou:

— Mãe, o que a senhora fez para o almoço?

— Frango frito!

O menino voltou a sorrir e guardou o boletim na mala escolar. Marina levantou-se da máquina e rapidamente arrumou a mesa para o almoço. Naquele dia, porém, ela sentia-se imensamente triste, pois sabia que Altino não iria aparecer a tempo para almoçar com a família.

Enquanto almoçava e olhava para João, com seus cabelos negros como a noite e seus olhos verdes, Marina pensava: "Pobre criança, nem faz ideia do pai que tem".

João, percebendo que sua mãe olhava fixamente para ele, perguntou:

— O que foi, mamãe? Está preocupada com a minha nota de matemática? Prometo que nunca mais vou tirar nota vermelha!

Marina respondeu sorrindo:

— De jeito nenhum, meu filho. Eu só estava achando você bonito.

O menino, levando um bocado de comida à boca, meneou a cabeça, sem nada dizer.

Mãe e filho almoçaram. Logo Marina ordenou:

— João, limpe a cozinha, pois seu pai não virá para o almoço.

João, ainda calado, levantou-se e passou a tirar a mesa, levando a louça à cozinha. Enquanto isso, Marina voltou para a máquina de costura, pois sabia que naquele dia dona Eufrásia iria experimentar o vestido que usaria no casamento de sua filha.

CAPÍTULO

2

Altino

Altino, pai de João e marido de Marina, chegou em casa no fim da tarde com bafo de quem havia bebido. Fingindo cansaço, disse:

— Andei o dia inteiro procurando trabalho e não encontrei nada. Se continuar assim, vou procurar trabalho em São Paulo.

Marina, ao sentir o odor etílico no marido, logo desconfiou de que ele estava mentindo.

— Se continuar a procurar trabalho nos bares da cidade, nada encontrará – disse ironicamente.

Altino, um homem corpulento, aparentando pouco mais de trinta e oito anos, respondeu com a voz azeda:

— O que está pensando? Acha que fico pelos bares bebendo em vez de ir procurar trabalho?

Marina respondeu irritada:

— Não estou dizendo nada, só quero que saiba que não sou boba. Sei muito bem que andou bebendo, pois sinto o cheiro de cachaça de longe.

Altino, tentando argumentar, retrucou:

— Como não comi nada o dia inteiro, resolvi passar no bar do Zé Maria e tomar uma dose de cachaça para abrir o apetite. Que mal há nisso?

Marina, não querendo se estressar, resumiu a conversa dizendo:

— Já que tomou seu aperitivo, vá para a cozinha. Deixei seu prato feito no forno.

Altino, olhando com raiva para a mulher, respondeu:

— Um dia vou-me embora desta casa e ninguém mais ouvirá falar de mim.

Marina conteve a raiva que estava sentindo e decidiu se calar para não arranjar confusão com o marido, que estava pronto para brigar. Altino disse com raiva:

— Quer saber? Não quero comer nada, vou tomar um banho e sair um pouco, pois não aguento ficar dentro desta casa olhando para você.

Marina não se conteve e disse:

— Agora sei que não andou procurando trabalho coisa nenhuma. Você ficou na casa de Joselina, aquela desavergonhada.

— Não quero mais falar sobre Joselina nesta casa – gritou tomado pela raiva. – Há muito tempo não a vejo e nosso romance terminou assim que começou.

Marina sabia que o marido estava mentindo, e por isso voltou a ficar calada. Porém, suas mãos tremiam de raiva do marido, pois ele insistia em mentir dizendo que havia procurado trabalho o dia inteiro.

Altino costumava trabalhar como motorista de ônibus. Mas, por causa da bebida, acabou perdendo o emprego havia pouco mais de um ano e, depois do ocorrido, nunca mais conseguiu arranjar trabalho. Então, Marina mantinha a casa com as roupas que confeccionava para suas freguesas.

João Pedro tinha pena da mãe e, para ajudar nas despesas, pediu para o pai lhe fazer uma caixa de engraxate. Todas as tardes ele saía de casa para trabalhar, mas os tempos eram difíceis e os homens preferiam engraxar os sapatos em casa a pagar na rua. Por esse motivo, não era incomum João chegar em casa chateado. Sua mãe, porém, sempre o animava, dizendo que o importante não era o dinheiro, mas a postura responsável de um menino de doze anos ajudar em casa.

João era bem-visto pela mãe e pelos vizinhos, de modo que frequentemente alguém lhe pedia para ir à venda e lhe dava alguma gorjeta por isso. Ele fazia questão de dar o dinheiro à mãe para ajudar nas despesas da casa.

João cumpriu a promessa que fizera à sua mãe – não mais tirar notas vermelhas em matemática. Sempre estava às voltas com Gerson, o melhor aluno em matemática, que tirava todas as suas dúvidas. E, no início da noite, ele costumava refazer alguns exercícios que aprendera a fazer.

Marina sabia o quanto João era aplicado, por isso decidiu confeccionar uma camisa para ele – uma vez que as roupas do menino estavam surradas – utilizando os tecidos que tinha em sua caixa de retalhos.

CAPÍTULO

3

A noite no hospital

Certa noite, enquanto fazia alguns exercícios que Gerson lhe passara, João escutou a porta da frente bater. Não foi difícil para o menino deduzir que seu pai havia chegado. O menino pensou: "Papai deve estar bêbado e, com certeza, ele vai fazer escândalos hoje. Não vejo a hora de crescer e trabalhar para tirar minha mãe dessa vida". Logo o menino ouviu a voz embargada:

— Estou cansado de chegar em casa e sempre encontrá-la sentada na frente dessa máquina. Não suporto mais essa vida. É por isso que prefiro meus amigos de bar, pois lá tenho com quem conversar.

Marina, percebendo o estado do marido, permaneceu em silêncio.

— O que houve com você? O gato comeu sua língua? – gritou Altino.

Nesse instante, Marina deixou a costura sobre o móvel da máquina e perguntou:

— Você vai querer jantar?

— Eu não quero comer nada! Já comi na rua.

Marina foi até a cozinha com lágrimas nos olhos. Enquanto ela estava enchendo um copo com água do filtro, Altino se aproximou dizendo:

— Passo o dia inteiro procurando trabalho nesta maldita cidade sem encontrar nada, e quando chego em casa minha mulher mal fala comigo e meu filho está trancado no quarto.

Marina perdeu a cabeça e gritou:

— Graças à minha costura, não falta o pão nesta casa, pois, se dependesse de você, há muito estaríamos passando fome!

Altino sentiu-se ofendido e respondeu, também aos gritos:

— Eu jamais deveria ter me casado com você. Além de uma péssima esposa, é também uma mulher execrável.

Marina, chorando, replicou:

— Deveria ter ouvido o conselho da minha mãe! Ela disse que você não seria um bom marido.

Altino, tomado pelo efeito da bebida, desferiu diversos golpes em Marina, principalmente no rosto. João, ao ouvir a discussão, saiu do quarto para defender a mãe. Encontrando-a com o rosto lavado de sangue, o menino gritou:

— Pare de bater na minha mãe!

Altino, voltando sua atenção para o menino, investiu sobre ele e começou a bater como se brigasse com um homem adulto. Marina, para defender o filho, interveio em seu favor, travando uma luta corporal com Altino. Ela, porém, já estava demasiadamente machucada.

João, ao perceber que o pai não iria parar, saiu correndo para as ruas e pediu socorro a um vizinho chamado Balbino, um homem negro, alto e muito forte que trabalhava nas sacarias de feijão. João aproximou-se de Balbino dizendo:

— Seu Balbino, por favor, ajude minha mãe! Meu pai está bêbado e vai matá-la.

Balbino sentiu pena do menino e foi imediatamente até a casa para separar a briga do casal. Ao chegar, encontrou Altino desferindo vários golpes em Marina. O homem rapidamente tirou Altino de cima da mulher e disse com voz calma:

— Altino, já chega! Homem que bate em mulher não é homem, pois no dia em que brigar com um homem acaba apanhando de verdade.

Altino estava fora de si e começou a gritar:

— Saia de minha casa, seu negro maldito! Ninguém o chamou aqui!

João, sentindo-se protegido por Balbino, respondeu:

— Se o seu Balbino está aqui é porque eu chamei.

Altino lançou um olhar sarcástico para o homem quando disse:

— Estou entendendo tudo... Você e minha mulher estão de caso. Essa mulher infiel merece apanhar ainda mais!

Balbino, levando em conta que o marido estava bêbado, disse à Marina:

— Levante-se, dona Marina, vou pegar um táxi e levá-la ao hospital — naquele momento, Marina sentiu fortes dores, principalmente no nariz.

Altino gritou:

— Não aceito ser traído por homem algum, ainda mais por um negro safado como você!

Balbino havia chegado da Bahia pouco mais de um ano antes, e como tinha pavio curto, voltou-se contra Altino, gritando:

— Se tem um safado aqui, esse safado é você, que passa o dia inteiro bebendo nos bares e depois sai com qualquer mulher que encontra na rua.

Marina, percebendo que a situação havia fugido do controle, disse a Balbino:

— Altino merece uma surra. Mas não bata nele, senão o senhor vai perder a razão.

Altino, olhando com ódio para a mulher, resolveu sair de casa e deixá-la na companhia de Balbino e de João para voltar ao bar em que passara a maior parte do dia. Marina relutou em ir ao hospital, mas, depois de muita insistência do filho, acabou aceitando.

A mulher saiu de casa em companhia do vizinho e do filho, e logo eles estavam na praça onde havia somente um taxista desocupado. Logo os três chegaram ao único hospital da cidade.

No hospital, foi constado que Marina estava com o nariz fraturado. Depois de alguns medicamentos, o médico disse que ela precisaria passar por uma cirurgia para fazer a devida correção. Ela desesperou-se e disse:

— Não posso ficar internada, pois tenho muitas costuras para entregar nos próximos dias.

O médico, olhando penalizado para a mulher, disse:

— A senhora vai fazer um exame de raio X para sabermos a extensão da lesão. Mas, em minha longa experiência como médico, posso lhe afirmar que houve uma fratura nasal. Só depois do exame poderei dar mais esclarecimentos sobre o caso. Não se preocupe, pois é uma cirurgia rápida: vamos posicionar o arcabouço cartilaginoso e, depois, fazer um curativo. A senhora ficará, no máximo, dois dias no hospital, e depois poderá voltar para casa. Já vou avisando que será um grande incômodo, pois sua respiração se dará somente pela boca.

João estava assustado com a explicação do médico, seu nervosismo era visível. Então, o médico disse sorrindo:

— Fique tranquilo, meu rapaz, sua mãe não vai morrer...

João não achou graça da brincadeira do médico. Logo viu sua mãe ser levada para fazer o exame.

Balbino sabia que precisaria voltar para casa e ficou esperando no corredor. Assim que João saiu, logo contou a Balbino tudo o que o médico lhe falara. O vizinho disse com seu sotaque baiano:

— Tudo isso por causa daquele safado do seu pai!

João começou a chorar, sua alma doía mais do que o físico, que se encontrava todo machucado. Balbino, olhando para o menino, disse:

— Um dia você será um homem. Mas nunca se esqueça de que Altino, mesmo sendo o safado que é, continuará a ser seu pai.

João, juntando as mãos, disse:

— Quando eu crescer e estiver trabalhando, vou tirar minha mãe daquela casa e deixar meu pai sozinho, pois é isso o que ele merece.

Balbino, penalizado, disse:

— A vida é madrasta e deixa muitas marcas. Acredite em mim, tudo nesta vida passa, assim como o tempo de valentão do seu pai também passará – Mas João estava tão envolvido em suas dores e preocupações que mal ouviu o que Balbino estava falando.

Depois de uma hora, Balbino disse:

— Hoje sua mãe vai ficar internada, o melhor a fazer é você voltar comigo e vir visitá-la amanhã.

João, olhando para a estátua de Nossa Senhora de Lourdes, disse:

— Obrigado por tudo, seu Balbino, mas é melhor eu ficar com minha mãe.

— Oxente! Eu não vou deixar você passar a noite sozinho em um hospital!

Chorando, o menino confessou seus temores:

— Não posso voltar para casa. Meu pai logo vai voltar, e só Deus sabe o que ele é capaz de fazer se me encontrar sozinho.

Balbino pensou por alguns instantes, quando disse:

— Não se preocupe, hoje você poderá dormir em minha casa junto com meus meninos.

João pensou por alguns instantes e, recusando o convite do vizinho, agradeceu, pois não queria deixar sua mãe sozinha no hospital. Balbino, respeitando a vontade do menino, disse:

— Preciso ir embora, pois amanhã levanto às quatro da manhã para trabalhar. Mas, se precisar de alguma coisa, pode pedir a Elisa, minha esposa, pois ela ajudará você.

João, como um homenzinho, com os olhos rasos d'água, estendeu a mão cumprimentando o vizinho. Balbino foi embora prometendo que voltaria no dia seguinte, mas antes tirou do bolso algum dinheiro e entregou-o ao menino, caso sentisse fome. João aceitou e viu Balbino se levantar e passar diante da estátua de Nossa Senhora de Lourdes. Naquele momento, João sentiu-se completamente sozinho e, pela primeira vez, aproximou-se da Santa e rezou uma Ave Maria, pedindo para que ela intercedesse por sua mãe. Sentado ao lado da imagem, o menino estava quase adormecendo, quando um senhor de cabelos grisalhos se aproximou, dizendo:

— Não tema! Sua mãe precisa passar por essa provação. Logo ela ficará boa. Mas lembre-se de que em breve as suas provações começarão. Tenha fé e não se esqueça das orações.

João olhou para aquele homem e, por um momento, sentiu uma indizível paz tomar conta de todo o seu ser. Tão logo viu o homem se afastar, o menino não deixou de notar que as roupas do homem eram diferentes e inteiramente brancas. Pensou tratar-se de um médico. Depois de alguns segundos, uma enfermeira com pouco mais de trinta e cinco anos, aproximou-se e disse:

— O que faz sozinho?

— Estou esperando minha mãe. Meu pai a surrou tanto que acabou fraturando o nariz dela – João, ainda sentindo paz, perguntou – Quem é aquele médico que acabou de conversar comigo?

A mulher, sem compreender, respondeu:

— Médico? Não vi ninguém conversar com você, menino.

João insistiu:

— Era um médico baixo, de cabelos grisalhos e roupas brancas.

A enfermeira disse sorrindo:

— Você deve ter sonhado. O único médico que se encontra no hospital está atendendo no consultório quatro, que fica no outro corredor.

João ouviu as palavras da enfermeira, que trazia uma bandeja com medicamentos, e resolveu se calar. Logo ela disse:

— Menino, é melhor você voltar para casa, pois hoje não poderá ver sua mãe. – A enfermeira, sorrindo amavelmente, rodopiou com cuidado nos calcanhares e voltou a caminhar pelo longo corredor. João fez outra prece olhando para a Santa e, dessa vez, encostou-se, adormecendo em seguida.

Já estava quase amanhecendo quando João acordou e, olhando novamente para a Santa, pediu que sua mãe ficasse logo boa. Depois, o menino foi até a recepção para perguntar em qual quarto estava sua mãe. O recepcionista, depois de olhar uma longa lista, respondeu com descaso:

— Marina Lopes Miranda se encontra no quarto dezessete, mas ela não pode receber visita.

João pediu com lágrimas nos olhos:

— Por favor, moço, preciso ver minha mãe. Passei a noite aqui esperando por uma notícia, mas ninguém me disse nada.

O rapaz sentiu pena do menino e disse:

— Vá até o final do corredor, vire à direita e procure pelo quarto dezessete. Entre rapidamente e não fique muito tempo. Se alguém perguntar quem mandou você entrar, diga que você entrou por conta própria, está bem?

João, sorrindo, disse:

— Pode deixar, não vou contar a ninguém que você me ajudou!

Temeroso, o rapaz disse:

— Vá logo! E não fique mais do que cinco minutos.

O menino agradeceu e saiu rapidamente. Encontrou o quarto e logo foi entrando. Ao entrar, viu sua mãe com um curativo no rosto o qual lhe tapava o nariz. Ela estava sedada. João se aproximou da mãe e beijou-lhe levemente a face, dizendo:

— Mamãe, um dia serei um homem e a senhora nunca mais vai precisar passar por isso, eu juro!

Depois de beijar a mão da mãe, o menino lembrou-se de que precisava sair rapidamente, e assim o fez antes de a enfermeira entrar para medicá-la. Naquele momento, João lembrou-se de que havia mais de dez horas que não comia algo. Tirando do bolso o dinheiro que Balbino lhe dera, foi até um boteco em frente ao hospital e lá pediu um salgadinho e um copo com água.

Depois de lanchar, o menino voltou ao hospital e logo ficou sabendo que o horário de visitas só seria à tarde. Desanimado, foi sentar-se em um banco no jardim externo do hospital.

Já era quase meio-dia, quando uma mulher morena de cabelos longos e encaracolados se aproximou sorrindo. João reconheceu a esposa de Balbino e, com tristeza, disse:

— Dona Elisa, a senhora veio?

A mulher sabia de toda a história, pois seu marido havia lhe contado tudo. Respondeu:

— Trouxe almoço para você. Afinal, saco vazio não para em pé.

Envergonhado, João respondeu:

— Não precisava, comi um salgadinho no boteco ali em frente.

A mulher, que como o marido também tinha um sotaque carregado, respondeu:

— Oxente! Salgadinho não é comida! Venha, vamos procurar um lugar tranquilo para que você possa comer em paz.

O menino obedeceu, embora não sentisse a mínima fome. João não conseguiu comer toda a comida que Elisa havia preparado, mas, com humildade, agradeceu. Elisa foi logo dizendo:

— Vi seu pai andando pelas ruas. Parecia transtornado.

João, ao pensar em Altino pela primeira vez desde que chegara ao hospital, disse:

— Meu pai está morto! Depois de tudo que ele fez para a minha mãe, eu nunca vou perdoá-lo.

Elisa, acariciando os cabelos negros de João, disse:

— Tudo isso vai passar, você vai ver – e perguntou – Qual é o horário de visita?

— Segundo me falaram, é às quinze horas.

— Vou ficar com você, não posso deixá-lo sozinho. Além disso, tenho muito respeito por dona Marina, que muito nos ajudou quando chegamos da Bahia.

João agradeceu educadamente, ficando em silêncio por alguns segundos, mas logo começou a contar sobre o tal médico que conversara com ele na noite anterior. Elisa ouvia atentamente quando perguntou:

— Mas quem é esse médico?

O menino relatou tudo, sem esconder nenhum detalhe. Contou, inclusive, que a enfermeira afirmara não haver médico algum naquele horário além daquele que havia atendido sua mãe. Elisa, ouvindo o relato do menino, disse sorrindo:

— Talvez esse médico que falou com você não seja deste mundo. Acho que se trata de um anjo da guarda que veio só para acalmar seu coração.

João não compreendeu, mas em seu pensamento ele tinha certeza de que se tratava de um médico bondoso. Assim, o tempo foi passando até finalmente chegar o horário de visitas.

Elisa e João logo entraram no quarto, e lá estava Marina com um curativo imenso no nariz. A esposa de Balbino não deixou de perceber o inchaço no rosto da mulher, de modo que seus olhos mal abriam. Marina ficou feliz em saber que o filho não estava sozinho. Ela disse com voz fanhosa:

— Obrigada, dona Elisa, por cuidar de meu filho.

— Não há motivos para agradecer, João é um menino bom. Ele passou a noite sozinho no hospital. Eu cheguei há poucas horas.

Marina disse:

— Meu filho, por que não voltou para casa? Você não pode ficar perdendo aula.

João respondeu incisivo:

— Como poderia pensar em escola, mamãe, se a senhora está internada?

Marina, mesmo com os olhos edemaciados e arroxeados, deixou que lágrimas escorressem. Elisa disse:

— Dona Marina, não se preocupe com João, pois hoje ele irá conosco para casa. Afinal, ele está precisando de um banho e de um bom descanso.

Marina tentou, sem sucesso, esboçar um sorriso quando disse a João:

— Meu filho, por favor, saia um pouco. Preciso conversar com a dona Elisa.

João fez beiço, mas obedeceu, deixando-as sozinhas. Assim que ele saiu, Marina, olhando para a amiga, disse:

— Por favor, cuide de João. Tenho medo que Altino faça alguma coisa a ele, só eu sei o quanto ele é violento.

Sorrindo, Elisa respondeu:

— Não se preocupe, cuidaremos de João e não permitiremos que Altino se aproxime do menino.

Marina suspirou aliviada e, mudando de assunto, disse:

— Doutor Abílio disse que vai me operar assim que o inchaço melhorar. Se tudo correr bem, a cirurgia será feita amanhã.

Elisa perguntou:

— E, depois da cirurgia, quanto tempo ficará internada?

— Segundo o doutor Abílio, posso voltar para casa depois de vinte e quatro horas.

Elisa ficou preocupada, pois não sabia o que Altino ainda seria capaz de fazer. Depois de pensar, disse para a amiga:

— Assim que receber alta hospitalar, a senhora e o João poderão ficar na nossa casa. Coloco os meninos para dormir na sala e a senhora poderá ficar no quarto deles.

Marina, não querendo incomodar, respondeu:

— Não posso ficar fora de casa. Altino poderá causar problemas se souber que estamos na sua casa.

— Não se preocupe com isso. Balbino é um homem forte e saberá colocar Altino em seu lugar – Elisa, depois de alguns minutos de silêncio, disse – A senhora não acha que está na hora de dar queixa à polícia sobre essas agressões?

Marina respondeu chorando:

— Se eu fizer isso, Altino poderá fazer alguma coisa a João. Aguento tudo calada para proteger meu filho.

— Não se preocupe, cuidaremos tanto de João quanto da senhora – disse Elisa, que, como Marina, também era mãe e por isso compreendia plenamente as razões da mulher. – Homem safado como Altino é o que mais tem nesse mundo.

Marina nada disse enquanto olhava para a janela aberta ao lado de sua cama. Elisa logo percebeu que aquela mulher estava ferida em seus mais profundos sentimentos, e por isso decidiu mudar de assunto, contando uma história engraçada para tentar animá-la:

— Hoje esqueci o portão aberto. Quando o padeiro chegou para deixar o pão, o Leão, meu cachorro, saiu correndo atrás do pobre menino com o saco de pão. A senhora não imagina o menino correndo, o Leão correndo atrás do menino, e eu correndo atrás do Leão. Todos que estavam na rua naquela hora não deixaram de rir. Só consegui pegar o cachorro duas quadras para baixo. A Kombi da padaria tentava alcançar o menino, que parecia um cervo das montanhas, mas não conseguia alcançá-lo, a senhora acredita?

Marina, ao pensar na cena, esboçou um sorriso, mas sentia seu rosto todo doer.

Uma enfermeira entrou dizendo que o horário da visitas havia terminado, mas mesmo assim Marina pediu:

— Por favor, deixe-me ver meu filho que está no corredor.

A enfermeira deu permissão para que João se despedisse da mãe. Logo que a visita terminou, Elisa levou João para sua casa.

CAPÍTULO

4

Na casa da amante

Depois de dar uma surra na esposa e no filho, Altino saiu de casa e foi diretamente para a casa de Joselina, com quem mantinha um romance, mas ela odiava quando ele aparecia bêbado em sua casa. Joselina era uma mulher morena clara com olhos cor de avelã e uma silhueta benfeita. A moça contava com pouco mais de trinta e cinco anos, e sua reputação não era das melhores na cidade, pois Altino não era o primeiro homem casado com quem ela havia se envolvido.

Altino estava transtornado e com raiva. A mulher disse:

— Venha! Durma no sofá, pois odeio homem cheirando a cachaça.

Altino era apaixonado por Joselina, tratava-a de maneira diferenciada. O que ele não sabia, porém, era que a moça já estava aborrecida com aquele relacionamento. Afinal, ela não trabalhava e, por isso, costumava tirar proveito sempre que mantinha um caso com algum homem casado. Altino obedeceu-lhe e foi dormir no sofá, acordando só no outro dia, com muita sede, devido à ressaca. Ao acordar, foi até a cozinha e, não vendo Joselina, foi até o quarto e encontrou-a ainda dormindo. Ele acordou a mulher, dizendo:

— Joselina, por favor, faça um café bem forte com pouco açúcar para mim. Estou com uma ressaca daquelas...

Joselina, que era uma mulher áspera por natureza, respondeu:

— Na cozinha tem chaleira, bule, pó de café, água e açúcar. Se quiser, faça você. Eu não vou levantar agora só porque você quer.

Altino se irritou com a resposta e disse:

— Mas já passa das nove da manhã!

— E eu com isso? Estou na minha casa e durmo até quando eu bem entender. Além disso, não sou sua esposa.

Altino, não querendo se indispor com Joselina, foi até a cozinha e colocou água na chaleira. Depois de fazer o café, logo que sentou-se à mesa, percebeu que a pia estava repleta de louça suja e decidiu lavá-la, pois em sua casa Marina não gostava de deixar louças na pia. Enquanto lavava a louça, Altino se lembrou da surra que dera na esposa e no filho, e, sentindo-se mal com isso, pensou: "Preciso parar de beber, pois, quando estou alcoolizado, perco o controle e faço besteiras". Altino estava com esses pensamentos na cabeça quando Joselina se levantou. Ao ver que a cozinha já estava quase limpa, disse em tom irônico:

— Vejo que é bom em alguma coisa... Pois para ganhar dinheiro você é um fracasso.

— Você está me chamando de vagabundo? – perguntou Altino, sentindo-se humilhado.

— Homem que não trabalha é vagabundo – respondeu ela, enquanto sorvia uma xícara de café. – Onde já se viu, um homem na casa da amante lavando louças em plena quinta-feira?

— Não sou homem de ouvir desaforos e ficar calado! Acho melhor ir embora! – disse, irritado.

— Vai voltar para casa e terminar o serviço que começou ontem com aquela idiota da sua esposa e o seu filho? – provocou Joselina, sabendo o que Altino havia feito na noite anterior.

Altino, lembrando-se das agressões, saiu da cozinha batendo os pés e bateu a porta atrás de si. "Preciso me livrar desse vagabundo. Se não fosse Caetano, eu já estaria passando fome."

Joselina mantinha um caso com Altino e com Caetano simultaneamente, porém, sem que um soubesse da existência do outro.

Caetano também era um homem casado, pai de dois filhos e bancário. Ao contrário de Altino, ele trabalhava muito para que nada faltasse à amante e à sua família. Caetano era bom pai e bom marido, por isso sua esposa, Julia, não acreditou quando descobriu que ele mantinha um relacionamento extraconjugal.

Joselina, embora tirasse proveito da situação com Caetano, gostava das noites de amor com Altino. E, assim, o triângulo amoroso já durava mais de três anos.

Altino voltou para casa e, não encontrando Marina, lembrou-se do quanto batera no rosto da esposa. Altino foi ao quarto de João e, vendo-o vazio, logo percebeu que nem seu filho nem sua esposa haviam dormido em casa. Lembrou-se também de Balbino, que havia se tornando seu pior inimigo.

Tomou banho, trocou de roupa e aguardou o retorno da esposa e do filho, mas o tempo foi passando sem que os dois chegassem. Altino decidiu passar em frente à casa de Balbino para saber se Marina estava escondida lá. Ele sabia que Balbino não estava em casa naquele horário e resolveu bater na casa dele para saber de sua esposa. Elisa, ao olhar pela fresta da janela, percebeu que se tratava de Altino e não atendeu.

Altino ficou horas indo de uma esquina a outra até finalmente entrar em casa novamente. Não saiu mais de casa e viu que a cozinha ainda estava toda bagunçada: a cadeira jogada no chão, o copo quebrado, a fruteira de plástico também estava no chão... "Dessa vez exagerei... Marina é uma boa esposa: prendada, trabalhadeira, boa mãe... Mas isso não é suficiente para mim. Embora seja completamente diferente de Marina, preciso de Joselina ao meu lado, aquela sim é a mulher certa para mim". Com esses pensamentos, Altino começou a colocar tudo no lugar, quando de repente disse para si mesmo:

— Será que Marina deu queixa na polícia sobre a agressão? Se ela fez isso, o que vou dizer em meu favor? Além disso, tem o João e aquele baiano intrometido que servem muito bem como testemunhas.

Altino sentiu medo, e resolveu ficar em casa naquele dia.

CAPÍTULO

5

Revolta e coragem

Elisa voltou para casa trazendo João, que estava com medo de encontrar o pai andando pelas ruas. Percebendo o nervosismo do menino, ela disse:

— Não tenha medo! Se encontrarmos Altino, chamaremos a polícia.

João, ao pensar na fisionomia demoníaca do pai, disse:

— Aquele homem é falso, ele mostra para todo mundo uma coisa que está longe de ser. Ele é mau e nos maltrata há muito tempo.

— Por que sua mãe não o abandona? – perguntou Elisa.

— Porque ele disse que se a polícia ficasse sabendo do que ele faz, mataria nós dois – respondeu ele com os lábios trêmulos.

— Esse homem é um covarde! Ele ameaça, mas pode ter certeza de que ele não tem coragem de fazer nada.

João hesitou, mas confessou:

— Tem, sim. Certo dia, ele levou uma faca até o pescoço de minha mãe e, se não fosse Décio, aquele colega de trabalho, ele teria matado minha mãe. Ele finge para todo mundo que é um bom homem, mas não passa de uma cria do demônio.

Percebendo toda a revolta na voz do menino, Elisa disse:

— Esqueça do que passou. Agora, o melhor a fazer é pensar no que fará daqui para frente.

João, com lágrimas nos olhos, respondeu:

— O que posso fazer? Só tenho doze anos. Hoje, confesso que tenho medo desse canalha, mas quando eu me tornar um homem não terei medo nem respeito. Uma coisa eu lhe juro, ainda vou dar uma surra nele para que ele saiba como é bom apanhar.

Tentando apaziguar a situação, Elisa argumentou:

— Não pense assim, quem alimenta o ódio acaba por arcar com as dores do sofrimento. Perdoe seu pai, pois um dia você será pai também.

— Eu serei um pai bem diferente do que ele é. Quero ter filhos e dar muito amor a eles.

Elisa prosseguiu sorrindo:

— É assim que se pensa. Não seja como seu pai, procure ser melhor que ele.

João, ao pensar na mãe, continuou:

— Um dia vou embora daquela casa, mas minha mãe irá comigo. Aquele infeliz tem que morrer sozinho.

Elisa calou-se diante da revolta do menino. Para mudar de assunto, disse:

— Quero que chegue em casa e tome um banho.

— Obrigado por tudo que está fazendo por nós. Mas não vou tomar banho, pois não tenho roupas.

— As roupas de Daniel servirão em você – disse Elisa, depois de pensar por alguns instantes.

— Não se preocupe, vou para casa buscar roupas e tomarei banho na casa da senhora.

Elisa achou aquela ideia arriscada.

— E se você encontrar seu pai em casa?

— Não direi nada a ele, pegarei minhas roupas e sairei.

— Mas ele vai perguntar aonde você vai.

A voz do menino engrossou:

— O que aquele homem quer é que a gente tenha medo dele. Vou mostrar a ele que sou um homem e que, se ele me fizer alguma coisa, vou chamar a polícia – disse João com ódio estampado nos olhos. – Ele tem medo de polícia. Quando morava em Montes Claros, em Minas Gerais, ele se envolveu em uma confusão e acabou preso durante vinte e um dias.

Elisa, preocupada, voltou a falar:

— Por favor, não vá para sua casa. Espere sua mãe ficar boa e, juntos, vocês decidirão o que fazer.

João estava inabalável quando disse:

— Se ele quiser me matar, que mate! Eu não vou fugir dele como um rato que foge de um gato!

Elisa sentiu no tom da voz do menino que ele era corajoso e impetuoso. Sem ter como argumentar, disse:

— Está bem, mas vou com você.

João pensou por alguns instantes, quando disse:

— De maneira alguma, eu vou sozinho! Não quero que ele sinta raiva da senhora.

Contrariada, a mulher deixou o menino fazer o que queria. Ela morava duas casas abaixo, na calçada em frente. Viu o menino entrar em casa e ficou esperando-o sair.

CAPÍTULO 6

Anjos

João entrou em casa e encontrou o pai dormindo no sofá. Rapidamente foi ao seu quarto e juntou algumas roupas. Depois, foi ao quarto da mãe para pegar roupas para ela. Quando estava saindo, Altino acordou e perguntou com a voz irritada:

— Aonde pensa que vai?

João, olhando com desprezo para aquele homem, respondeu:

— Vou ficar com a minha mãe.

— Onde aquela vagabunda está?

— Não admito que fale assim da minha mãe. Afinal, se não fosse por ela, não teríamos o que comer. Se dependêssemos do senhor, já estaríamos na rua há muito tempo.

Altino se levantou para esbofetear o menino, quando este gritou:

— Em mim o senhor não coloca mais a mão, já não basta o mal que tem nos feito! Saiba que hoje posso ser um menino, mas amanhã serei um homem e terei o imenso prazer de lhe dar a surra que merece!

— Menino maroto! Você está tão malcriado quanto a sua mãe!

Olhando com desprezo para o pai, João disse:

— Você não é um homem. É um rato que precisa bater em uma mulher para provar que é macho. Minha mãe está internada por sua culpa. Saiba que, se alguma coisa acontecer a ela, eu juro que me vingo e acabo com a sua vida.

Quando Altino aproximou-se do menino para esbofeteá-lo, João gritou:

— Nunca mais coloque as mãos em mim, pois eu sei me defender! A cadeia existe para pessoas como você!

Altino ficou paralisado, totalmente sem reação, ao saber que Marina estava internada e também com a ameaça do filho. João, com uma sacola de roupas, saiu de casa indo diretamente à casa de Elisa e de Balbino.

Elisa, que estava esperando-o na calçada, sentiu-se aliviada ao ver o menino sair de casa ileso. Sorrindo, disse:

— Venha! Não quero que seu pai saiba que está em minha casa.

Ainda tremendo, João entrou na casa de Elisa. Jamais imaginara que um dia teria coragem de enfrentar a seu pai. João contou para Elisa tudo que havia dito a Altino, o que aumentava as preocupações da mulher. João sentou-se à mesa, olhava para o nada quando Elisa disse:

— Agora vá tomar banho! Hoje você vai dormir na sala, mas, quando sua mãe sair do hospital, vocês poderão ficar no quarto dos meninos.

João estava constrangido diante de toda aquela situação, mas, em seu íntimo, sentia orgulho por ter enfrentado aquele homem que um dia chamara de pai. Depois do banho, Daniel e Fausto chamaram-no para brincar, mas João não estava disposto, só ficou observando os dois meninos brincarem de jogo da velha. Elisa logo percebeu que ele estava amadurecendo muito rápido devido ao sofrimento doméstico, e por isso sentiu imensa pena daquele menino que perderia a infância vivendo os problemas dos adultos.

Balbino chegara em casa logo depois das seis da tarde e, ao ver João, perguntou:

— E então, João, está gostando de ficar conosco?

João, com olhar terno, apenas disse:

— Não tenho palavras para agradecer tudo o que o senhor e a dona Elisa estão fazendo por mim e por minha mãe.

Balbino, sorrindo, disse em seu sotaque carregado:

— Oxente! Deixe de agradecer, homem de Deus! Nós só queremos ajudar quem precisa.

João achava engraçado o sotaque de Balbino. Depois de alguns instantes, o menino pediu:

— Gostaria muito de voltar ao hospital. O senhor pode me levar até lá?

Balbino estava terrivelmente cansado, mas sabia que voltar ao hospital era importante para o menino.

— Nós podemos ir, mas eu não tenho dinheiro para pagar por um táxi. Se quiser, podemos ir de bicicleta.

João foi logo dizendo:

— Mas eu não tenho bicicleta.

— Oxente! Use a bicicleta de Daniel, pois ele não costuma usar de noitinha.

João foi até o banheiro onde deixou as roupas sujas, pegou o troco e entregou o dinheiro a Balbino, que, sem compreender, perguntou:
— O que é isso?
— Este é o dinheiro que o senhor deu para mim ontem. Comi um salgadinho e ainda sobrou.
— Mas esse dinheiro é para comer, e não para guardar – disse olhando surpreso para o menino.
— Obrigado, seu Balbino, mas dona Elisa levou comida para mim. Fique tranquilo, porque eu não passei fome.
Balbino não queria aceitar, mas João fez questão de que ele pegasse o dinheiro de volta. Aceitou, e em seguida mudou de assunto, dizendo:
— Vou tomar um banho e encher os pneus das bicicletas.
João sentia-se seguro na casa de Balbino, mas logo essa segurança passava ao se lembrar de que precisaria voltar para casa assim que sua mãe saísse do hospital.
Pouco mais de uma hora depois, os dois saíram pedalando pela cidade. Balbino conhecia alguns atalhos, e os dois fizeram uso deles. Em pouco mais de trinta minutos, os dois finalmente chegaram ao hospital. João se aproximou da recepção e perguntou a uma moça:
— Aquele rapaz que estava aqui ontem não está trabalhando hoje?
— Você está falando do Enio? – respondeu ela com descaso.
João ficou olhando para a moça sem saber se era aquele o nome do rapaz a quem ele estava se referindo. Dessa maneira, a moça disse:
— O Enio já foi embora. Hoje é meu plantão e devo ficar na recepção, por quê?
— Minha mãe está internada, seu nome é Marina Lopes Miranda, e eu queria saber como ela está – respondeu destemido.
A moça pegou a papeleta com muitos nomes e disse:
— Sua mãe está internada no quarto dezessete, mas não posso informar sobre seu estado.
João perguntou:
— A senhora não deixaria eu entrar para vê-la só por alguns minutos? – perguntou fixando o olhar na moça.
— Vá, mas fique somente cinco minutos – disse a atendente ao perceber o desespero do menino.
— Posso entrar com o menino? – perguntou Balbino.
A moça pensou por alguns instantes antes de responder:
— Na verdade, eu não poderia deixar nem o menino entrar, pois o horário de visita é às quinze horas. Vamos fazer o seguinte: o menino entra e fica menos de cinco minutos; e depois o senhor pode entrar. Mas lembrem-se de não deixar que alguém da enfermagem veja vocês, pois posso levar uma suspensão por permitir isso.

Balbino agradeceu a boa vontade da moça. Aproximando-se de João, tirou o relógio que trazia no pulso e disse:

— Você tem dois minutos e eu tenho outros dois. Não podemos causar problemas para a moça.

João pegou o relógio e rapidamente entrou no quarto da mãe.

Marina estava acordada e, ao ver o filho, tentou esboçar um sorriso, porém eram imensas as dores que sentia no rosto, o que a impossibilitava de sorrir. João se aproximou do leito, beijou a mão de sua mãe e contou-lhe que estava na casa de Balbino e que estava tudo bem. Marina disse:

— Seja bom e obediente, pois poucos fariam o que eles estão fazendo por nós.

João meneou a cabeça e rapidamente saiu do quarto. Logo foi a vez de Balbino entrar, e ele perguntou sorrindo:

— Como está se sentindo, dona Marina?

A mulher respondeu com voz fanhosa:

— Estou cansada de ficar na cama, além disso, tenho muitas costuras para entregar esta semana.

— Não se apoquente, não! Estamos cuidando de João e, assim que a senhora ficar boa, poderá ficar em casa também, se quiser – respondeu Balbino.

Marina agradeceu a boa vontade do vizinho e disse:

— Se o João não obedecer, pode chamar a atenção dele.

— Oxente! Não tem menino melhor do que ele: sempre tão educado que nem parece ter só doze anos.

Marina ficou feliz por saber que o filho era querido e agradeceu a visita. Balbino saiu tomando cuidado para não encontrar ninguém no corredor. Assim que os dois ganharam a rua, Balbino disse:

— Dona Marina logo vai sair do hospital. Ela já está melhor.

João, sorrindo, olhou com carinho para aquele homem e contou-lhe:

— Uma vez, a minha professora de português disse que Deus sempre coloca anjos em nossas vidas...

Balbino, sem entender, perguntou:

— O que está querendo dizer, menino?

— Estou dizendo que o senhor e dona Elisa foram os anjos que Deus colocou em nossas vidas.

Embora Balbino fosse um homem abrutalhado, era extremamente sentimental e, com lágrimas nos olhos, respondeu:

— A sua professora tem razão, pois um dia Deus colocou dois anjos em minha vida também.

João, sorrindo, subiu na bicicleta, e juntos pedalaram lado a lado voltando para a casa de Balbino.

CAPÍTULO

7

A escolha de Joselina

Altino estava irritado com as palavras de João. Seu senso crítico, porém, dizia que ele estava completamente errado. Assim, disse a si mesmo: "Não posso tratar a minha família desse jeito. Marina trabalha muito nessa máquina e João nunca foi motivo de desgosto. Acho que está na hora de parar de mentir, procurar um trabalho e tentar fazer as coisas de maneira diferente. Até a Joselina me chama de vagabundo. Essa é a maior ofensa que um homem pode receber, por isso amanhã mesmo vou procurar um trabalho e tentar reconquistar minha família...".

Naquela quinta-feira, Altino decidiu ir até a casa de Joselina. Ao chegar, para sua surpresa, ela estava com Caetano tomando cerveja na sala. Joselina estava gargalhando com Caetano. A mulher fez as devidas apresentações:

— Caetano, este é Altino, um amigo que está desempregado e precisando de ajuda.

— Qual é sua profissão? – perguntou Caetano, sem desconfiar que Altino e Joselina pudessem manter um relacionamento.

Altino, que era um homem ciumento, respondeu entre os dentes:

— Motorista.

— Um motorista nunca fica desempregado, pois pode trabalhar em uma frota de ônibus, como taxista, enfim, há muitas coisas que se pode fazer – respondeu Caetano, que era um homem prolixo por natureza.

Joselina, por um momento, sentiu um mal-estar, e não demorou a pedir:

— Por gentileza, peço que vão embora, pois não estou me sentindo muito bem.

— O que você está sentindo? – perguntou Caetano preocupado.

— Para falar a verdade, quero ficar sozinha e descansar – respondeu Joselina com sua habitual grosseria.

Naquele momento, Altino sentiu raiva de Joselina. Despediu-se de Caetano e ganhou a rua. Caetano, ainda preocupado com Joselina, perguntou:

— Por que quis que o pobre homem fosse embora?

— Eu fiz o pedido a você também, por favor, deixe-me sozinha – respondeu irritada.

Sem compreender o que estava acontecendo com Joselina, Caetano pegou seu paletó, que estava sobre o sofá, e saiu em seguida. Ao se ver sozinha, Joselina disse a si mesma: "O que estou fazendo é errado. Estou mantendo relacionamento com dois homens. Caetano é o homem dedicado, bom provedor e não deixa faltar nada para mim nem para sua família. Já Altino é o típico vagabundo que chega a ser cafajeste e me atrai em tudo. Não posso me deixar levar só porque Altino se sente atraído por mim. O melhor é terminar com Altino e ficar com Caetano, afinal, uma mulher não vive só de carinhos...". Com esse pensamento, Joselina decidiu terminar seu relacionamento com Altino.

CAPÍTULO

8

Noite maldormida

João estava nervoso, pois fora informado de que sua mãe havia sido levada ao centro cirúrgico para a correção nasal. Doutor Abílio disse a Elisa que só esperava o inchaço diminuir para fazer a cirurgia. Havia dois dias que Marina estava internada, e durante esse tempo o menino não foi à escola.

Altino não foi ao hospital saber do estado de saúde da esposa, o que fez aumentar ainda mais a revolta do menino contra o pai.

A cirurgia foi rápida. Logo doutor Abílio foi até o corredor, onde Elisa e João estavam, com a notícia de que tudo havia corrido bem e que logo Marina voltaria para casa. João sentiu-se aliviado, ao mesmo tempo que outra preocupação lhe viera à cabeça. O que faria depois que sua mãe saísse do hospital? Voltaria para a casa suportando todo tipo de humilhação da parte do pai?

Passaram-se dois dias desde que Marina fizera a cirurgia reparadora, quando doutor Abílio finalmente lhe deu alta hospitalar, dizendo que ela poderia continuar o tratamento em casa. Ao sair do hospital, Elisa e João estavam esperando-a em um táxi. As preocupações da mãe eram as mesmas do menino. Enquanto o carro a levava de volta para casa, Marina olhou para Elisa, dizendo:

— Minha amiga, como você sabe, estou passando por um momento difícil. Mas, para falar a verdade, estou com medo de voltar para casa e enfrentar Altino.

Elisa, tentando acalmá-la, disse:

— Deixe para pensar nisso quando estiver plenamente recuperada. Conversei com Balbino e decidimos que vocês ficarão em casa por uns tempos, até que tudo se resolva.

Ao ouvir as palavras da amiga da mãe, João sentiu-se aliviado, pois ele não suportaria voltar para casa e olhar para o rosto do homem que um dia chamara de pai. Assim que o táxi parou em frente à casa de Elisa, Marina olhou para a fachada de sua casa, do outro lado da rua, e disse:

— Que humilhação! Ter a minha casa que recebi de herança de meus pais, mas ser obrigada a ficar em casa de vizinhos...

Naquele momento, João disse:

— Mamãe, assim que ficar boa a senhora precisará se decidir. Essa situação não pode continuar do jeito que está, pois estou faltando na escola.

A mulher, com lágrimas nos olhos, olhou para o filho e respondeu:

— Um dia tudo isso vai passar, meu filho.

Finalmente todos entraram na casa de Elisa, mas eles não perceberam que Altino estava à espreita na janela quando chegaram no táxi. Ao ver o rosto da esposa, Altino sentiu-se mal e disse para si mesmo: "Como pude fazer isso com Marina?". Embora estivesse arrependido do que fizera à esposa e ao filho, o que lhe doía ainda mais era saber que Joselina recebia Caetano em sua casa.

Já passava das nove da noite quando Balbino ouviu alguém bater em seu portão. Logo o homem viu que se tratava de Altino e disse:

— O que está fazendo em frente à minha casa?

Altino, com o olhar baixo, respondeu:

— Sei que Marina e meu filho estão hospedados em sua casa. O que desejo é conversar com ela.

Balbino pensou por alguns instantes até responder:

— Espere um pouco. Vou ver se ela quer conversar com você.

Balbino relatou o fato a Marina, que estava sentada no sofá e respirava com dificuldade. A mulher estremeceu ao saber que o marido a esperava no portão e disse:

— Eu não quero falar com ele.

Balbino, olhando com piedade para a mulher, disse:

— Vocês são casados e precisam resolver muitas coisas. Para nós, é um prazer tê-los em nossa casa, mas resolva logo essa situação e, seja qual for sua decisão, estaremos sempre do seu lado.

João Pedro, ao ficar sabendo da presença do pai, sentiu sua revolta dobrar e disse:

— Mãe, não quero voltar para casa com aquele homem! Não acha que está na hora de se separar?

Marina estava atordoada com tantas informações e respondeu:

— Meu filho está certo, precisamos resolver essa questão, afinal, não poderemos nos esconder para sempre.

Elisa era contra o fato de a amiga conversar com o marido, mas sabia que a decisão cabia somente a ela. Marina levantou-se e lentamente foi até o portão para conversar com Altino, sem que João a deixasse sozinha.

Altino, abatido e cabisbaixo, ao olhar para o que fizera, disse:

— Marina, estou aqui para pedir perdão por tudo que lhe fiz.

João, que estava ao lado da mãe, disse:

— Pedir perdão não vai aliviar a dor e a vergonha que minha mãe está sentindo.

Altino, ignorando as palavras de João, continuou falando:

— Errei, é verdade, mas compreenda que as coisas para mim não estão sendo nada fáceis. Estou desempregado e sou sustentado pela minha esposa. Logo eu, um homem que sempre trabalhou e pôs tudo em casa.

— Deixe de ser mentiroso! – disse Marina, que naquele momento sentiu sua raiva renascer. – Que você sempre trabalhou, isto é verdade. Mas dizer que sempre trouxe o dinheiro para casa é uma mentira infame. Eu nunca soube como você gastava seu dinheiro e, se não fossem minhas costuras, nosso filho há muito teria morrido de fome.

Altino, sem olhar para a esposa, disse:

— Por favor, volte para casa. Eu prometo que vou mudar, logo arranjarei um trabalho e passaremos a viver melhor.

Naquele momento, João olhou para sua mãe e, sem conter sua indignação, disse:

— Mamãe, a senhora não vai voltar! Quantas vezes ele disse que mudaria e sempre foi a mesma coisa? Chega bêbado em casa e faz escândalos. Estou cansado de tudo isso.

Altino, irritado com a intromissão de João, disse:

— João, este assunto é para sua mãe e eu resolvermos, portanto, deixe que ela decida.

Marina pensou por alguns instantes até dizer:

— Altino, volte para casa. Hoje ficarei aqui na casa de meus amigos e amanhã tomarei uma decisão.

Altino prometeu, com lágrimas nos olhos:

— Marina, se me perdoar, eu juro que isso nunca mais vai acontecer.

Sem responder, a mulher rodopiou lentamente nos calcanhares e voltou para o interior da casa. Altino parecia estar realmente arrependido do que fizera, mas em seu íntimo nasceu um ódio inexplicável pelo filho.

Marina contou aos amigos o que conversara com Altino, e o casal apenas ouviu, sem tecer nenhum tipo de comentário. João falava:

— Mãe, a senhora não vê que ele não muda? Ele está mentindo outra vez, e pelo jeito a senhora vai cair no conto do vigário de novo. Estou cansado de tantos escândalos, bebedeiras e surras... A senhora não vê o mal que está fazendo a mim? Se a senhora o deixar, prometo que deixo de estudar e vou trabalhar para ajudar nas despesas da casa, pois o que mais preciso no momento é paz.

Balbino, olhando para o rapazinho, disse:

— Compreendo a sua revolta João, mas saiba você um dia será pai de família também e verá que um homem que não consegue manter sua família perde totalmente a razão. É o caso de seu pai. Sinceramente, eu acho que todo mundo merece uma segunda chance.

Elisa foi logo dizendo:

— Isso não é desculpa para o marido maltratar a esposa e o filho, ainda mais quando ele é sustentado por ela.

João sorriu ao ouvir o comentário de Elisa, e Balbino voltou a dizer:

— Elisa, não vamos nos envolver em uma decisão que só cabe à dona Marina. Sou homem também e entendo suas razões.

Elisa logo compreendeu que deveria guardar para si o que pensava da situação e disse:

— Vamos jantar, dona Marina, fiz uma canja para a senhora.

Ela agradeceu a gentileza do casal e logo todos jantaram.

— João Pedro, não tenho outra escolha a não ser voltar para casa, pois, como você sabe, não posso abusar da hospitalidade de nossos amigos, afinal, estamos aqui dando despesas, e eu não gosto de abusar da bondade de ninguém.

João pensou por um instante e compreendeu os motivos da mãe quando disse:

— Está bem minha mãe, faça como quiser, seja qual for a sua decisão, estarei sempre do seu lado.

Marina chamou o casal de amigos quando disse:

— Amanhã mesmo voltarei para casa, pois tenho minhas costuras e não posso deixar minhas freguesas esperando. Além do mais, não posso ficar aqui com meu filho dando despesas para vocês, espero que compreendam minha situação.

Elisa, olhando para Marina, disse:

— O melhor a fazer é se separar de Altino de uma vez, pois o bairro inteiro sabe que é mulherengo e cachaceiro. Não sei o que a senhora espera ao lado de um homem como aquele.

Marina pensou por alguns instantes até dizer:

— Um dia virá meu livramento...

Não demorou muito e todos dormiram, menos Marina, que pensava em como seria sua vida depois da humilhação vivida.

Já era madrugada quando, vencida pelo cansaço, a mulher finalmente adormeceu. Passava das cinco da manhã quando Balbino saiu para trabalhar, e tanto Elisa como os filhos continuaram dormindo. João estava muito cansado, por isso naquela noite ele dormiu pesado, sem perceber que sua mãe demorara a pegar no sono.

Já passava das seis da manhã quando Elisa se levantou para preparar o café, pois a Kombi do padeiro costumava passar às seis e meia para deixar os pães, e a mulher temia que seu cão novamente escapasse correndo atrás do menino que entregava os pães.

Marina, ao ouvir o barulho vindo da cozinha, levantou-se. Vendo João dormir a sono solto, deixou-o dormir e foi conversar com Elisa.

Ao ver Marina, Elisa foi logo perguntando:

— Por que se levantou tão cedo?

Marina, com aspecto cansado, confessou:

— Para falar a verdade, eu mal consegui dormir, só peguei no sono depois das três da manhã.

Elisa, penalizada, disse:

— Eu compreendo, minha amiga. Quando não sabemos o que fazer, o melhor é recorrermos a Deus, porque somente Ele sabe nos orientar para que possamos tomar a melhor decisão.

Marina desabafou com lágrimas nos olhos:

— Minha amiga, o que me dói é que João Pedro, meu único filho, está sendo prejudicado. Ele não suporta mais a presença do pai.

Elisa lembrou-se das palavras do marido quando disse:

— Antes de tomar uma decisão pense em tudo, pois um filho é o bem mais precioso que uma mãe pode ter.

Marina calou-se e ficou assim por alguns minutos quando ouviu a buzina da Kombi do padeiro. Respeitando o silêncio da amiga, Elisa disse:

— Vou esperar o padeiro no portão, pois não quero passar pelo mesmo vexame que passei esta semana. Leão é um excelente cão, mas odeia o padeiro e o carteiro.

Marina apenas anuiu com a cabeça. Enquanto Elisa saia, Marina colocou o leite para ferver e arrumou a mesa para o café da manhã. Quando Elisa entrou, tudo já estava pronto, e as duas mulheres sentaram-se à mesa para o desjejum.

Depois do café, Marina lavou a louça do café, enquanto Elisa foi acordar os meninos para ir ao colégio.

CAPÍTULO

9

O retorno

João acordou no mesmo horário de todas as manhãs. Aproximando-se da mãe, pediu:
— Mãe, hoje eu gostaria de ir ao colégio, pois preciso colocar a matéria em dia.
Marina olhou penalizada para o filho e disse:
— Está vendo, meu filho, precisamos voltar para casa. Nossa vida precisa voltar ao normal.
João pensou um pouco até dizer:
— O que acha de alugarmos uma casa? Eu arranjo um emprego e posso ajudar nas despesas.
A mulher, passando a mão nos cabelos do filho, disse:
— As coisas não são tão simples assim. Não posso deixar a casa que recebi de herança para o seu pai. Se há uma pessoa que precisa sair de casa, esse alguém é ele, e não nós.
João, tentando distrair a mãe, que já estava chorando, falou:
— Sabe com quem sonhei essa noite?
A mulher perguntou desmotivada:
— O que você sonhou, meu filho?
— Sonhei com aquele médico que vi no hospital. Ele me contou que as coisas estão certas como estão e também que cada um tem suas provas na escola da vida, mas o resto do sonho eu não me lembro.

Marina, que não sabia da história, perguntou:
— Você sonhou com o doutor Abílio?
— Não, mãe, sonhei com o médico baixo de cabelos grisalhos.
Marina pensou e disse:
— Não vi nenhum médico com essas características.
João finalmente relatou tudo que havia acontecido naquele dia para a mãe, lembrando-se até das palavras do tal médico.
Marina, espantada, olhou para o filho e falou:
— Meu filho, conheci vários médicos enquanto estive internada, mas não me lembro ter visto esse.
Elisa, tendo ouvido a conversa, disse:
— Talvez João tenha visto um anjo que veio tranquilizar seu coração, dizendo que você ficaria boa.
Irritado, João respondeu:
— Quando falo sobre esse médico, ninguém acredita em mim, até a enfermeira que se aproximou segundos depois dele disse que não o viu.
Marina, percebendo que o filho estava se irritando com a descrença, tentou contemporizar a situação dizendo:
— Eu acredito em você, meu filho. Eu só disse que não o vi, mas isso não quer dizer que ele não exista.
João começou a fazer seu desjejum quando Marina finalmente disse:
— Meu filho, pensei muito essa noite e decidi que voltaremos para casa, pois não posso deixar minhas freguesas na mão e você precisa voltar ao colégio.
João lançou um olhar de reprovação para a mãe quando disse:
— Se prepare, minha mãe, pois o senhor Altino continuará sendo o que sempre foi.
Naquele momento, Marina percebeu o quanto seu filho estava magoado com o pai:
— Não tenha ressentimentos contra Altino, afinal, ele é seu pai, e assim continuará sendo.
— Altino é marido da senhora, pois já não o vejo como pai. Para mim, meu pai morreu quando nos surrou – respondeu o filho, com irritação.
Com a resposta do filho, Marina desatou a chorar, sendo amparada por Elisa. Depois do café, Marina chamou Elisa dizendo que voltaria para casa, pois suas costuras estavam atrasadas. Elisa disse sorrindo:
— Saiba que minha casa sempre estará aberta para vocês. Mas, quando Altino bancar o valentão, chame a polícia.
Marina, em tom sério, respondeu:
— É isso mesmo o que farei, minha amiga.

Não demorou muito, João pegou suas roupas e os dois finalmente voltaram para casa. Entrando em casa, eles encontraram Altino dormindo no sofá. João olhou para o pai com raiva. Altino, ao ver a esposa e o filho, sentou-se no sofá dizendo:

— Marina, acredite em mim, agora tudo será diferente, vou procurar um trabalho e você não precisará costurar o tempo todo como vem fazendo nos últimos tempos. Quanto a você, João, não quero que saia para engraxar sapatos, pois quero que estude e seja o companheiro de sua mãe enquanto não puder trabalhar.

João ignorou completamente as palavras do pai, e Marina olhava-o friamente. Altino levantou-se, tomou um banho e depois de pronto pegou sua carteira de trabalho, saindo em seguida. Marina sentia muitas dores no nariz, e precisava tomar remédio de hora em hora. Ela ainda tinha dificuldades para respirar, mas mesmo assim sentou-se à máquina de costura para continuar seu trabalho. João entrou em seu quarto sentindo verdadeiro ódio pelo pai, e naquele dia faltou novamente ao colégio, permanecendo no quarto durante a manhã inteira pensando em uma maneira de se livrar da presença indesejada do pai.

E assim o dia transcorreu tranquilamente, Marina levantou-se da máquina somente para preparar o almoço. Assim que tudo ficou pronto, ela chamou o filho para almoçar, e sem pensar perguntou:

— Será que seu pai virá para o almoço?

Ressentido, o rapaz respondeu:

— Sinceramente, espero que não. Tomara que ele seja atropelado por um caminhão quando estiver atravessando a rua.

Indignada com a resposta do filho, Marina corrigiu-o, dizendo:

— Nunca diga isso! Goste ou não, ele é seu pai.

— Não tenho pai. Para mim, ele não passa de um estranho.

Marina sabia que seria difícil Altino reverter essa situação e, pela primeira vez, ela pensou que talvez fosse melhor a separação.

CAPÍTULO

10

Segunda chance

Altino saiu com a carteira de trabalho no bolso e, ao contrário do que sempre fazia, foi a pé até o centro da cidade para arranjar uma colocação. O dia passou rapidamente, e o homem havia prometido a si mesmo que só voltaria para casa quando arranjasse um trabalho. Cansado, resolveu voltar para a empresa em que trabalhara pela última vez. Ao chegar, foi recebido por Walter, o gerente. Com humildade, Altino foi dizendo:

— Boa tarde, seu Walter! Preciso conversar com o senhor.

Walter era um homem magro e alto com olhos e cabelos castanhos, aparentando ter mais de cinquenta anos. Surpreso, olhou para Altino perguntando:

— O que faz aqui? Já não recebeu todos os seus direitos?

Baixando o olhar, Altino finalmente respondeu:

— Sim, mas o motivo que me traz aqui é que preciso trabalhar, pois minha família está passando por necessidade. Desde que deixei de trabalhar aqui, nunca mais arranjei uma colocação.

Foi o próprio Walter quem o demitira e, por isso, disse em tom firme:

— Altino, você é um homem irresponsável. Mesmo conduzindo ônibus ainda continuava a beber, expondo a vida das pessoas ao perigo. Como posso confiar em você depois de tudo?

Altino, que continuava com o olhar baixo, respondeu:

— Seu Walter, não sou mais o mesmo homem. Tenho sofrido muito e juro que aprendi a lição. Sempre fui um funcionário que respeitou as normas da empresa, nunca faltei ao trabalho e sempre fui um bom motorista.

Walter, abrindo um largo sorriso, disse:

— Um motorista bêbado.

Naquele momento, Altino sentiu-se um lixo, mas sabia dera motivos suficientes para ser tratado daquela maneira. Walter, apesar de ser um homem durão, tinha um bom coração e propôs:

— Bem, se quiser a voltar a trabalhar na empresa, vai precisar se submeter a algumas exigências.

— Faço o que quiser – respondeu Altino.

O homem, olhando para Altino, falou:

— Primeiro, quero que frequente um grupo de apoio a alcoólatras; segundo, você não voltará como motorista, mas antes como responsável pela limpeza dos ônibus. Você há de convir que não posso deixar um carro na sua mão antes de ter certeza de que você parou de beber, e como faxineiro não colocará a vida de ninguém em risco.

Altino achou que a proposta era uma humilhação, mas ao se lembrar das palavras de Joselina, sabia que não tinha outra coisa a fazer a não ser aceitar a oferta de trabalho. Walter preencheu um papel e entregou-o a Altino, dizendo que ele deveria passar no departamento de pessoal para conversar com Marcos. Altino estava insatisfeito, afinal, como iria olhar para seus colegas de trabalho? Com um sorriso nos lábios, Altino agradeceu a Walter pela oportunidade, saindo rapidamente. Com o papel em mãos, foi até o departamento de pessoal, quando viu Marcos datilografando insistentemente. O rapaz, olhando para Altino, perguntou:

— O que faz aqui?

— Voltarei a trabalhar aqui desde que entregue todos os meus documentos – Altino respondeu sorrindo.

Ao pegar o papel, Marcos perguntou:

— Você não vai voltar como motorista, mas como faxineiro?

— Sim, porque o seu Walter não acredita que mudei.

Altino, apesar de ser um péssimo marido e pai, era um bom companheiro de trabalho. Marcos passou uma lista de documentos que ele deveria trazer e outro papel marcando o exame médico. Altino se retirou da firma feliz, afinal, havia arranjado um trabalho. Seu orgulho, porém, ainda falava alto, mas naquele momento não havia espaço para recusar uma oferta de emprego. Naquela tarde, Altino voltou para casa sóbrio e, com alegria, disse a Marina:

— Arranjei um trabalho, não como motorista, mas como faxineiro dos ônibus da empresa em que trabalhava.

Marina olhou para ele sem dizer nada. Com o silêncio, ele perguntou:

— Estou faminto. Meu prato está no forno?

Marina se limitou a dizer:

— Não! A comida ainda está nas panelas, coloque para esquentar.

Ao olhar para a esposa, Altino sentia-se mal, pois seu rosto estava demasiadamente machucado, e isso o fazia sentir culpa. Sem dizer nada, foi até a cozinha e acendeu o fogão para esquentar a comida. Comeu, lavou a louça que usou e foi tomar um banho, pois estava cansado. Assim que terminou, Altino foi até seu quarto e deitou, entregando-se ao sono.

Marina, ao perceber que o marido havia se trancado em seu quarto, pensou: "Não posso mais dormir com esse homem, a partir de hoje dormirei no quarto de João". O menino não ficou feliz em saber que o pai havia arranjado emprego, pois para ele logo o pai voltaria a beber e a fazer os escândalos costumeiros.

No dia seguinte, ao acordar, Altino percebeu que dormiu sozinho, mas ao se lembrar do rosto machucado da esposa, pensou: "Melhor assim... Olhar para ela me faz mal". Altino ainda não havia visto o filho, que ficou em seu quarto durante a maior parte do tempo. Como era sexta-feira, João decidiu não ir ao colégio, ele retornaria apenas na segunda-feira seguinte. Altino levantou-se e, ao contrário do que estava acostumado, notou que não havia café pronto. Desse modo, saiu de casa sem fazer seu desjejum.

Marina só saiu do quarto do filho depois de o marido sair de casa, pois olhar para seu agressor lhe causava mal-estar. Ela preparou o café, ferveu o leite e foi pegar o pão que o padeiro deixava em uma sacola no portão. Já passava das nove horas da manhã quando João acordou e encontrou a mãe costurando. Ele perguntou:

— Aquele homem já saiu?

— Sim, meu filho. Acho que foi cuidar dos documentos para a admissão no trabalho.

Incrédulo, João disse:

— A senhora acredita que ele arranjou trabalho?

A mulher sorrindo disse:

— Não vejo motivos para ele mentir.

— Eu não acredito em uma única palavra daquele homem, pois além de mau é mentiroso.

Marina não gostava de ouvir João se referindo ao pai daquela maneira, mas ela nada poderia fazer, afinal, aquele menino estava demasiadamente ferido. Logo depois do almoço, João pegou sua caixa de engraxate, dizendo:

— Mãe, vou ver se ganho algum dinheiro. Vou sair para engraxar.

— Seu pai disse que não quer vê-lo engraxando sapatos novamente.

— Ele não tem de querer. Eu vou trabalhar e ponto.

Marina, não querendo arranjar atrito com o filho, concordou e limitou-se a dizer:

— Tome cuidado na rua, meu filho.

O menino pegou a caixa e ganhou a rua.

CAPÍTULO 11

Violão

Naquele dia, João só conseguiu engraxar dois sapatos na rodoviária. Mas estava feliz, pois quando não estava no ambiente opressor de sua casa, sentia-se bem. Caminhando de volta para casa, viu um violão exposto em uma loja e pensou: "Um dia terei dinheiro para comprar um violão, vou aprender a tocá-lo e depois quero formar uma banda de rock". Com aquele pensamento, o menino definitivamente se esqueceu do drama familiar que vivia. Ao chegar em casa, encontrou sua mãe costurando e, com alegria, disse:

— Mãe, hoje vi um violão lindo numa vitrine. A marca é Del Vecchio. Um dia ainda vou comprar um.

Marina, percebendo que o filho voltara a sonhar, incentivou-o dizendo:

— Vamos combinar uma coisa: você pode guardar todo o dinheiro que ganhar engraxando sapatos para comprar o violão.

Feliz, João perguntou:

— Tem certeza? O dinheiro que ganho ajuda nas despesas da casa.

Marina, esperançosa, disse:

— Seu pai começará a trabalhar, desta vez não vou permitir que faça tudo o que quiser, pois ele tem a obrigação de ajudar em casa.

Desiludido, o menino respondeu:

— Mamãe, não sonhe. Aquele homem não muda, e a senhora não verá a cara de nenhum tostão.

Com raiva, a mulher disse:

— Isso é o que veremos, meu filho... Isso é o que veremos.

João percebeu que alguma coisa estava diferente em sua mãe, pela primeira vez percebeu que ela estava deixando a passividade de lado para se impor.

— Mãe, vou tomar banho. Aquele homem já chegou?

— Ainda não, meu filho.

Desanimado, João disse:

— Hoje é o dia em que ele vai chegar bêbado e dar vexame...

João entrou no banheiro e, ouvindo o portão bater, disse:

— Um dia ainda mato esse homem!

João ficou escutando, mas o silêncio permanecia na casa. Assim que terminou o banho, o menino foi até a sala e viu a mãe costurando tranquilamente. Perguntou quase cochichando:

— Onde ele está?

— Está na cozinha jantando. Disse que vai começar a trabalhar na segunda-feira.

— Está bêbado? – perguntou o menino.

— Não, milagrosamente está sóbrio.

João, evitando ver o pai, entrou em seu quarto. Estava calor, por isso o menino ficou sem camisa. Ao chegar em frente ao guarda-roupas, olhou-se no espelho e viu seu peito com vários hematomas. Naquele momento, João sentiu aumentar sua raiva por Altino, e resolveu mudar os pensamentos, lembrando do violão que vira exposto na loja.

João pegou alguns cadernos para refazer alguns exercícios, principalmente os de matemática. Embora as coisas estivessem calmas na casa, em seu íntimo João sentia um torvelinho de emoções, entre medo e ódio por aquele homem que dizia ser seu pai.

Altino comeu e, depois de um banho, trancou-se em seu quarto, pensando em Joselina e no quanto era feliz quando estava em seus braços. Como não sentia mais atração física por Marina, não se incomodava com o fato de ela estar dormindo no quarto do filho.

CAPÍTULO

12

Rompimento

O domingo chegou e Altino decidiu não sair de casa, para o desgosto de João, que se sentia pouco à vontade na presença do pai. Marina estava à máquina quando Altino se aproximou, perguntando:
— Quando você vai tirar o curativo?
— O médico marcou para terça-feira.
Altino ficou calado olhando para a esposa. Depois de um tempo, disse:
— Hoje estou me sentindo terrivelmente sozinho. Acho que vou ao bar conversar com os amigos.
Marina, alfinetando o marido, respondeu:
— Amigos de bar são amigos falsos.
Irritado, Altino respondeu:
— Seja como for, pelo menos no bar tenho com quem conversar.
Preocupada, Marina foi logo dizendo:
— Faça como quiser, mas lembre-se de que não vou suportar outra agressão. Sou uma mulher honesta e trabalhadora, portanto, se você chegar bêbado, eu entro na Justiça com o pedido de desquite e não vou aceitá-lo novamente em minha casa.
Altino, percebendo que a esposa estava decidida, respondeu:
— Não se preocupe. Eu jurei que nunca mais colocaria a mão em você e não farei isso de novo, mas não suporto viver nesta casa como se fizesse parte da mobília, onde ninguém se lembra que eu existo.

Com mágoa, a mulher respondeu:

— Como dizia meu pai: "O plantio é livre, e a colheita, obrigatória". Você nunca foi um bom pai e sempre foi um péssimo marido. Se hoje se sente assim, é porque fez por merecer.

Altino irritou-se, mas percebeu a veracidade nas palavras dela, e sem nada dizer saiu para a rua. Porém, em vez de ir ao bar como havia dito, foi à casa de Joselina, afinal, era junto dela que ele ainda tinha momentos de felicidade. Chegando à casa de Joselina, encontrou-a dormindo. Intrigado, bateu na porta com força. Irritada, Joselina abriu a porta e foi logo dizendo:

— O que aconteceu para chegar tão cedo à minha casa? Hoje é domingo, esqueceu?

Altino, com um sorriso nos lábios, respondeu:

— Já são quase dez e meia e você ainda está dormindo?

— O que você tem com isso? Sou livre e não preciso dar satisfação de minha vida a ninguém.

Altino logo percebeu que a mulher estava de mau humor.

— O que acha de sairmos hoje? Talvez ir ao cinema?

Joselina, ainda com as marcas do travesseiro no rosto, desdenhou dizendo:

— Não acredito que você me tirou da cama para me convidar a uma matinê no cinema.

Altino, sorrindo, ajuntou:

— Depois podemos ir para um bar e conversar.

— Não costumo sair com fracassados – disse, irritada.

— Eu não sou um fracassado! E muito menos um vagabundo, como você disse. Amanhã começarei a trabalhar na empresa de ônibus em que trabalhei – retrucou Altino, ofendido.

Interessada, Joselina perguntou:

— Você vai trabalhar novamente como motorista?

Envergonhado, Altino respondeu:

— Não! Como dei motivos de sobra para me demitirem, entrarei como faxineiro de ônibus. Quando eu reconquistar a confiança de Walter, voltarei a ter um carro só para mim.

Naquele momento, Joselina desatou a rir:

— Altino, sente-se, pois precisamos conversar.

Altino, sem compreender, obedeceu prontamente e sentou-se na frente da moça, que começou:

— Altino, gosto muito de você, sempre nos demos muito bem. Mas, para falar a verdade, no momento estou precisando de segurança financeira. Você não pode me manter, aliás, nem consegue manter a sua família, pois, se conseguisse, sua esposa não precisaria passar dia e noite costurando para manter a casa.

Joselina respirou fundo antes de continuar:

— Estou mantendo um relacionamento com Caetano há pouco mais de um ano. E ele sim é homem de verdade. É bancário, mantém a família e ainda me mantém. Como você acha que vivo sem trabalhar?

Por um momento Altino sentiu o chão sumir sob seus pés e perguntou trêmulo:

— Você o ama?

Joselina desatou a rir, respondendo com ironia:

— Amor? Deixe de ser piegas! O amor não existe. O que realmente existe é a luta pela sobrevivência. Caetano é meu anjo salvador e faz todas as minhas vontades. Como você acha que troquei a mobília da casa? Com dinheiro seu é que não foi, afinal, você não é homem para manter mulher alguma.

Altino sentiu, naquele momento, uma mistura de sentimentos tomar conta de si: não sabia se odiava aquela mulher ou a si mesmo por ter se iludido durante tanto tempo.

— Você vem todo feliz para me contar que arranjou um emprego de faxineiro, enquanto tenho nas mãos um bancário. Ora, faça-me o favor e me deixe em paz.

As únicas palavras que surgiram da boca de Altino foram:

— Isso que você fez para mim eu jamais vou perdoar. E saiba que um dia terei muito dinheiro, você vai ver. Um dia você vai se arrepender por ter me jogado fora.

Joselina desatou a rir:

— Como que você terá muito dinheiro se o seu filho anda engraxando sapatos para ajudar nas despesas da casa? Não me faça rir...

Altino, com raiva de si mesmo, levantou-se e saiu batendo com força a porta atrás de si. Ao vê-lo sair, Joselina disse:

— Graças a Deus, um problema a menos.

Despreocupada, Joselina voltou a seu quarto para dormir, pois tinha voltado para casa quando o dia já estava raiando.

CAPÍTULO

13

Tarde tranquila

Altino saiu aparvalhado da casa de Joselina e, com lágrimas nos olhos, disse a si mesmo: "Eu amei aquela mulher e ela só me usou. Vou me recuperar e voltar a trabalhar como motorista, assim, vou melhorar a situação financeira de casa". Com orgulho em frangalhos, dirigiu-se à praça da matriz e ficou observando os pombos que desciam dos galhos para se alimentar das migalhas que as pessoas jogavam.

Quanto mais Altino pensava em Joselina, mais sua raiva aumentava, afinal, ele fora ingênuo em acreditar naquela mulher. Naquele momento, ele tomou a seguinte decisão: "Nunca mais vou beber e juro que vou melhorar as condições financeiras em casa. Pensarei em uma maneira de arranjar outro emprego, assim vou receber mais. E um dia passarei com meu próprio carro em frente à casa de Joselina". Logo, Altino lembrou-se de que Caetano tinha um fusca do ano de 1959, o que fez sua raiva aumentar.

O sol estava alto, e Altino, perdido em pensamentos, não percebera o quanto o sol estava quente. Foi quando olhou para o relógio da igreja da matriz e viu que já passava das duas da tarde. Voltou para casa sem sentir o sol escaldante em sua cabeça, e muito menos o percurso que fizera. Ao chegar, Altino encontrou Marina costurando, e com voz baixa perguntou:

— Marina, você fez almoço?

— Sim, a comida está nas panelas. Como não faz muito tempo que almoçamos, tudo está quente ainda.

Altino jogou o paletó sobre o sofá e foi até a cozinha, trancando-se no quarto em seguida.

João ouviu a voz do pai e ficou aguardando um novo escândalo, mas nada aconteceu. Curioso, foi até a sala e perguntou baixinho à sua mãe:

— Não acha que ele chegou cedo do bar?

Rindo, Marina respondeu:

— Pelo jeito não, pois chegou muito bem. Está aéreo, mas sóbrio.

— Melhor assim. Não vou suportá-lo vê-lo bêbado novamente – disse João olhando para a mãe. E o menino logo pediu – Mãe, posso ir à casa de Balbino brincar com o Daniel?

— Vá, meu filho. Você tem ficado muito tempo trancado em seu quarto.

Embora quisesse sair, João temia que seu pai arranjasse outro escândalo. Por isso disse:

— Acho que não vou mais, prefiro cuidar da senhora.

— Vá tranquilo, meu filho, tudo está calmo por aqui – respondeu Marina, sorrindo.

João, depois de pensar por alguns instantes, disse:

— Está bem. Vou jogar bola com o Daniel e volto logo.

— Não se preocupe, meu filho, está tudo bem.

João olhou para o rosto da mãe e percebeu que os hematomas estavam desaparecendo. Embora estivesse apreensivo, João foi até seu quarto pegar a bola, saindo em seguida.

CAPÍTULO

14

Casamento em ruínas

Altino estava em seu quarto. As palavras de Joselina não saíam do seu pensamento. Ora ele sentia raiva de si mesmo por ter sido tão ingênuo, ora sentia raiva da mulher que um dia jurou amor eterno. Depois de muito pensar, saiu do quarto e foi até a sala.

— Marina, preciso falar com você.

Marina parou de costurar e, remexendo-se na cadeira, pôs-se a olhar para o marido para saber o que ele queria.

— Reconheço que não tenho sido um bom marido e muito menos um bom pai para João, mas juro que a partir de hoje as coisas vão mudar por aqui. Não frequentarei mais bares, não vou sair de casa sem que haja necessidade e procurarei me esmerar como provedor dessa casa. Amanhã começo a trabalhar, mas já estou pensando em arranjar outro emprego para que nosso filho não precise engraxar sapatos para ajudar nas despesas da casa.

Marina olhou assustada para o marido e perguntou, sem pensar:

— Qual é o motivo dessas mudanças?

Altino, com lágrimas nos olhos, respondeu:

— Fiquei desempregado por quase um ano, e só você e João sustentaram a casa. Isso é humilhante para um homem. João sempre foi um bom menino, estudioso e esforçado. E você é uma esposa exemplar. Uma pena que tenha reconhecido isso tarde demais. – Ele ficou em silêncio por alguns instantes até perguntar à queima-roupa. – Marina, você ainda me ama?

Naquele momento, Altino estava se sentindo muito carente, mas já sabia da resposta quando ela começou a falar:

— Altino, não vou mentir. Nunca ninguém nesta vida o amou mais do que eu. Porém, depois de tantos maus-tratos, miséria e humilhações, não há amor que resista a tamanhas tempestades.

O homem deixou que as lágrimas rolassem pelo seu rosto, disse:

— Vou reconquistá-la, eu juro.

Marina respondeu com olhar triste:

— O amor é como um tecido: quando rasga, o remendo fica ainda pior. O amor é feito de carinho, amizade, respeito e admiração. Mas o que você fez no decorrer desses anos? Você, com sua valentia e sua apatia diante das necessidades materiais e afetivas da sua família, foi acabando com tudo que existia entre nós. Hoje não sinto carinho, já não o vejo nem como amigo, já não o respeito verbalmente. Aquela admiração que eu sentia por você foi se perdendo entre tantos tapas e humilhações, além do seu caso com Joselina. Não me peça para dormirmos juntos novamente, isso é impossível para mim, pois nosso casamento acabou. O casamento é fundamentado no amor, e como não há mais amor, não vejo motivos para voltarmos a dormirmos juntos.

Altino, percebendo a sinceridade nas palavras da esposa, disse:

— Você tem razão. Errei, a bem da verdade, mas peço que me dê uma chance.

— Eu já lhe dei tantas chances, e você não aproveitou nenhuma delas, sempre continuou a fazer as mesmas coisas. Hoje, ainda estamos juntos porque temos um filho para criar, mas reavivar o que um dia senti por você é impossível. Todas as vezes que me surrou, você foi minando o que eu sentia por você. Sem contar as vezes em que você não apenas machucou meu corpo, mas minha alma também, assim como fez com nosso filho. Tente reconquistar nosso filho, isso para mim já seria uma vitória. E, quanto a exigir que João deixe de trabalhar, isso seria pedir demais para ele. João quer juntar dinheiro para comprar um violão. O sonho de nosso filho sempre foi ser músico.

Naquele momento, Altino disse:

— Ele não precisa engraxar para comprar o violão. Deixe eu receber meu primeiro salário que darei um violão a ele de presente.

Marina era uma mulher direta, e disse:

— João é um homem num corpo de menino. Ele jamais aceitará o violão de presente, afinal, você sempre o presenteou com surras memoráveis.

Sem saber o que fazer, o homem perguntou:

— Como farei para consertar as besteiras que fiz nessa vida?

— O único que pode dar essa resposta a você é Deus – respondeu Marina, olhando para Altino.

Desanimado, ele perguntou:

— Onde está João? Há dias não o vejo.
Marina respondeu, alfinetando Altino mais uma vez:
— João tem evitado vê-lo, e só sai do quarto quando você não está em casa ou quando está trancado em nosso antigo quarto.
Altino pôs-se a chorar e perguntou:
— Por favor, volte a dormir em nosso quarto. Eu juro que a respeitarei.
— Impossível! Como dormir ao lado de um homem que tanto me machucou? – respondeu Marina, firme em sua posição. – Quero aumentar a casa fazendo outro quarto para mim. Afinal, João já é um adolescente e não é de bom tom que continue a dormir com a mãe.
Altino, com voz mordaz, perguntou:
— Você se importaria se eu arranjasse uma amante?
Marina, depois de pensar alguns instantes, respondeu:
— Quando soube que você estava de romance com Joselina, aquilo me magoou muito, mas com o tempo me acostumei. Hoje, se você tratar bem a mim e a João, sinta-se livre para manter relacionamentos com quem bem entender.
Altino não esperava aquela resposta, mas sabia que Marina era uma mulher franca e não costumava dissimular seus sentimentos. Deixou uma lágrima rolar em seu rosto e disse:
— Muitas pessoas dizem que é melhor se arrepender pelo que fez do que pelo que não fez. Mas agora vejo quão inverídicas são essas palavras. O arrependimento sempre vem tarde demais... – ao dizer essas palavras, Altino levantou-se e voltou a se trancar em seu quarto.
Marina, ao ver o marido caminhando como um velho, sentiu pena do homem que sempre fora tirano e exigente. Disse:
— Meu pai tinha razão quando dizia que devemos sentir pena dos maus, porque os bons não precisam de piedade.
E, naquele momento, ela voltou a costurar o vestido que estava fazendo para a filha de sua melhor freguesa.

CAPÍTULO

15

Uma sombra

A segunda-feira chegou trazendo com ela toda a responsabilidade do dia. Altino levantou-se e, depois de se arrumar, saiu para o trabalho. Marina deixara a marmita pronta na geladeira, e o único trabalho que ele teve foi colocar a marmita e os talheres na mochila de trabalho. Altino saiu, mas naquele dia sentia-se terrivelmente triste, pois a conversa que tivera com Marina no dia anterior o fez pensar sobre muitas coisas que ele havia feito. Ele sabia que, desde que conhecera Joselina, sua maneira de tratar Marina piorou significativamente.

Enquanto caminhava em direção à empresa de ônibus, pensava: "Joselina foi o maior erro que pude cometer em minha vida. Graças a ela perdi minha família. Como pude ser tão idiota em acreditar no amor de uma mulher que é de todo mundo e, ao mesmo tempo, não é de ninguém?". Com os olhos úmidos, Altino disse a si mesmo: "Eu perdi minha família, mas ela vai perder muito mais".

O homem não viu que, nesse momento, um vulto escuro se fez ao seu lado. Gargalhando, o vulto dizia:

— Se hoje você é esse farrapo de gente, a culpa é daquela mulher. Portanto, vingue-se, assim ela aprenderá a não brincar com os sentimentos dos homens.

Altino não ouviu as palavras da entidade que estava a seu lado, mas sua mente as registrou em forma de ideias próprias. Assim, ele disse quase em voz alta:

— Joselina disse que Caetano é um bom provedor. Mas ela não o ama. Então, está na hora de ajudá-lo a não cair no mesmo laço em que eu caí. Vou descobrir em que banco Caetano trabalha e marcar um café com ele para lhe contar toda a verdade.

Naquele momento, a entidade que estava ao lado de Altino começou a gargalhar a seu lado sem que ele ouvisse.

CAPÍTULO

16

Desabafo

Na segunda-feira, enquanto almoçava com o filho, Marina contou-lhe sobre a conversa que tivera com seu pai no dia anterior. Ela não escondeu o fato de Altino não querer que ele engraxasse sapatos pelas ruas, e contou também que, com seu primeiro pagamento, ele lhe presentearia com o violão. João ficou indignado:

— Não quero que ele me dê o violão de presente. O que eu esperava e ele nunca me deu foi carinho de pai. Agora é tarde para tentar me conquistar, a senhora não acha? E não será com um violão que ele conseguirá fazer isso.

Marina, olhando para o filho, respondeu:

— Meu filho, o perdão é o único caminho que leva à redenção, portanto, perdoe seu pai e você vai perceber que será mais feliz.

João Pedro, olhando para a mãe, disse ainda indignado:

— Como posso perdoar um homem que sempre agrediu a senhora e a mim sem motivo algum? Como posso perdoar um homem que, quando trabalhava, gastava todo seu salário com mulheres? Como posso perdoar um homem que sempre se aproveitou do álcool para fazer todo tipo de torpeza? Como posso perdoar um homem que nos fez passar por todo tipo de privações? Por favor, não me venha falar em perdão para alguém que não merece meu perdão e, muito menos, minha consideração. Se esse homem é seu marido, saiba que para mim ele é um estranho, que mal conheço.

Marina olhou para o filho naquele momento como se o visse pela primeira vez e, com lágrimas nos olhos, disse:

— Meu filho, se hoje você guarda todo tipo de ressentimento em seu coração, a culpa é minha, pois me lembro de quando você era menor e disse para que eu me separasse de Altino. E eu, com medo da vida, não o fiz. Jamais pude imaginar que as feridas que traz na alma fossem tão profundas.

Em desabafo, João Pedro disse:

— Mãe, eu não tenho ressentimento por esse homem que diz ser meu pai. Para falar a verdade, tenho verdadeiro ódio por ele. Um dia, quando eu for mais velho, vamos embora e deixaremos que ele morra sozinho como um cão de rua, pois isso é tudo o que ele merece.

Marina, então, sentiu o aço frio de um punhal lhe traspassar o coração e, com lágrimas nos olhos, disse:

— Compreendo suas razões, meu filho, mas saiba que não concordo com sua maneira de pensar, talvez esteja na hora de se apegar mais a Deus e aprender a perdoar.

Revoltado, João Pedro continuou:

— Mamãe, não serão os sermões bonitos do padre José que vão me fazer perdoar meu pai.

Marina debruçou-se sobre a máquina de costura e chorou compulsivamente, fazendo João Pedro se arrepender de tal desabafo. O rapazinho viu o estado da mãe e foi até a cozinha preparar um copo com água e açúcar para ela, em uma tentativa vã de acalmá-la. Assim que João percebeu que a mãe estava mais calma, procurou não tocar mais no assunto e disse:

— Mamãe, vou lavar a louça do almoço e depois vou engraxar sapatos. Preciso juntar dinheiro para comprar o violão que vi na vitrine.

— Meu filho, por que engraxar se seu pai disse que vai comprar o violão para você? – perguntou Marina com os olhos ainda vermelhos.

Decidido, João respondeu:

— Por favor, não quero mais falar sobre o assunto – o menino lavou a louça e, depois, pegou a caixa. Quando estava saindo, disse – Mamãe, estou indo. Volto antes das seis.

Marina, com o coração em frangalhos, disse somente:

— Vá com Deus, meu filho.

João, sentindo-se culpado pelo estado nervoso da mãe, ganhou a rua e passou a andar a esmo.

Enquanto isso, Marina percebeu que não estava em condições de continuar trabalhando. Decidiu, então, conversar com Elisa, sua melhor amiga. Ao chegar à casa dela, Marina encontrou a amiga passando roupas. Elisa, vendo os olhos vermelhos de Marina, logo pensou que Altino houvesse aprontado outra de suas travessuras:

— O que Altino fez desta vez?

Marina, com os olhos úmidos, relatou tudo para a amiga, desde a conversa que tivera com o marido até, principalmente, a que tivera com João Pedro. Elisa ouviu calada o relato da amiga e depois deu sua opinião sobre o assunto:

— Marina, ninguém colhe o que não plantou. Se João odeia o pai como diz, é porque Altino fez por merecer. Balbino e eu vimos o sofrimento desse menino enquanto você esteve internada, portanto, não tente reverter a situação. O culpado por tudo isso é o próprio Altino, que um dia se esqueceu de que a esposa e o filho têm sentimentos. João é um bom menino, porém ele a ama demais. Cada bofetada que você levou de Altino doeu muito mais no coraçãozinho dele.

Marina disse chorando:

— Hoje percebo o quanto meu filho sofre. Se eu pudesse, tiraria toda essa mágoa de seu coração.

— Infelizmente, isso não é possível, mas o que você pode fazer é pedir a Deus que o ajude – disse Elisa penalizando-se da amiga.

Marina, depois de suspirar profundamente confessou:

— Elisa, temo que essa revolta leve João à perdição. Sei que ele é um bom menino, mas com meu medo de enfrentar a vida sozinha, eu deixei meu filho exposto a todo tipo de sofrimento e humilhações.

Elisa, olhando friamente para Marina, ajuntou:

— O passado não se pode mudar, pois passou. Cuide do presente de João para que ele não guarde ainda mais mágoas do pai. E como Altino está tratando o João?

— João fica trancado em seu quarto durante todo o tempo em que o pai está em casa. Ele tem evitado olhar para o pai.

— E o que Altino diz sobre isso?

— Altino finge ignorar o fato de o filho não querer vê-lo. Isso me aborrece, afinal, João Pedro é nosso único filho.

Elisa, sem palavras para consolar a amiga, disse somente:

— Coloque o assunto nas mãos de Deus, pois só Ele saberá resolvê-lo.

Elisa conversou por mais algum tempo com sua amiga, até Marina decidir voltar a trabalhar. Desabafar com Elisa ajudou a mulher, pois ela já estava mais calma quando saiu.

CAPÍTULO

17

Um dia de trabalho

Altino chegou ao trabalho e foi cumprimentado por todos os colegas de trabalho, o que o deixou imensamente satisfeito. Jorge, o motorista mais antigo na empresa, perguntou:

— Em qual o carro você vai trabalhar?

Altino esboçou um sorriso triste quando respondeu:

— Desta vez fui contratado como faxineiro, pois não há carro disponível para mim, segundo o seu Walter.

Jorge argumentou:

— Estranho... A empresa está precisando de motoristas, pois há dois carros vagos no pátio.

Ao saber do fato, Altino sentiu-se envergonhado ao admitir:

— Talvez o seu Walter não tenha me dado um carro porque já cometi muitos erros quando trabalhei como motorista. Afinal, quantas vezes já não parei no ponto de ônibus e desci para tomar uma dose de cachaça nos bares?

— Você continua a beber daquele jeito? – perguntou Jorge, sentindo pena de Altino.

Ele respondeu sem pensar:

— Decidi que não coloco mais bebida alcoólica na boca enquanto eu viver. A maldita cachaça me fez perder a dignidade como homem e como chefe de família.

Jorge, percebendo que Altino estava tentando mudar, disse:

— Homem que é homem não precisa de cachaça para enfrentar as desventuras da vida, mas antes procura se manter lúcido para vencer as vicissitudes da vida.

Altino concordou com lágrimas nos olhos e, pedindo licença, foi até o almoxarifado pegar baldes, panos, sabão e um par de luvas para começar a limpar os carros que ainda estavam no pátio. O trabalho não era fácil, pois Altino precisava ser rápido na limpeza dos ônibus, para que eles pudessem sair no horário imposto pela firma.

Walter, vez ou outra, saía ao pátio para ver o trabalho de Altino, e em determinado momento pensou: "É uma pena ver um bom motorista derrotado pelo alcoolismo".

Altino ignorava completamente os olhares de Walter enquanto desempenhava bem seu trabalho. Assim, o dia transcorreu tranquilamente para Altino e, sem ver o tempo passar, logo ouviu a sirene avisando que o turno dos homens que trabalhavam no pátio havia terminado. Ele foi até o vestiário e rapidamente se trocou para voltar para casa. Como estava há tempos sem trabalhar, Altino só pensava em chegar em casa, tomar um banho, jantar e dormir. E assim fez.

Ao chegar, encontrou Marina na cozinha conversando com João. O menino, ao ver o pai, pegou uma banana que estava na fruteira e saiu em direção ao quarto. Altino, olhando para a esposa, perguntou:

— O que há com João?

Marina respondeu irritada:

— Basta olhar para o peito e as costas do menino que você saberá o motivo pelo qual ele está evitando você.

Altino deixou a marmita sobre a pia e, sem dizer nada, foi tomar banho.

Naquela tarde João, não engraxou sapato algum. Contava para a mãe que as pessoas estavam sem dinheiro quando o pai chegou do trabalho.

Altino, por sua vez, ao entrar no banheiro passou a amadurecer a ideia de contar a Caetano sobre seu envolvimento com Joselina. Disse em voz alta:

— A única maneira que tenho de encontrar Caetano é indo ao banco, mas como fazer isso se estou trabalhando?

O homem pensava em Joselina e sentia a raiva aumentar. Sentia-se usado pela única mulher que acreditou amar. Enquanto se banhava, Altino pensava: "Deixei de trazer dinheiro para casa para manter Joselina, e o que ganhei com isso? Ganhei o nome de vagabundo. Deixe estar... ela acabou com minha vida, mas logo chegará a minha vez de acabar com a dela". Com esse pensamento, Altino terminou o banho e voltou à cozinha para jantar.

Marina e João jantaram enquanto ele tomava banho, o que deixou Altino aborrecido. Depois do jantar, ele foi para o quarto e deitou-se a fim de descansar para o dia seguinte, afinal, ele estava muito cansado. Porém, ele não tirava Joselina da cabeça, e o desejo de vingança ganhava forças em seu pensamento e em seu coração. A mesma entidade que o inspirara a se vingar de Joselina voltou a dizer:

— Você deve ir à casa de Joselina numa quinta-feira, e lá você encontrará Caetano. Mas não entre, fique esperando o momento exato em que ele sair da casa da mulher infiel, pois a sós você poderá contar tudo a ele o que ela mesma dissera – novamente Altino não ouviu as sugestões dadas pelo espírito, apenas as aceitou como se fossem suas próprias ideias.

Depois de pensar em uma maneira de contar sua história com Joselina a Caetano, Altino logo adormeceu e teve um sono tranquilo.

CAPÍTULO

18

João sai atrasado

Numa terça-feira, João levantou-se e, enquanto se arrumava para ir ao colégio, viu o relógio e percebeu que se tomasse o café da manhã acabaria chegando atrasado para a aula. Vendo a pressa do filho, Marina, que havia preparado o desjejum, perguntou:

— Meu filho, venha tomar seu café.

— Não tenho tempo. Se tomar café vou chegar atrasado para a primeira aula que, justamente hoje, é de matemática.

Esboçando um sorriso para o filho, ela disse:

— Tome, meu filho. Leve uma maçã, assim não ficará com fome. Ah, hoje não se assuste se chegar e eu não estiver em casa, pois vou tirar os curativos.

— Não se preocupe, minha mãe. Eu esquento a comida quando chegar.

E assim Marina viu o filho sair quase correndo de casa. "João Pedro é um filho de ouro: ele nunca reclama e contribui em tudo para me ajudar". Ela esboçou um sorriso triste, mesmo vendo no espelho da cristaleira que seu rosto já estava parcialmente desinchado. Então, a mulher lavou somente sua xícara e retirou a mesa para deixar a cozinha em ordem antes de começar a trabalhar.

Altino havia saído de casa às seis da manhã, por isso fez o desjejum na empresa. Antigamente, Marina levantava mais cedo que Altino e deixava tudo pronto para que o marido pudesse tomar seu café. Depois de tantas pancadarias e ofensas, ela deixou de fazer isso, pois acreditava que o marido não merecia tanta consideração. Tendo essas recordações, a mulher deixou a cozinha e foi ao quarto do filho para guardar o colchão que deixara no chão, colocando tudo no lugar antes de começar a trabalhar. Marina fazia faxina em casa todas as sextas-feiras, mantendo-a em ordem durante a semana para que pudesse costurar sem preocupações.

Logo a mulher sentou-se à máquina de costura e, tratou de finalizar os últimos detalhes do vestido encomendado pela filha de sua melhor freguesa. Marina era considerada uma excelente costureira, por isso não era raro novos fregueses aparecerem, deixando-a imensamente satisfeita.

CAPÍTULO

19

Altino sai sem pressa

Na manhã de terça-feira, Altino levantou-se às cinco e meia, arrumou-se sem pressa e, por último, pegou a marmita que Marina deixara pronta na geladeira. Como saíra cedo de casa, o homem andou lentamente em direção ao trabalho, mas seus pensamentos giravam mais rápido que um tornado. Enquanto caminhava, Altino decidiu que numa quinta-feira iria à casa de Joselina e esperaria Caetano sair, somente para contar ao homem tudo que sabia sobre Joselina.

Assim que chegou à empresa, picou o cartão com humildade e já começou a trabalhar, evitando a rodinha que se formava todas as manhãs antes de começar o trabalho. Altino, sem preguiça, pegou o material que usaria para limpar os ônibus que estavam no pátio, e fez isso rapidamente. Quando Jorge chegou, alguns ônibus já estavam limpos e prontos para ganhar as ruas da pequena cidade.

Depois de fazer seu trabalho, Altino varreu o pátio, que até então era chamado de garagem, porém era um espaço aberto.

Walter, ao chegar, ficou sabendo, pois Jorge contou para ele, que Altino havia começado a trabalhar mais cedo e que seu trabalho já estava bem adiantado. Walter disse:

— Altino sempre foi um homem trabalhador, isso não se pode negar, mas sempre foi escravo da bebida.

Jorge, que gostava imensamente de Altino, falou:

— Estamos precisando de um motorista, e o senhor vai desperdiçar os talentos de Altino por erros do passado?

— Não posso colocar Altino como motorista sem antes ele me provar que abandonou o vício da bebida, afinal ele transporta pessoas, já pensou o que seria para a firma um acidente causado por um motorista embriagado? – respondeu Walter depois de pensar muito.

Jorge acabou concordando com o gerente, afinal, na última vez que Altino trabalhou como motorista, não era incomum vê-lo estacionar o ônibus no pátio completamente embriagado.

Passava das nove horas da manhã quando Walter se aproximou de Altino:

— Por que começou a trabalhar mais cedo?

Altino despretensiosamente respondeu:

— Porque todo motorista gosta de pegar o carro limpo antes de começar a trabalhar, bem, eu pelo menos gostava. Sendo assim, decidi evitar as conversas antes de começar o turno para agradar os colegas.

Walter questionou Altino à queima roupa:

— Estou gostando de seu desempenho na empresa, apesar de você ter começado a trabalhar ontem, e espero que seja sempre assim. Mas eu quero saber: você já procurou algum grupo de apoio para ajudá-lo na questão com a bebida?

Altino fixou o olhar em Walter:

— Eu não vou beber mais. Esta foi uma decisão que tomei em meu coração, pois bebida e mulher já me deram muito prejuízo. Eu não preciso de ajuda médica para resolver um problema de foro íntimo. Além do mais, essa história de grupo de apoio não existe na cidade e, pelo que fiquei sabendo, ainda só está em algumas capitais. Mesmo se existisse aqui eu não participaria, pois para começar a beber eu não procurei grupo de apoio algum, médicos muito menos. Para deixar o vício também não vou precisar da ajuda de ninguém, só da minha força de vontade. Sou homem, e força de vontade tenho de sobra, portanto, não venha me pedir para que eu vá procurar ajuda, pois isso é inviável.

Walter sentiu a determinação nas palavras de Altino e respondeu:

— Está bem, mas saiba que, na primeira vez em que estiver embriagado no trabalho, você será demitido imediatamente.

— Não se preocupe com isso. Pois o senhor tem a minha palavra: jamais tornará a me ver embriagado novamente, nem o senhor, nem ninguém que me conhece.

Walter gostou da resposta de Altino e afastou-se lentamente do pátio que Altino ainda estava varrendo.

Altino era um homem dedicado ao trabalho. Nos momentos de folga no trabalho, para não ficar sem fazer nada, ele gostava de ir até a oficina para ajudar Teodoro, que tinha a alcunha de Tico, a consertar alguns carros. Tratava-se de ônibus velhos que a firma comprava a preços reduzidos de outras empresas.

Tico tinha esse apelido devido à sua baixa estatura, mas era um grande conhecedor de mecânica de ônibus. Alguns motoristas chamavam-no de Tico de Leão, pois era baixo, mas corpulento e forte. Altino gostava dele, por esse motivo ia ajudar o mecânico quando não tinha nada para fazer. Ele ficava horas e horas lavando peças para ajudar a Tico.

Walter estava gostando das atitudes de Altino, mas não acreditava que um dia o pobre homem conseguisse parar de beber.

Quando algum carro encostava, Altino ia ver se precisava ser varrido ou lavado. Muitas pessoas andavam com crianças nos ônibus circulares da cidade, e não raro elas vomitavam nos carros ou jogavam sujeira no chão, e Altino precisava varrer novamente os ônibus.

Esta passou a ser sua rotina no trabalho. Ele pretendia voltar a trabalhar como motorista, afinal, o salário era um pouco melhor, mas ele não se sentia humilhado por estar na posição de faxineiro da empresa.

CAPÍTULO 20

Tirando curativos

Só quando Marina terminou o vestido que estava confeccionando percebeu que estava atrasada para a retirada dos curativos. Então, arrumou-se rapidamente e logo foi até a esquina esperar o circular que a levaria ao centro da cidade, onde ficava o hospital.

Já passava das dez horas da manhã quando Marina chegou ao hospital. Porém, como estava atrasada, doutor Abílio deixou para atendê-la por último, pois naquele dia o médico estava ocupadíssimo com seus pacientes que vinham pelos mais diversos problemas. Marina ficou esperando chegar sua vez, e era quase meio-dia quando finalmente foi atendida pelo médico.

Doutor Abílio era um médico querido na cidade, pois, embora fosse vagaroso por natureza, atendia cada paciente com muita atenção. Vendo Marina, o médico sorriu ao perceber que seu rosto já estava melhorando e que seus olhos já não estavam tão inchados.

— Vamos tirar as bandagens para ver como ficou seu rosto.

Marina sorriu, reclamando apenas de dores esporádicas. O médico foi logo dizendo:

— Uma fratura como essa é muito incômoda, pois dificulta a respiração. A senhora ainda sentirá essa dificuldade por alguns dias, mas depois as coisas vão se regularizando à medida que o inchaço vai desaparecendo – com uma pequena tesoura, ele retirou as bandagens e, ao olhar o nariz de Marina, disse com sinceridade. – O nariz da senhora não será como antes. É comum a pessoa ficar com o que chamamos de pequeno bico de papagaio. Mas o importante é as vias aéreas estarem totalmente desobstruídas, permitindo que a senhora respire normalmente.

O médico ficou satisfeito com o que viu e fez as seguintes recomendações:

— A senhora deve fazer repouso. A alimentação deve ser pastosa. Não levante a cabeça rápido demais, para evitar sangramento. Depois de quinze dias, o desconforto respiratório passará quase por completo. Quando sentir dor, a senhora deverá tomar alguns analgésicos que prescreverei; quando sangrar, faça uma compressa fria. Em pouco mais de um mês tudo voltará ao normal. Também prescreverei um ótimo descongestionante para que a senhora possa respirar melhor. O edema e os hematomas vão desaparecer completamente em alguns dias, e a senhora se sentirá bem melhor.

Depois das recomendações do médico, a mulher pegou a receita e saiu rapidamente do hospital. Sentiu-se aliviada por não estar mais usando o gesso, que para ela causava imenso desconforto. Ao ganhar a rua, foi até um ponto de ônibus, voltando para casa rapidamente, pois ficou fora muito tempo.

Quando Marina chegou, João Pedro já havia chegado da escola e estava esquentando o almoço. Ao ver a mãe sem o gesso, confessou:

— Mamãe, ver aquele gesso em seu rosto me causava certo mal-estar. Ainda bem que a senhora tirou.

Satisfeita, Marina contou ao filho tudo que o médico dissera, sem esconder detalhe algum. Então, João Pedro perguntou:

— Mãe, a senhora já está sem o curativo, mas sua voz continua fanhosa. Quando isso vai melhorar?

A mulher respondeu sorrindo:

— Preciso comprar os analgésicos e o descongestionante que o médico prescreveu. Acredito que em alguns dias tudo voltará ao normal.

João pensou enquanto olhava para a mãe: "Aquele homem fez um estrago imenso em seu rosto...".

Não querendo mais tocar no assunto, Marina mudou o rumo da conversa perguntando:

— Como foi o dia na escola, meu filho?

O rapazinho passou a falar que estava com as matérias atrasadas e que, por isso, nos próximos dias não poderia sair para engraxar, pois marcara de ir a casa de Gerson para estudar. Marina ficou feliz em saber que o filho não iria engraxar nos próximos três dias, evitando que o pai ficasse sabendo que ele ainda saía com a caixa de engraxate.

Uma hora depois do almoço, João Pedro se despediu da mãe dizendo que iria à casa de Gerson para estudar. A mulher concordou plenamente, dizendo para ele que não voltasse tarde.

Marina, em vez de repousar, como o médico lhe recomendara, pegou uma caderneta que estava em uma das gavetas da máquina. Depois de pegar o tecido e dobrá-lo em algumas partes, começou a marcá-lo com giz e decidiu cortar a calça do marido de dona Esmeralda. Assim, a mulher continuou a trabalhar, e como marcar, riscar e cortar leva algum tempo, deixou para começar a costurar no dia seguinte.

CAPÍTULO

21

Celeuma

Naquela mesma tarde, João estudou na casa de Gerson, não somente matemática, mas também outras matérias. Em seguida, retornou para casa. Ao chegar, encontrou sua mãe recortando o tecido na mesa da cozinha:

— Mãe, tenho que estudar muito esta semana, pois na próxima começará a temporada de provas – disse sorrindo.

— Meu filho, estude muito, pois o homem só é grande quando ele dá tudo de si no mínimo que pode fazer – respondeu a mãe, sorrindo também.

João Pedro gostava de ouvir as filosofias de sua mãe e de pensar e conversar sobre o assunto posteriormente. O rapazinho disse estar com fome e, sem nada dizer, foi até a geladeira, pegou o leite e a manteiga. Logo arrumou um lugarzinho na pia para tomar o café da tarde sem atrapalhar a mãe.

Foi naquele momento que Altino entrou em casa. João sentiu seu corpo estremecer ao ouvir o barulho da porta, afinal, só de pensar no rosto do seu pai sentia seu estômago enjoar.

Altino entrou na cozinha sem dar tempo de João sair e, ao ver a mulher, disse satisfeito:

— Que bom que tirou os curativos do rosto...

Marina, alfinetando o marido, completou:

— Logo estará pronto para que você possa quebrá-lo novamente.

Altino, ao ouvir o comentário da mulher, sentiu vontade de gritar, porém manteve a calma fingindo não ter ouvido. João, assim que viu o pai, pegou a xícara de café com leite e o pão para se dirigir ao seu quarto, quando ouviu o pai perguntar:

— Vai sair só por que cheguei?

João Pedro, com rancor, respondeu:

— Exatamente!

Naquele momento, Altino sentiu todo o desprezo que seu filho sentia por ele, e sabia que o sentimento era recíproco, afinal, ele nunca quis aquele filho. Respondeu no mesmo tom:

— Não precisa sair só porque cheguei. Pode ficar onde está, pois quem precisa sair sou eu que mal posso olhar para sua cara.

Sentindo-se ofendido, João Pedro gritou:

— Você não tem vergonha na cara! Quer conversar comigo mesmo depois de tudo que fez. Quebrou o nariz de minha mãe, surrou-me como se faz com um animal e depois age como se nada tivesse acontecido. É muito cinismo para uma pessoa só. Você nunca gostou de mim, eu sempre soube. Mas saiba que eu também nunca gostei de você, pois como pai você é um péssimo exemplo. Às vezes eu penso que posso cruzar com algum irmão na rua, afinal você já teve tantas mulheres... Ou estou mentindo?

Sentindo-se completamente ofendido, o homem se aproximou do filho para esbofeteá-lo quando Marina gritou:

— Vocês dois, parem de brigar! João, vá para o seu quarto! E quanto a você, Altino, vá tomar seu banho. Não quero mais discussão nesta casa – e continuou. - João, trate de respeitar seu pai, e você, Altino, deixe de provocá-lo. Nosso filho logo se tornará um homem e não quero ver pai e filho se digladiando em minha casa.

João, deixando o lanche sobre a pia, saiu sem nada dizer. Altino olhou para esposa dizendo:

— Você é a culpada por esse menino ser tão malcriado. Onde já se viu um filho responder o pai dessa maneira?

— Você disse tudo, pai – ajuntou Marina, irritada com a situação. – Mas, sinceramente você nunca foi pai de João, pois sempre o tratou como se ele fosse um intruso dentro de casa e se manteve longe dele o maior tempo possível. Isso sem contar as inúmeras surras imerecidas que deu nessa criança. Agora, pergunto a você: como quer que ele lhe respeite? Sendo que você mesmo nunca se deu ao respeito. Deixe de agir como vítima da situação e passe a refletir sobre seus atos.

Altino, sentindo-se novamente humilhado, saiu de perto da mulher e foi tomar banho. Depois, se trancou no quarto, sem nem mesmo sair para jantar.

Marina deixou de cortar o tecido, com medo de estragar o pano que a freguesa havia trazido. Sentou-se à mesa e começou a chorar, pensando: "Talvez

João tenha razão. Acho que devo mesmo me separar de Altino, pois não quero que meu filho tenha mais feridas emocionais". Assim, a mulher passou a chorar copiosamente.

João, ouvindo o pai se trancar no quarto, foi até a cozinha e encontrou a mãe chorando e com os olhos úmidos:

— Mamãe, perdoe-me. Eu não suporto olhar para o rosto desse homem. Sei que isso a faz ficar nervosa, mas compreenda que é muito difícil para mim.

Marina abraçando o filho, que já estava maior do que ela, disse:

— João, em poucos anos você se tornará um homem. Penso o que será de vocês. Seu pai não gosta de você, você o odeia. Até quando precisarei ficar no meio de vocês dois?

— Mamãe, perdoe-me se a faço sofrer. Mas acredite, tenho meus motivos para odiá-lo dessa maneira – disse João com lágrimas nos olhos.

Marina, vendo os olhos úmidos do filho, disse:

— Meu filho, meu pai nunca me poupou e me surrava quase todos os dias, muitas vezes sem eu merecer. Nem por isso eu tenho esse ódio todo por meu pai, que hoje está no céu.

João, chorando, disse monossilábico:

— Um dia a senhora vai saber...

Marina tentou convencê-lo a falar sobre o ódio que sentia pelo pai, mas o menino encerrou a conversa dizendo:

— Mamãe, eu não quero falar sobre isso.

Respeitando o silêncio do filho, a mulher disse:

— O jantar já está quase pronto, espere um pouco.

— Obrigado, mamãe, mas essa confusão me tirou completamente a fome.

Ninguém jantou naquela noite, e Marina apenas preparou a marmita de Altino, deixando-a na geladeira para o dia seguinte.

CAPÍTULO 22

Um segredo

Altino, trancado em seu quarto, pensava: "Esse moleque me odeia. Será que ele se lembra de alguma coisa? Não é possível, ele era muito pequeno quando tudo aconteceu".

Os pensamentos de Altino eram inquietantes, fazendo-o dizer em voz alta:

— Se ele lembra de alguma coisa, um dia esse miserável poderá me matar. Mas antes que isso aconteça eu acabo com a vida dele, mesmo que para isso eu apodreça na cadeia.

Novamente, Altino não percebeu a entidade dizer ao seu lado:

— Faça o serviço primeiro, antes que ele mate você. Hoje ele é apenas um menino, mas um dia ele se tornará um homem e será bem mais forte que você.

Altino, depois de se remexer na cama, tornou a falar consigo mesmo:

— Preciso me prevenir, não posso dormir com um inimigo dentro de minha própria casa.

O homem, então, pôs-se a se lembrar do passado e de suas reminiscências, recordando-se da ocasião em que Marina foi passar a última noite com seu pai no hospital. Os pensamentos de Altino eram agonizantes, pois quando se lembrava do que fizera ao próprio filho, sentia o desespero tomar conta de todo seu ser.

Tudo começara quando Joana chegou em um final de tarde há seis anos.

— Marina, papai talvez não passe desta noite. Conversei com o médico e ele disse que seu estado é grave, e eles não podem fazer mais nada para salvá-lo –

disse Joana, irmã de Marina. Ela tinha quatro irmãos: Inácio, o filho mais velho, que morava em São Paulo com a esposa; Vera, que morava em Rio Claro; Lídia e Joana, que moravam em Araras.

Marina passou a chorar copiosamente quando disse:

— Preciso passar a última noite com meu pai, apesar de não querer assistir à morte dele.

Altino, sem nada dizer, viu a esposa se arrumar rapidamente e sair com a irmã em direção do hospital. Marina disse ao marido:

— Altino, cuide de João Pedro. Ele já jantou, mas às nove horas, antes de dormir, dê a ele a um copo de leite sem café. Ele vai dormir a noite inteira. Peço para você não ir trabalhar amanhã, pois não sei a que horas chegarei do hospital. Quando acordar, dê a ele café com leite e pão. João Pedro é bonzinho e ficará brincando.

Altino disse:

— Não posso faltar no trabalho sem avisar.

— Não se preocupe com isso, depois lhe darei uma cópia do atestado de óbito para levar ao seu trabalho – e completou com mais recomendações sobre o filho – João tem costume de sujar a blusa de leite, pois não quero que um menino de seis anos fique preso à mamadeira, troque as roupas dele assim que sujar – Marina foi falando apressadamente e saindo em seguida.

Assim que Altino ficou a sós com João, deixou-o brincando na sala. Às nove da noite, colocou o menino para dormir, dando-lhe um copo de leite morno com açúcar. João tomou o leite, deitando-se em seguida. Altino começou a alisar o corpo da criança e, em dado momento, sentiu desejos impróprios pela criança. Altino tocou seus órgãos genitais depois de alisar o menino, deixou-o sozinho e trancou-se no banheiro. João tinha seis anos e não gostou das carícias íntimas do pai, mas adormeceu em seguida.

Certa hora da noite, o menino acordou com o pai deitado ao seu lado, completamente nu, alisando o pequeno corpinho de uma criança de seis anos.

— Papai, por que o senhor está dormindo comigo? – perguntou João Pedro.

Sem nada dizer, Altino continuou a alisar o corpo do filho com concupiscência. Depois, levantou-se e novamente se trancou no banheiro, deixando o menino sem roupas sob o cobertor.

Altino se arrependeu do que fizera, mas nunca tocou no assunto com o filho. E agora, vendo a aversão que o filho nutria por ele, não tinha dúvidas de que o filho se lembrava do fato.

Naquela mesma noite, o senhor Anselmo, pai de Marina, falecera devido ao problema crônico nos pulmões. Marina ficou com o pai até o momento de sua morte, assistindo a todo o seu sofrimento ao morrer. No dia seguinte, ela tomou as providências para o velório e o sepultamento do pai.

Quando Marina chegou em casa, já passava das onze da manhã, e ela contou para Altino que seu pai havia morrido às quinze para as quatro da manhã e que ela havia providenciado o velório e o enterro para o mesmo dia.

Altino estava constrangido, mas Marina nada percebeu, devido à dor de ter perdido seu pai. Ele se lembrou de cada detalhe do que aconteceu na noite passada, fazendo-o se sentir mal.

CAPÍTULO

23

Culpa velada

No dia seguinte, Altino se levantou, arrumou sua mochila e saiu para o trabalho, mas os pensamentos agonizantes não o deixavam em paz. Por causa deles, ele esquecera até mesmo o que Joselina o fez, pensando somente no ódio que seu filho nutria por ele. Ao chegar à empresa, o homem se entregou ao trabalho para não pensar mais sobre o assunto.

O dia transcorreu tranquilamente, mas vez ou outra as lembranças do passado o incomodavam. Pela primeira vez ele sentiu medo de que o filho contasse algo à mãe. No fim de tarde, Altino sentiu vontade de passar no bar antes de ir para casa, mas como havia prometido a si mesmo que jamais levaria um copo de bebida alcoólica à boca, logo desistiu, voltando para casa. Ao chegar, encontrou a mulher sentada à velha máquina de costura, quando perguntou:

— Onde está João?

Marina, sem compreender o súbito interesse pelo filho, respondeu monossilábica:

— Está no quarto.

— O que esse menino faz trancado no quarto a tarde inteira? – perguntou irritado.

— Ele está estudando, pois na próxima semana começa a temporada de provas.

Altino, observando a esposa, pensou: "Será que Marina sabe de alguma coisa?". Levou a mão à testa como se afastasse maus pensamentos. "Ela não sabe de nada, pois é uma leoa quando se trata de João. Se soubesse, já teria jogado aquilo na minha cara." Marina, percebendo que Altino a olhava insistentemente, perguntou:

— Por que me olha dessa maneira?

— Eu nem estava olhando para você.

Marina, ignorando o fato do marido a olhar, continuou costurando sem desconfiar sobre o que Altino estava pensando. Ele foi até a cozinha, deixou a marmita sobre a pia, tomou banho e, voltando para a sala, perguntou:

— A janta já está pronta?

— Sim, vá jantar porque João e eu já jantamos.

Altino sentia calafrios cada vez que ouvia o nome do filho, por isso comeu sozinho na cozinha, trancando-se no quarto em seguida.

CAPÍTULO

24

Era bom demais para ser verdade

Nessa rotina, os dias foram passando e Altino começou a evitar o filho veementemente, pois temia que uma discussão trouxesse o passado à tona. Logo, o passado não mais incomodava Altino, e ele novamente passou a pensar em Joselina e em suas falsas declarações de amor.

Passaram-se quatro semanas desde que Altino começara a trabalhar, porém, ele ainda não tinha ido à casa de Joselina. Naquela quinta-feira, ao chegar em casa, o homem tomou banho e decidiu sair sem dizer à esposa aonde ia. Ao ver o marido sair, Marina comentou:

— Estava bom demais para ser verdade. Altino já deve ter ido ao bar encher a cara e arranjar confusão, mas agora não vou suportar mais isso. Se ele fizer isso novamente, arrumarei suas malas e pedirei para que se retire de minha casa.

João, ouvindo a porta bater, logo percebeu que o pai havia saído. Então, saiu do quarto perguntando:

— Aquele ser desprezível saiu?

Marina, rindo da palavra que o filho empregou para se referir a seu pai, respondeu:

— Sim, meu filho. Acho que foi ao bar.

— Se aquele infeliz chegar bêbado e fizer um novo escândalo, eu juro que vou até a delegacia dar queixa à polícia – disse o menino.

Marina, tentando contemporizar a situação, disse:

— Para ele sair hoje, tenho certeza de que recebeu o salário do mês, e quando voltar estará sem um tostão.

— Mãe, não sei como a senhora aguenta tudo isso – disse indignado. Esse homem não presta e nunca prestou, sempre gastou seu dinheiro com todas as mulheres do bairro, menos conosco. Vamos embora! Não quero mais olhar para o rosto cínico desse safado.

— Meu filho, se seu pai chegar bêbado querendo arranjar confusão, vou arrumar suas coisas e mandá-lo embora de casa, pois eu já não aguento mais tanta humilhação – disse com veemência, voltando sua atenção para o filho.

— Até que enfim a senhora tomou uma decisão, não compreendo por que continuar com ele em casa se ele nunca ajudou em nada, aliás, até o que ele come é a senhora que põe dentro de casa.

Depois, João ficou conversando com a mãe sobre um poema que ele não conseguia interpretar. O menino, que tinha uma bela voz, leu a poesia, porém Marina também não compreendeu o que o poeta estava querendo dizer:

— Meu filho, o melhor a fazer é perguntar à sua professora, pois eu sempre fui meio burra em literatura.

João Pedro riu da simplicidade da mãe e, não querendo constrangê-la, logo mudou de assunto.

CAPÍTULO 25

Conversa entre homens

Altino, ao dobrar a esquina, logo viu o carro de Caetano em frente à casa de Joselina. Isso fez aumentar ainda mais seu ódio por aquela mulher. Ele ficou na esquina esperando o momento em que Caetano saísse. Os minutos foram se passando, mas só duas horas depois a porta da casa se abriu. Caetano despediu-se de Joselina, que permaneceu no interior da casa, quando rapidamente Altino andou em direção ao carro de que o homem se aproximava. Quando Caetano estava girando a chave, Altino disse:

— Caetano, preciso falar com você.

Caetano não reconheceu prontamente Altino devido à luz tênue da rua e, como havia sido chamado pelo nome, esperou sem questionar. Quando Altino se aproximou, o dono do carro o reconheceu:

— Olá, Altino! O que faz aqui? Veio visitar Joselina?

— Não! Estou aqui só para falar com você. Será que poderíamos ir para um lugar calmo para conversarmos?

Caetano, ressabiado com o fato de ter visto Altino somente uma vez, respondeu:

— Não posso. Preciso voltar para casa, pois minha esposa está me esperando.

Altino, sem se intimidar, disse:

— O que tenho a dizer é de seu extremo interesse, por favor, me ouça. Juro que nunca mais voltarei a procurá-lo.

Caetano, percebendo o desespero daquele homem, concordou:

— Está bem, mas para isso precisamos conversar em minha casa. Tenho um escritório onde ninguém me incomoda quando estou trabalhando.

Altino pouco se importava onde iria conversar, pois para ele o importante era relatar tudo que sabia sobre Joselina. Os dois entraram no carro de Caetano, e depois de dez minutos o carro parou em frente a uma bela casa, localizada no melhor bairro da cidade. Caetano foi logo avisando:

— Vou dizer que você é um pretenso comprador de um terreno que tenho para vender.

Altino concordou com Caetano e, juntos, os dois homens entraram na bela casa. Altino estava tão nervoso que nem sequer prestou atenção na beleza da casa. Caetano, olhando para a esposa, disse:

— Claudete, este é Altino. Ele veio conversar comigo sobre a compra do terreno.

A esposa sorriu e ofereceu café a Altino, que prontamente recusou. Depois das devidas apresentações, Caetano chamou Altino a uma pequena sala que ele chamava de escritório. Ao se verem sozinhos, Caetano disse quase cochichando:

— O que tem de importante para me dizer?

— Caetano, assim que o vi pela primeira vez, senti que você é um homem de bem e, por isso, como amigo, tenho algumas coisas para lhe contar sobre Joselina.

Altino passou a relatar que manteve um relacionamento com Joselina durante três anos, o quanto ela o explorava e, principalmente, que na ocasião em que se conheceram, ela ainda estava com ele. Caetano estava perplexo com a riqueza de detalhes da conversa, e então perguntou:

— Se você manteve um relacionamento com a "Josie" – como carinhosamente ele a chamava – por que só está me contando agora?

Altino respondeu à pergunta contando tudo o que ela havia dito na ocasião que terminaram o relacionamento. Altino terminou:

— Ela disse que amor não existe e que uma mulher precisa de dinheiro. Disse também que eu era um fracassado, um vagabundo, e que ela jamais trocaria um bancário por um faxineiro como eu. Não estou dizendo isso para que termine seu relacionamento com ela, apenas para que fique atento, pois ela não trabalha e quer que seus amantes a mantenham.

Caetano logo se lembrou das muitas vezes em que Joselina lhe pedira dinheiro, dizendo que tinha contas a pagar, e finalmente disse:

— Eu já havia percebido que Joselina é uma mulher interesseira, pois enquanto eu falava de amor ela falava sobre contas a pagar, o que precisava comprar e coisas do gênero.

Altino, levantando-se, concluiu dizendo:

— Fique atento, não deixe que ela destrua sua família assim como fez com a minha. Tome cuidado, porque ela é mentirosa e manipuladora.

Caetano, atordoado com tantas informações, levou Altino até o portão, pedindo sigilo sobre a conversa que tiveram.

Altino, satisfeito, jurou que não contaria nada a ninguém e pediu a Caetano que fizesse o mesmo. Assim, os dois homens se despediram. Altino voltou satisfeito para casa, sentindo-se vitorioso.

CAPÍTULO 26

Problemas financeiros

Assim que Altino saiu, Claudete perguntou:
— E então, vendeu o terreno?
— Não. Ele achou caro e disse que não tem condições de pagar a quantia que pedi.

Claudete, desanimada, disse olhando para o marido:
— Caetano, só a venda do terreno poderá nos tirar do vermelho. Estamos devendo para minha família, você tem dívidas no banco e, para falar a verdade, não ando dormindo direito com tanta preocupação.

Caetano fixou o olhar na esposa:
— Nós vamos vender o terreno e pagaremos as dívidas, mas para isso preciso que fique sempre ao meu lado.

Claudete, sem compreender as palavras do marido, respondeu:
— Estarei sempre ao seu lado, afinal, não nos casamos? "Na saúde e na doença, na riqueza e na pobreza, até que a morte nos separe"? Fiz esse juramento diante do altar e vou cumpri-lo.

Caetano abraçou a esposa, e juntos foram até a cozinha jantar. Ele alegou estar com dor de cabeça e pediu licença para dormir mais cedo. Claudete pensou que a causa da dor de cabeça fosse a pressão financeira que estava sofrendo e, sendo assim, beijou-o dando-lhe boa-noite.

Caetano, depois de um longo banho, pensou em tudo que ouvira de Altino. Concluiu que suas dificuldades financeiras estavam ocorrendo devido às exigências de Joselina, que a cada minuto queria uma coisa diferente ou dizia ter contas a pagar. Depois de muito pensar, Caetano decidiu que terminaria o romance com Joselina antes que ela o levasse à falência.

Claudete foi dormir, mas Caetano ainda não havia conciliado o sono. Percebendo o nervosismo do marido, a esposa disse:

— Não fique assim, meu querido. Para tudo há um jeito, basta acreditar nisso. Logo venderemos o terreno e tudo estará resolvido.

Caetano perguntou, olhando para a esposa:

— Você acha justo nós vendermos um terreno para pagar dívidas?

Claudete, suspirando, respondeu:

— Justo não é, mas no momento é a única coisa que nos cabe fazer.

Caetano beijou a testa da mulher e, virando para o lado, pensou: "Preciso me livrar daquela interesseira. Altino tem razão, se eu continuar com isso, posso perder tudo, inclusive minha família". Com esse pensamento, Caetano ficou acordado quase a noite inteira, pegando no sono só depois das quatro da manhã.

CAPÍTULO 27

O "novo" Altino

Altino voltou para casa e encontrou João conversando animadamente com a mãe, naquele momento todo o passado voltou à sua cabeça. Ele se aproximou de Marina, tirou o salário do bolso e disse:

— Marina, esse é todo meu pagamento. Faça o que é preciso fazer, pois eu não tenho tempo para pagar as contas.

João, que mantinha a cabeça baixa, nada disse. Foi Altino quem falou:

— Compre o violão para João e pague com o maior número de prestações que puder.

— Não precisa comprar o violão. Pague as contas, mamãe, pois muitas estão atrasadas – respondeu o menino imediatamente.

Altino preferiu não enfrentar o filho e, sem dizer uma única palavra, trancou-se em seu quarto. Marina abriu o envelope, contou o dinheiro e, conferindo a frente do holerite, confirmou que aquele era todo o pagamento de Altino. Sorrindo, ela disse ao filho:

— Não acredito que, pela primeira vez, seu pai saiu e não voltou bêbado. Além disso, entregou o salário inteiro em minhas mãos. Sabe, meu filho, estou começando a acreditar que seu pai realmente está mudando, pois ele nunca fez isso antes.

— Não vá confiando muito, pois tenho certeza de que tem caroço nesse angu e que caroço! – João respondeu, desconfiado.

Marina, sem prestar atenção no que o filho estava dizendo, depositou o dinheiro no envelope e colocou-o sobre o móvel da máquina. Olhando para o filho, perguntou:

— Meu filho, deixe-me comprar o violão que você quer, pois nós temos dinheiro para isso.

— Mamãe, a única coisa que quero desse homem é dis-tân-ci-a. Por favor, respeite meu desejo – respondeu ressentido.

— Mas seu pai ganhou um bom dinheiro e, fazendo as contas, dá para comprar o violão à prestação – continuou Marina.

— Eu não quero nada que venha dele, e se a senhora comprar comida com esse dinheiro eu deixo de comer em casa – disse sem pensar.

Marina, naquele momento, empertigou-se na cadeira e perguntou, fixando o olhar no filho, quase o intimando a falar:

— Por que essa atitude hostil com seu pai? Por acaso ele fez alguma coisa que eu não esteja sabendo?

Naquele momento, João sentiu seus olhos umedecerem e respondeu com voz alterada:

— Não aconteceu nada! Eu só não gosto dele e não quero nada que venha dele!

A mulher achou estranha a atitude do filho, porém limitou-se a ficar calada e deixou para voltar a esse assunto em um momento mais oportuno.

Marina foi dormir, mas não conseguia conciliar o sono, pois não compreendia o porquê da aversão que o filho sentia pelo pai. Ela ouviu o filho se mexer na cama várias vezes, levando-a a deduzir que o filho ainda estava acordado.

— Por que está custando para dormir, João? – perguntou inquieta.

O rapaz fingiu dormir e não respondeu. Perdendo a paciência, Marina levantou, acendeu a luz e perguntou, sentada na cama:

— Fale o que está acontecendo... Sou sua mãe e tenho o direito de saber.

João sentou-se na cama e desabou a chorar compulsivamente. Marina abraçou o filho dizendo:

— Filho, como poderei ajudar você se não sei o que está acontecendo? Lembre-se, meu filho, de que sou sua melhor amiga e que você pode contar o que quiser para mim, pois vou entender.

João, mantendo-se resistente, disse:

— Mamãe, não está acontecendo nada. Esse homem está fingindo uma coisa que está longe de ser, ou seja, uma pessoa boa. Pelo jeito, a senhora está acreditando em mais uma de suas mentiras.

Marina pensou por alguns instantes até dizer:

— João, seu pai está mudado. Alguma coisa aconteceu, pois a cada dia suas atitudes vêm demonstrando que ele está deixando a velha personalidade de lado e vestindo uma nova. Por que não dar uma chance a ele?

— Porque essa nova personalidade não passa de uma farsa, só a senhora não vê. O fato de ele não estar bebendo não significa que ele não seja mais um bêbado. E o fato de ele ter entregado todo salário em suas mãos também não significa que ele sempre vai fazer isso.

— Meu filho, vou lhe pedir uma coisa: deixe de implicar com seu pai, pois enquanto ele procurar manter a paz em casa já está bom – disse, abraçando o menino.

— Está bom para a senhora, mas não para mim. Eu o tenho como um inimigo mortal.

— Tenha paciência, meu filho. Logo você se tornará um homem, constituirá sua própria família e não precisará mais olhar para ele – disse Marina sorrindo.

— Até isso acontecer, vou ser obrigado a ficar olhando para ele? A senhora acha isso justo?

— Meu filho, eu já não amo seu pai há muito tempo, mas há certas decisões na vida das quais não podemos voltar atrás – confessou sorrindo. – Casei-me com ele e serei obrigada a permanecer com ele até que um de nós morra.

— Mãe, do fundo do coração, para mim seria imenso prazer vê-lo morto – disse com profundo ressentimento.

— Não diga isso, meu filho. Ele é seu pai e, além do mais, não devemos desejar a morte nem mesmo para nosso pior inimigo.

— Esse homem é meu pior inimigo, ou a senhora ainda não percebeu isso?

João, não querendo falar mais sobre o assunto, voltou a se deitar e pediu que a mãe apagasse a luz. Marina atendeu ao pedido do filho e voltou a se deitar em seu colchão no chão. Ela demorou até conciliar o sono e logo percebeu que a respiração de João ficou profunda, demonstrando que ele adormecera. Marina começou a pensar no motivo que levaria seu filho a odiar o pai daquela maneira, pensou em diversas possibilidades, exceto na possibilidade de que talvez ele tenha sido molestado sexualmente pelo pai.

Na tentativa lancinante de compreender o que estava acontecendo, pensou: "Tudo isso porque Altino sempre o tenha surrado e o castigado sem motivos. Hoje ele é quase um rapaz, e talvez muitas coisas do passado tenham vindo à tona...". Marina, pensando nessa última possibilidade, finalmente se rendeu ao cansaço e adormeceu.

CAPÍTULO

28

Erro do passado

Depois de se trancar em seu quarto, Altino começou a pensar na reação de Caetano ao saber que Joselina era uma mulher sem escrúpulos, e por um momento ele sentiu prazer pelo que fizera. "Será que ele vai abandoná-la? Isso seria uma grande lição para ela aprender que não deve brincar com os sentimentos de um homem como eu." Com esse pensamento, Altino virou para o lado pensando no ódio que João nutria por ele.

Foi naquele momento que Altino lembrou-se de que contara a Joselina o que fizera a João quando o filho ainda era criança. Foi no começo do relacionamento, numa tarde de sábado, enquanto estava deitado ao lado de Joselina, que o homem perguntou a ela:

— Joselina, você não pensa em ser mãe?

— Jamais! Não nasci para ser mãe. Além disso, já fiz dois abortos. Se meus filhos estivessem vivos hoje, o primeiro teria sete anos e o outro estaria com quatro anos – sorrindo respondeu Joselina.

— Você teria coragem de abortar um filho meu?

— Eu teria coragem de abortar qualquer criança que se instalasse em meu ventre. Não gosto de crianças, e além do mais não quero estragar meu filho gerando-o. Aliás, você não precisa querer um filho meu, afinal você já tem um...

Com raiva, Altino disse:

— Tenho um único filho e aquele calhorda não passa de um maricas.

— Coitado... Por que pensar isso do menino? Ele só tem nove anos.

Sem se dar conta que um dia essa revelação poderia se voltar contra ele, disse:

— Meu filho é maricas sim. Uma vez eu acariciei suas partes intimas e ele gostou. Se meu filho fosse macho, jamais permitiria que eu colocasse as mãos nele.

Joselina, sabendo que aquela informação poderia ser útil, instigou Altino a continuar a falar. E o homem continuou relatando tudo o que havia feito naquela noite, encerrando:

— Não vou me assustar quando aquele maricas aparecer com um namoradinho em casa.

Joselina caiu na gargalhada, e nunca mais tocou no assunto.

Altino, lembrando-se dessa conversa que tivera com Joselina, por um momento se arrependeu de ter contado a Caetano sobre seu envolvimento com ela. Temia que Caetano dissesse a ela tudo o que ele havia lhe contado e, por isso, perdeu o sono.

Já estava quase na hora de levantar quando, vencido pelo cansaço, Altino finalmente adormeceu.

CAPÍTULO

29

A decisão de Caetano

Naquele dia, Caetano acordou mais cedo do que de costume, arrumou-se procurando não acordar Claudete, que ainda dormia, e saiu sem dizer nada a ninguém.

O homem foi até a casa de Joselina e a encontrou dormindo. Ela assustou-se e perguntou:

— Meu amor, o que faz aqui a uma hora dessas? Aconteceu alguma coisa?

Caetano disse gaguejando:

— Josie, precisamos conversar.

A mulher sentou-se na cama e perguntou:

— O que houve?

Caetano começou a falar:

— Josie, você sabe que a amo, mas nunca escondi que sou um homem casado. Não será possível continuarmos com nosso romance, pois Claudete está desconfiada.

— O que aconteceu? – questionou sem acreditar na história que Caetano estava contando.

— Ontem Claudete perguntou se eu a estava traindo, mas jurei que não. Por ora, acho melhor darmos um tempo em nossa relação, pois no momento estou endividado ao extremo e uma separação iria me trazer mais prejuízos.

Joselina respondeu sorrindo:

— Não se preocupe com isso, pois toda mulher pergunta ao marido se ele está traindo, isso é natural. Eu é que não vou desistir de você por causa de uma pergunta idiota como essa.

— Joselina, não se trata de desistir de mim ou não. É a minha vida familiar que está correndo risco – disse Caetano, munindo-se de coragem.

Percebendo que Caetano queria pôr um fim no relacionamento, perguntou:

— Você quer terminar comigo? Não sei, não, acho que você está arranjando pretexto para não vir mais me visitar. Ontem estava tudo bem, ficamos juntos, nos divertimos e você saiu daqui tranquilo, e hoje vem com uma notícia dessas?

— Claudete me colocou contra a parede ontem à noite. Acho que alguém deve ter me visto entrar aqui e contado a ela.

Joselina acreditou nas palavras de Caetano e propôs:

— O que acha de vir menos? Assim, não levantaria suspeita alguma.

Percebendo que estava conquistando terreno, Caetano prosseguiu:

— Vamos esperar as coisas acalmarem e depois retomaremos nosso relacionamento.

Joselina, sem pensar, foi dizendo:

— Tudo bem. Mas arranje um jeito de me trazer dinheiro todo dia dez, pois tenho que pagar o aluguel.

Com essa fala, Caetano não teve dúvidas de que Altino estava falando a verdade. Ele ajuntou:

— Desculpe, mas não posso mais ajudá-la. Estou muito endividado, devo dinheiro para a família de minha esposa e tenho uma alta soma em empréstimos que fiz no banco, portanto, você terá que trabalhar. Se você quiser, posso lhe arranjar um trabalho no banco, assim você poderá se manter.

Joselina irritou-se:

— O quê? Você não vai mais me ajudar? Como vou fazer para pagar minhas contas? E agora você vem me oferecer um trabalho no banco? Você melhor do que ninguém sabe que não tenho estudo suficiente para isso. O que poderei fazer?

Caetano pensou um pouco até responder:

— Eu poderia encaixar você na copa. É um serviço leve: você prepara café e limpa a agência antes de iniciar o atendimento aos clientes.

Joselina levantou-se da cama e disse com raiva:

— Jamais eu me submeteria a um trabalho como esse. Além disso, o salário de uma copeira não permite que eu mantenha meu estilo de vida.

Naquele momento, Caetano perdeu totalmente a compostura:

— Joselina, você não ficou comigo por amor, apenas pelo dinheiro que eu lhe dava todos os meses.

Joselina, percebendo que havia falado demais, simulou um choro:

— Não me importa o dinheiro que você me dava. Eu o amo e não quero perder você para uma mulher idiota feito a sua esposa.

— Não fale assim da Claudete. Ela é uma excelente pessoa e nada fez de mal a você, pelo contrário, foi você quem a prejudicou.

Joselina sentiu vontade de expulsar Caetano de sua casa, mas continuou fingindo o choro:

— Caetano, por favor, não me deixe. Mesmo que você não me dê um centavo, eu não quero te perder.

Caetano estava convencido de que Joselina estava tentando manipulá-lo e, então, respondeu:

— Lamento, mas nosso romance acaba aqui.

Joselina, sem palavras, viu Caetano sair. Com raiva, disse:

— Não sou uma mulher descartável. Se esse miserável pensa que vai me descartar dessa maneira está muito enganado.

Joselina tratou de se levantar e se arrumar, pois a quem iria recorrer para pagar o aluguel naquele mês? Logo Joselina lembrou-se de Altino. "Já que não tenho mais o bancário, o melhor que tenho a fazer é recorrer ao faxineiro, pois, ao contrário de Caetano, Altino me ama."

Joselina tomou um banho demorado, vestiu sua melhor roupa, perfumou-se e foi até a empresa de ônibus em que Altino trabalhava. Ele estava na oficina ajudando Tico, quando o porteiro informou que havia uma mulher esperando por Altino na portaria. Desconfiado de que fosse Joselina, foi atendê-la com satisfação.

Ao sair, viu Joselina bem vestida e perfumada. A mulher, com um sorriso de satisfação, foi logo dizendo:

— Altino, estou precisando de sua ajuda.

Altino, com um largo sorriso, disse:

— Ora, quem é vivo sempre aparece...

Joselina estava com os olhos vermelhos, quando passou a dizer:

— Altino, preciso que me arranje o dinheiro para pagar o aluguel deste mês.

Com ironia, o homem respondeu:

— Por que eu daria esse dinheiro para você? Não foi você quem disse que preferia o bancário ao faxineiro?

— Por favor, não tripudie sobre minha desgraça. Caetano terminou o relacionamento comigo e só tenho você com quem posso contar – respondeu irritada.

Altino fixou o olhar naquela mulher e retrucou, com ódio:

— Antes você podia contar comigo para tudo que precisasse, mas depois de tudo que me disse, isso se tornou impossível – e completou. – Ah, antes que eu me esqueça, vagabundo não tem dinheiro, lembra?

Joselina sentiu raiva de Altino:

— Arranje-me o dinheiro deste mês que no próximo eu darei um jeito de pagar sem a ajuda de ninguém.

Altino olhando-a friamente respondeu:

— Mesmo se eu quisesse não poderia. Ontem entreguei todo meu pagamento nas mãos de minha esposa para ela pagar as contas da casa. Agora sou um homem responsável, pois durante três anos esqueci que tinha uma família para cuidar e dediquei todo o meu tempo e o meu dinheiro a você. E o que recebi em troca? Humilhação e muita frustração. Durante três anos acreditei que você me amava, mas, como você mesma disse, o amor não existe. Então, não tenho vínculo algum com você.

— Um dia você vai implorar para que retomemos nosso romance, mas se havia alguma chance, você acabou com ela neste momento – disse Joselina, sentindo ódio por Altino.

O homem, sem dar ouvidos, voltou ao interior da empresa, pois sabia que não podia ficar muito tempo conversando com Joselina. Altino entrou radiante na oficina, pois a ideia que tivera fora melhor do que o esperado. Afinal, Caetano terminou o relacionamento e Joselina havia se humilhado para pedir ajuda a Altino. Naquele dia ele trabalhou feliz, mas não sabia o que estava por vir.

CAPÍTULO
30

Uma professora preocupada

João, apesar de ter perdido quase uma semana de aula, foi muito bem nas provas, inclusive na de matemática. Porém, até mesmo os professores perceberam que ele estava ficando cada vez mais triste.

João nunca foi como as outras crianças, sempre calado, embora muito educado. Os professores gostavam dele, em especial a professora de português, que sentia verdadeiro carinho pelo rapazinho que em breve completaria treze anos. A professora Ana Lúcia entregou a prova ao menino dizendo:

— Parabéns, João, você acertou todas as questões!

Com seu jeito tímido, ele apenas esboçou um sorriso e agradeceu, pegando sua prova e voltando para sua carteira.

Já era a última aula do dia, quando a professora disse:

— João Pedro, assim que terminar a aula, peço que fique um pouco mais para que possamos conversar.

O menino não se preocupou com a intimação da professora, afinal, tinha plena consciência de que não havia feito nada errado. Assim que bateu o sinal, todos saíram e João Pedro continuou sentado esperando a professora para a tal conversa.

Ana Lúcia começou dizendo:

— João Pedro, você é um excelente aluno e nunca causou problemas a nenhum dos professores. Por isso, na sala dos professores todos tecem elogios a seu respeito.

O menino continuou calado para que a professora prosseguisse. Com olhar maternal, ela prosseguiu:

— O que tem me preocupado é que você está se tornando cada vez mais introspectivo. Tem alguma coisa deixando você triste? Neste momento não estou falando como a professora Ana Lúcia, mas como uma amiga.

João Pedro apenas limitou-se a dizer:

— Não está acontecendo nada, professora. Eu sempre fui quieto, não há motivos para preocupações.

Ana Lúcia percebeu que o menino estava mentindo, por isso colocou-o contra a parede:

— Se não aconteceu nada, por que alguns dias atrás você veio ao colégio com casaco de frio, sendo que o calor estava insuportável? Na semana passada, quantas vezes pedi para tirar o casaco e você se recusou?

João Pedro mentiu:

— Eu estava com febre, professora, por isso estava usando casaco.

— João Pedro, não minta para mim, sei que não é verdade – disse ela com afabilidade.

O menino começou a chorar quando disse:

— É que eu levei uma surra memorável de meu pai e eu estava com os braços todos marcados.

— Por que seu pai te bateu? – perguntou Ana Lúcia, sentindo pena do menino.

— Porque ele foi bater em minha mãe e eu me intrometi. Acabamos apanhando os dois, tanto que na semana que faltei foi porque minha mãe estava internada. A surra foi tamanha que ele quebrou o nariz da minha mãe e ela ficou dois dias internada.

Ana Lúcia, ao ouvir o relato do jovem, questionou:

— E sua mãe deu queixa à polícia?

— Não, senhora. Para falar a verdade, minha mãe tem medo do meu pai, pois ele é extremamente violento.

Ana Lúcia olhou penalizada para o menino e, com sinceridade, perguntou:

— Há alguma coisa que eu possa fazer para ajudar?

— Infelizmente não, senhora. Mas, como disse nosso vizinho, tudo passa. Um dia vou crescer e me tornar homem, e isso tudo será coisa do passado. Só vou pedir uma coisa para a senhora: por favor, não conte a nenhum professor sobre o que conversamos, pois tenho vergonha.

Ana Lúcia jurou que jamais contaria algo a ninguém e, fitando os olhos tristes de João Pedro, disse:

— João Pedro, prometa que, quando houver alguma coisa errada, você vai me procurar, afinal, sou sua amiga – disse a professora fitando os olhos tristes de João.

O rapazinho sorriu sem nada dizer e, pedindo licença, se retirou. Voltou para casa sem pensar no assunto.

CAPÍTULO
31

Mulheres

Joselina deixou a empresa transtornada e não percebeu que uma entidade escura surgiu do seu lado:

— Ele terminou com você porque Altino contou para a esposa de Caetano sobre o relacionamento de vocês, acredite!

Joselina não ouviu o comentário daquela entidade, mas pensou: "Foi Altino! O único que sabia sobre a existência de Caetano em minha vida era Altino. Para se vingar de mim, ele contou à esposa de Caetano sobre minha existência. Maldito! Ele tentou arruinar minha vida, mas eu acabarei com a vida dele antes". E, naquele momento, um ódio mortal se instalou no coração de Joselina.

Joselina lembrou-se do dia em que Altino foi à sua casa e encontrou Caetano tomando cerveja. Então, ela disse quase em voz alta:

— Como pude ser tão burra? Contei a Altino sobre meu romance com Caetano na intenção de feri-lo e acabei traída por ele – Joselina caminhava pelas ruas a esmo, sem se dar conta do trajeto. – Antes de fazer qualquer coisa contra Altino, preciso saber da verdade. Mas para isso serei obrigada a me aproximar da esposa de Caetano. De repente uma ideia diabólica se apoderou de Joselina, e ela entrou em casa sorrindo.

Ela esperou o dia passar tranquilamente, pois só começaria a colocar seu plano em ação no dia seguinte. Enquanto isso, ficou em casa, amadurecendo a ideia que lhe fora sugestionada. E, assim, Joselina não viu a entidade gargalhando e rodopiando ao seu redor.

Na manhã seguinte, Joselina se vestiu com muita simplicidade e tomou rumo em direção à casa de Caetano. Joselina sabia onde Caetano morava. Chegou em frente a uma bela casa e se pôs a bater palmas para que a dona da casa pudesse lhe atender. De repente, uma mulher alta, de cabelos louros e olhos claros, atendeu ao portão. "Agora entendo porque Caetano nunca quis se separar da esposa, ela é linda..." A mulher esboçou um largo sorriso, deixando à mostra seus belos dentes, e com educação esmerada perguntou:

— Em que posso ajudá-la?

Joselina, fingindo uma simplicidade que nunca existira, perguntou:

— É aqui que estão precisando de uma empregada doméstica? Vim da cidade de Santa Gertrudes – mentiu – à procura de trabalho como doméstica.

Claudete, percebendo que o calor estava intenso, convidou a moça para conversar na varanda da casa. A esposa de Caetano inocentemente perguntou:

— Mas quem lhe falou para você que estou precisando de uma pessoa para me ajudar nos trabalhos domésticos?

Joselina sabia disso porque Caetano havia comentado que a esposa estava procurando uma moça prendada para ajudá-la nos trabalhos domésticos. Mas Joselina era arguta e respondeu:

— Na verdade, ninguém me falou. Estou procurando trabalho de porta em porta, pois sou solteira e preciso começar a trabalhar para pagar o aluguel.

Claudete perguntou:

— Qual o é seu nome?

— Eu me chamo Maria Helena. Tenho vinte e sete anos, meus pais moram em Santa Gertrudes. Vim para Araras para ganhar um pouco mais e ajudar meus pais.

Claudete gostou de Joselina, pois ela tinha um olhar angelical, mas o que ela não sabia era que ali se escondia um demônio. Ela pegou uma caderneta e fez algumas anotações, como nome e endereço. A conversa culminou com a pergunta:

— Você tem carta de recomendação?

Joselina mentiu:

— Tenho, sim, senhora. A senhora para quem eu trabalhava morreu, mas a filha dela me deu a carta de recomendação. Ela foi embora com o marido para São Paulo, mas perdemos contato... – mentiu Joselina, que era fria e calculista.

Claudete olhou para as roupas de Joselina e disse:

— Volte amanhã, preciso conversar com meu marido, pois não faço nada sem antes conversarmos, talvez amanhã eu lhe dê uma posição.

Joselina pediu um copo com água e, enquanto Claudete foi buscar, ficou olhando para o interior da casa e pensou com raiva: "Para mim, Caetano vinha com migalhas, mas a vida que ele dá para a sonsa da esposa é a de uma verdadeira rainha". Em pouco mais de dois minutos, Claudete reapareceu trazendo um copo d'água em uma bandeja. Depois de beber a água, Joselina perguntou:

— Que horas poderei vir amanhã?

Claudete pensou por alguns instantes antes de responder:

— Por favor, venha depois da hora do almoço. Quero que conheça meu marido.

Joselina estremeceu ao saber que poderia ficar frente a frente com Caetano, pois sabia que ele jamais permitira que a esposa a contratasse.

— Não posso vir nesse horário, pois amanhã tenho que colocar minha pequena casa em ordem. O que a senhora acha de eu vir lá pelas dezesseis horas?

Claudete estranhou o fato de a mulher recusar-se a conhecer seu marido, e por isso disse:

— Desculpe, mas eu não faço nada sem estar na presença do meu marido. Se não puder vir na hora do almoço, peço que venha depois das dezenove horas, pois é o horário em que ele estará em casa.

— Está bem, virei depois das dezenove horas – Joselina sorriu dissimulando sua contrariedade.

Claudete amavelmente a conduziu até o portão, despedindo-se em seguida, pois Paulo Augusto, seu filho de dois anos, estava chorando. Joselina saiu irritada da casa de Caetano e, pisando duro, pensou: "Mulher inútil. Quem cuida do andamento da casa é a mulher, e sem perguntar tudo ao marido". Com esse pensamento, logo veio uma nova ideia à cabeça de Joselina: "Caetano está mentindo! A mulher não está desconfiada de traição alguma. Isso foi apenas uma desculpa que ele arranjou para me dispensar". Naquele momento, a raiva de Joselina por Caetano aumentou consideravelmente. "Se eu não conseguir entrar em sua casa como empregada doméstica, arranjarei outra maneira de descobrir o que aconteceu para ele terminar nosso relacionamento. Afinal, tudo estava correndo tão bem..."

O calor estava escaldante, por isso Joselina estava aflita para chegar logo em casa e tirar a roupa que estava usando. Ao chegar, a mulher jogou a bolsa que levava em seu ombro sobre o sofá e se pôs a pensar no motivo pelo qual Caetano havia terminado o relacionamento com ela. Por um momento, ela descartou a hipótese de Altino ter alguma relação com o final de seu romance. "Altino nada tem a ver com isso, como ele poderia contar à esposa de Caetano sobre minha existência se ele nem a conhece?"

Sentindo um calor abrasador, ela resolveu tomar banho frio para se refrescar. Depois de meia hora, a mulher sentia-se revigorada com o banho, mas não conseguia pensar em outra coisa que não fosse o fato de ter sido dispensada por Caetano.

Estirada em seu sofá, Joselina ouviu alguém bater palmas em seu portão. Irritada, constatou que se tratava de Regina, uma mulher com pouco mais de quarenta anos que vez ou outra aparecia para contar a Joselina sobre suas aventuras amorosas. Mal-humorada, Joselina perguntou:

— O que a traz à minha casa sob esse sol escaldante, mulher?

Regina sorrindo respondeu:

— Para falar a verdade, não saí de casa disposta a passar por aqui. Mas, como sabe, estou no bairro porque precisava conversar com Carlão.

Carlão era um homem negro e forte que trabalhava como torneiro mecânico em sua própria oficina. Ele era casado, mas mantinha um relacionamento com Regina havia mais de cinco anos. Às vezes, ela aparecia em sua oficina para lhe pedir algum favor. Joselina, que era uma mulher grosseira por natureza, foi logo dizendo:

— Não foi uma boa ideia você ter vindo até minha casa hoje. Meu mundo está desabando, e no momento não sei o que pensar e muito menos o que fazer.

— O que está havendo? – perguntou Regina, interessada pelos problemas da colega.

Joselina, com poucas palavras, contou o que havia acontecido com Caetano e concluiu o relato:

— Em um dia tudo está bem entre nós. No dia seguinte, ele me tira da cama para terminar comigo.

— Não se preocupe, pois logo você arranjará outro namorado. Se este se foi é porque não merecia você – disse a outra sem pensar.

— Não estou sofrendo pelo fato de Caetano não querer manter o relacionamento comigo – respondeu grosseiramente. – Estou preocupada com minha situação financeira, afinal, ele mantinha tudo dentro de casa e nunca deixou me faltar nada. Como vou viver sem essa ajuda?

Regina, então, recomendou:

— Perto da minha casa há uma senhora com mais de sessenta anos, chamada dona Ivone. Ela é mãe de santo e das boas, lê cartas e joga búzios. É infalível. Tenho certeza de que se você for até a casa dela, ficará sabendo o porquê de Caetano ter terminado.

— Não acredito nessas coisas... Para mim, isso é puro charlatanismo – respondeu com descaso.

— Ela é boa, pode acreditar. Certa vez ela me disse que Carlão iria terminar comigo por causa de uma mulher, mas que depois voltaríamos. Não acreditei, pois Carlão era louco por mim. Um dia, a filha dele nos viu em um carro no centro da cidade e contou para a mãe. A esposa dele enlouqueceu, colocou-o para fora de casa, e ele passou uns tempos morando na oficina. A mulher queria desquite, mas como ele é fascinado pelos filhos, tentou se reconciliar com a mulher por diversas vezes. Ela, porém, se recusava a recebê-lo. Foi então que ele terminou comigo, dizendo que eu havia arruinado a vida dele e que estava sofrendo por minha causa. Perdi a cabeça quando ouvi aquelas duras palavras, avancei nele, arranhei seu rosto, e ele acabou me dando algumas bofetadas. Na época, sofri muito por causa daquele homem, cheguei a emagrecer oito quilos. Até que um dia decidi que não queria mais vê-lo em minha frente. Depois de quatro meses, fiquei sabendo, por um amigo em comum, que ele havia reconciliado com a esposa. Isso me fez muito mal. Foi então que me lembrei das palavras de dona Ivone, que disse que ele voltaria. Dois meses depois de ele voltar para a esposa, Carlão veio até a minha casa para me pedir perdão. Então, nós nos reconciliamos e estamos juntos até hoje.

— Uma mulher deve ter vergonha na cara! – disse Joselina, depois de ouvir o relato. Onde já se viu ser agredida pelo namorado e depois voltar com ele? Regina, você deveria ter arranjado outra pessoa, pois sua dignidade como mulher deve ficar em primeiro lugar.

— Eu amo esse homem – respondeu ofendida. Quando uma mulher ama, ela passa por cima do próprio orgulho em nome desse amor.

— Regina, você é uma mulher com mais de quarenta anos e ainda acredita em amor de fotonovela? – gargalhou com cinismo. – Por favor, amor não existe. O que existe, na verdade, é um jogo de interesses: o homem se interessa pelo corpo feminino, e a mulher se interessa pelo dinheiro dele. Como minha mãe dizia: "mulher fica burra quando se apaixona".

Não suportando a grosseria de Joselina, Regina disse:

— Joselina, não vim à sua casa para ser ofendida. Se você só pensa em dinheiro, isso é com você, pois eu priorizo outras coisas, como o amor e o companheirismo – disse Regina. Não suportando a grosseria de Joselina, levantou-se. – Tenho pena de pessoas como você, que pensam tanto em dinheiro e acabam sem dinheiro e, principalmente, sem companheiro.

— E você tem um companheiro? Nos dias de festas, como aniversários, Natal, réveillon e em outros acontecimentos, ele está com a família dele, enquanto você está sozinha – respondeu Joselina com sua língua ferina. – Na verdade, eu fico sozinha porque sinto que não tenho ninguém. Por isso, para mim o importante é o conforto que os homens me proporcionam. Enquanto você fica no mais completo abandono, pensando em todas as noites em que ele está dormindo com a esposa. Não se sinta ofendida, pois esta é mais pura realidade da vida. E, para falar a verdade, esse tal de Carlão não gosta de você. Se ele gostasse, teria aproveitado a oportunidade que a esposa lhe deu e ficado com você.

Regina, sem olhar para trás, saiu da casa pensando como ela poderia querer bem uma mulher fútil e interesseira como Joselina.

— Eu nunca mais colocarei meus pés na sua casa novamente – disse em voz alta.

Joselina, ao ver Regina sair, pensou com irritação: "Mulher burra! Regina é burra duas vezes: primeiro por se apaixonar por um homem casado, e segundo por ir a uma mãe de santo gastar o pouco dinheiro que tem". Ouviu o portão bater e, sem se importar com os sentimentos de Regina, voltou sua atenção para Caetano, tentando imaginar o que havia realmente acontecido para que ele rompesse o relacionamento.

CAPÍTULO
32

Maricas

Altino chegou em casa feliz naquela tarde. Afinal, seu plano de vingança contra Joselina se saiu melhor do que o esperado. Chegando, encontrou o mesmo cenário de sempre: Marina sentada à máquina de costura com uma fita métrica no pescoço e João Pedro trancado em seu quarto. Ao entrar, foi logo dizendo:

— Hoje faço questão de jantar com a minha família. Portanto, peço que me esperem para jantar.

Marina, estranhando a súbita alegria do marido, foi logo dizendo:

— A janta já está quase pronta, mas eu não vou jantar antes de terminar essa parte da costura.

— Não estou perguntando se vocês querem jantar comigo. Estou ordenando para que jantem comigo na noite de hoje, inclusive trouxe alguns refrigerantes – disse irritado.

Marina, olhando para o Altino, perguntou:

— Onde você arranjou dinheiro para comprar refrigerante se você me deu a féria inteira para pagar as contas do mês?

— Lavei o carro do seu Walter e ele me deu uma gorjeta – respondeu sorrindo.

— Só por isso está feliz?

Altino desconsiderou as palavras da esposa:

— Arrume a mesa e em quinze minutos estarei pronto para o jantar.

Marina por um momento sentiu pena daquele homem, e ao vê-lo trancar-se no banheiro foi até o quarto do filho, informando-o sobre a súbita alegria do marido.

João Pedro retrucou:

— Tenho certeza de que tem mulher no meio disso tudo.

Preocupada, Marina disse:

— Você vai jantar conosco.

— Mãe, não suporto olhar para aquele homem e a senhora me pede para jantar com ele? Desculpe, mas jante com ele a senhora.

— Meu filho, faça isso por mim – disse querendo evitar confusão.

— Só de olhar para ele perco o apetite – respondeu o menino com raiva.

Finalmente, Marina percebeu que o rapaz queria manter distância do pai:

— Espero que isso não nos traga problemas.

— Não vejo motivos para problemas. Não quero jantar e ponto.

Marina deixou o quarto do filho e foi à cozinha arrumar a mesa para o jantar. Altino, ao sair do banho, foi diretamente para a cozinha, e ao notar que havia apenas dois pratos, perguntou:

— João não vai jantar conosco?

— Não! Ele está ocupado estudando para a prova que terá amanhã.

— Não quero saber se ele terá prova. Quero que ele jante conosco, e isso é uma ordem – disse irritado.

Naquele momento, Marina reconheceu o marido violento de sempre, e por isso foi chamar João Pedro para comerem juntos. Altino entrou abruptamente no quarto do rapaz e o encontrou deitado olhando para o teto:

— É assim que você está estudando?

João Pedro, sentindo sua privacidade sendo invadida, gritou:

— Não gosto que entrem no meu quarto sem antes bater na porta. Aqui é o meu espaço, e peço que respeite isso!

Altino, ignorando as palavras do filho, ordenou:

— Venha jantar! Sua mãe colocou mais um prato na mesa.

— Não quero jantar.

— Para viver em devaneios deve estar apaixonado por algum menino de sua classe, não é mesmo, seu maricas?

— Eu não sou maricas e você sabe muito bem disso, não é verdade? Ainda bem que não saí igual a você, seu canalha! – gritou, indignado com o que ouviu.

Altino ao ouvir as palavras do filho, não teve dúvidas de que o rapaz se lembrava perfeitamente do episódio de anos atrás e, não querendo arranjar mais problemas com Marina, saiu do quarto batendo a porta atrás de si com força.

Altino chegou à cozinha dizendo:

— A culpa de esse menino ser esquisito é sua, pois o trata como se fosse uma menina.

— Meu filho não é esquisito, ele só não gosta de você. Além do mais, que história é essa de chamá-lo de maricas? – retrucou revoltada.

Altino percebeu que poderia surgir uma grande discussão, por isso se posicionou como vítima:

— Eu perdi o apetite. A única coisa que eu queria era jantar em paz com minha família – ao dizer essas palavras, Altino saiu da cozinha. Foi para a rua, pois naquele momento queria estar em qualquer lugar, menos em sua casa.

Depois que Altino saiu de casa, Marina foi até o quarto do filho e o encontrou chorando. Ao ver o estado do filho, ela perguntou:

— Meu filho, por que seu pai chamou você de maricas? Aconteceu alguma coisa que eu não esteja sabendo?

Ao ouvir a pergunta da mãe, João Pedro começou a chorar e a soluçar compulsivamente. Depois que o filho se acalmou, Marina o cobriu e o deixou descansando. Decidiu conversar com o filho somente no dia seguinte.

CAPÍTULO

33

Perambulando

Altino saiu de casa completamente sem rumo, sem saber aonde ir. Pensou em ir ao boteco que costumava frequentar, mas mudou de ideia ao se lembrar da palavra dada a Walter de que nunca mais colocaria bebida alcoólica na boca. Andou por mais de quarenta minutos pelas ruas da cidade quando pensou em ir à casa de Joselina. Mas, ao se lembrar de tudo que havia acontecido, decidíu não mais vê-la, a fim evitar maiores aborrecimentos.

As lembranças do passado não lhe saíam da mente, e isso o fez sentir raiva pelo filho por ser um garoto bonito e atraente. "Se ele não fosse tão bonito, eu jamais teria sentido desejo por ele. Agora, preciso reconhecer que o que está feito não muda mais e procurar esquecer os erros do passado."

Altino andou por mais de duas horas quando finalmente resolveu voltar para casa. Ao chegar, encontrou a luz da sala apagada e não deixou de notar que a luz do quarto de João Pedro ainda estava acesa. Altino aproximou-se da porta e encostou o ouvido na esperança de ouvir alguma coisa, porém, tudo estava em silêncio. Então, trancou-se em seu quarto, pensando em tudo que havia feito em sua vida. Por um momento, se arrependeu por ter bolinado seu filho.

CAPÍTULO 34

A empregada misteriosa

Joselina estava inconformada com o fato de Claudete querer que ela só fosse no horário em que Caetano estivesse presente, pois, se ele a visse antes de ser contratada, jamais conseguiria se instalar em sua casa.

Ela era uma mulher que, além de bonita, era determinada. Então, decidiu que iria às dezessete horas alegando ter um compromisso as dezenove.

E assim o fez. Exatamente às dezessete horas, Joselina, ou a falsa Maria Helena, bateu novamente no portão de Claudete. Esta, ao vê-la disse:

— Mas não tínhamos marcado para as dezenove horas? Meu marido não se encontra em casa, pois, segundo ele mesmo diz, o trabalho no banco tem continuidade mesmo depois de encerrado o atendimento ao público.

— Me perdoe, dona Claudete, mas as dezenove horas me lembrei de que tenho ensaio no coral da igreja – respondeu fingindo humildade.

Claudete gostou de saber que a moça frequentava a igreja, então, decidiu:

— Está bem, vou contratá-la. Mas o salário não é lá grande coisa, portanto, deixo-a à vontade para sair quando arranjar um trabalho melhor.

Joselina exultou ao saber que seria contratada pela mulher, aceitando todas as condições impostas por ela. Assim, as duas combinaram que Joselina começaria a trabalhar no dia seguinte.

Caetano chegou em casa exatamente às dezenove horas, e estava bem-humorado, quando Claudete lhe disse:

— Caetano, contratei uma moça para me ajudar nos trabalhos domésticos.

— Que bom, querida! Fico feliz em saber que terá alguém para lhe ajudar, afinal, não é fácil cuidar da casa e do pequeno Paulo Augusto, que chora quase o tempo inteiro.

— Basta que eu me afaste por um minuto que esse menino começa a chorar sem parar – respondeu sorrindo.

Caetano riu bem-humorado, e logo perguntou:

— Como é o nome da moça que vai trabalhar aqui?

— O nome dela é Maria Helena. Veio da cidade de Santa Gertrudes para ganhar a vida aqui em Araras.

— Mas ela tem carta de referência? – voltou a perguntar. – Como você sabe, é perigoso colocarmos qualquer pessoa dentro de casa.

Claudete, com ingenuidade, respondeu:

— Segundo o que me disse, ela tem carta de referência, mas a senhora para quem trabalhou por muitos anos faleceu e a filha mora em São Paulo, e ela perdeu o contato.

Naquele momento, Caetano empertigou-se na poltrona:

— Uma carta sem um número de telefone? Estranho... Claudete, em todas as cartas de referências há sempre um telefone para contato. Não sei por quê, mas essa história não está me cheirando bem.

Claudete, que não havia pensado no assunto, continuou:

— Ela disse que tem a tal carta, mas não a trouxe para que eu pudesse conferir.

— Estou sentindo um mal cheiro no ar. Amanhã, quando essa moça vier trabalhar, diga a ela que você conversou comigo e que no momento não poderemos contratar ninguém, pois estamos passando por sérios problemas financeiros – disse olhando para Claudete.

Caetano, que era um bom homem, ouviu as boas sugestões dadas por um amigo espiritual que estava a seu lado. Claudete não discutia com o marido, e logo concordou em desistir da ideia de contratar a tal Maria Helena para o trabalho. Caetano logo mudou o rumo da conversa:

— Estou precisando ir ao mercado para comprar giletes. Você quer ir comigo?

— Boa ideia! Preciso comprar algumas coisas para casa e, como sabe, não gosto de sair sem você – Claudete respondeu sorrindo.

Caetano quis comer alguma coisa antes de ir ao único mercado da cidade, que fechava às vinte horas. Claudete disse:

— Não podemos demorar. Se o mercado fechar, você só vai poder comprar gilete amanhã.

Caetano pegou as chaves do carro para apressar a esposa, pois queria fazer a barba depois que voltasse do mercado.

E, assim, os dois saíram, olhando para a noite que se iniciava.

CAPÍTULO
35

Desmascarando Maria Helena

Joselina estava feliz por ter conseguido o trabalho. Chegou em casa com um largo sorriso, mudou de roupa e decidiu ir ao mercado que ficava próximo à sua casa, pois queria comprar algumas coisas para o jantar e uma boa garrafa de vinho para comemorar.

Joselina saiu satisfeita e encontrou com algumas pessoas no caminho, cumprimentado todos amavelmente. As pessoas, que não estavam habituadas a ver Joselina de bom humor, deram-lhe pouca atenção, pois, apesar de seu conhecido mau humor, ela era mal falada no bairro, devido à sua reputação de manter casos com homens casados.

Não demorou para Joselina chegar ao mercado. O dono do estabelecimento estava atendendo outras pessoas, e enquanto Joselina esperava, Caetano e Claudete entraram na mercearia.

Caetano estremeceu ao vê-la, e Claudete disse sorrindo:

— Maria Helena, você por aqui?

Joselina não tinha palavras, e por isso esboçou um sorriso que denotava seu constrangimento.

Caetano, olhando para Joselina, perguntou:

— Maria Helena?

— Você a conhece, meu bem? – Claudete perguntou ainda sorrindo.

Joselina estremeceu e, sem nem mesmo pedir o que compraria, disse a Claudete:

— Desculpe, preciso ir ao coral da igreja.

Caetano sentiu raiva de Joselina. Sem medir as consequências de seus atos, levou as duas mulheres para fora:

— Vamos ao carro, preciso falar com as duas.

Joselina tentou se esquivar:

— Não tenho tempo para conversas. Se o senhor quiser, poderemos conversar amanhã, pois estarei o dia todo na sua casa.

— Você jamais colocará os pés na minha casa, quero que fique longe da minha família! – disse irritado.

Claudete, sem compreender o que estava acontecendo, disse:

— Caetano, nunca o vi perder a compostura dessa maneira. Sempre me orgulhei em ter um marido educado.

— Educação só se usa com quem merece, mas essa sujeita não merece ser tratada com educação, afinal ela é a pessoa mais mal-educada e dissimulada que conheço.

— De onde você conhece Maria Helena? – perguntou sem compreender o destempero do marido.

— O nome dela não é Maria Helena, seu nome de batismo é Joselina. É uma mulher vulgar que gosta de pegar dinheiro de homens casados. Quando eles estão falidos, ela os dispensa como se fossem chicletes mastigados.

Joselina tinha um temperamento forte, e fixando o olhar em Claudete disse:

— Você só está esquecendo de contar a ela que manteve relacionamento comigo também, assim como muitos homens com quem me deitei.

Claudete, que segurava o filho, tremia qual vara verde com a revelação. Decidiu colocá-lo sentado no banco do passageiro, fechando a porta em seguida. Caetano olhou para ela com desprezo quando disse:

— Você, com esse jeito de mulher fatal, começou a ir todos os dias ao banco, até que um dia me convidou para tomar um café. E eu, muito tolo, caí em sua conversa, mas acordei a tempo de saber que você só queria meu dinheiro.

— Conte à sua esposa que você passava todos os dias em minha casa – disse Joselina tomada de fúria.

— Estava encantado por você, mas isso acabou. E, para falar a verdade, tenho vergonha de ter me envolvido com uma mulher vulgar como você. Nunca senti tanta repulsa por alguém como estou sentindo por você neste momento – Claudete chorava copiosamente quando, aos gritos, Caetano disse. – Vamos para casa, precisamos conversar.

Joselina começou a gritar:

— Da mesma forma que ele a traiu comigo, tenha certeza de que houve outras mulheres na vida desse canalha.

Caetano, perdendo totalmente a compostura, aproximou-se de Joselina e lhe deu um sonoro bofetão. Nervosa, Claudete entrou no carro, enquanto Caetano dizia impropérios sobre Joselina.

Ao chegarem em casa, Caetano decidiu tomar um banho para se acalmar, pois sabia que aquele não era o momento de se explicar com Claudete. A esposa chorava carregando o menino, que também chorava, e Caetano gritava enquanto se banhava:

— Maldita! Aquela mulher estragou minha vida! Como pude ser tão idiota de cair em sua teia?

Depois de meia hora, sentindo-se mais calmo, Caetano chamou a esposa para conversar, e começou dizendo:

— Conheci aquela mulher no trabalho, ela ia ao banco todos os dias, ora para depositar dinheiro, ora para fazer saques. Mas ela sempre insistia em ir ao meu caixa, o que me incomodava profundamente. Certo dia, estava saindo do banco quando ela se aproximou dizendo que estava a pé e que não conseguira um táxi par voltar para casa, e me pediu uma carona. Eu, muito tolo, acreditei em suas palavras, e ao chegar em frente à sua casa, ela me convidou para entrar e tomar um café. Aceitei o café, e ela discretamente começou a me assediar, até que em dado momento me deixei levar por seus encantos, e foi assim que tudo começou.

— Por quanto tempo você ficou com ela? – a esposa perguntou, entre lágrimas e raiva.

— Exatamente dois meses. Tentava terminar esse relacionamento, mas nunca conseguia, até que um dia tive coragem e terminei. Ela, por sua vez, não tendo como se reaproximar de mim, fingiu ser empregada doméstica para se aproximar de nossa família. Isso foi a gota d'água, minha família é intocável, e jamais permitiria que ela fizesse você de boba.

Claudete finalmente compreendeu as desculpas que ela arranjou para não conhecer seu marido. Caetano começou a chorar e a dizer o quanto amava Claudete e seu filho. A esposa, com olhar duro, perguntou:

— A nossa situação financeira tem alguma coisa a ver com essa mulher?

Caetano, sem pensar, respondeu:

— Não! Quando a conheci nós já enfrentávamos uma situação financeira difícil, fui infeliz em algumas aplicações que fiz.

— Voltarei à casa de meus pais, em São Paulo, e assim que a papelada ficar pronta quero o desquite – disse, sentindo nojo de Caetano.

Caetano, naquele momento, passou do rubor à palidez:

— Eu errei. Mas, por favor, leve em consideração o fato de que eu nunca a trai antes. Sempre fui um homem fiel, aquela mulher me envolveu. Não estou querendo fugir da responsabilidade, pois se eu não tivesse me deixado levar, nada disso estaria acontecendo. Mas nós nos amamos. Claudete, eu não conseguiria viver sem você e nosso filho – naquele momento, ele começou a chorar compulsivamente, ajoelhando-se diante de Claudete. – Claudete eu nunca amei outra mulher a não ser você, foi com você que eu quis me casar e constituir uma família.

Impassível, Claudete disse:

— Meus pensamentos estão um verdadeiro torvelinho. Amanhã de manhã vou para São Paulo, ficarei na casa de meus pais, e quando estiver mais calma decidirei o que fazer.

Caetano chorava como criança, porém Claudete não se comoveu, pois seu orgulho de mulher a impedia de sentir qualquer piedade pelo marido. Naquela noite, ela resolveu trancar-se no quarto de Paulo Augusto, onde havia um berço e uma cama de solteiro. Caetano ficou na sala, olhando para a parede e pensando em como fora tolo ao se envolver com Joselina.

CAPÍTULO 36

Ódio por Caetano

Joselina chegou em casa aos prantos, afinal, nenhum homem lhe esbofeteara antes. Ela chorava não pela dor do bofetão, mas pelo ódio que estava sentindo, pois não era mulher de esquecer uma ofensa. Por isso, decidiu que a história com Caetano ainda não havia terminado.

— Caetano vai pagar muito caro por essa agressão. Não vou dar queixa à polícia, porque infelizmente minha fama não é a das melhores na cidade – disse com ódio.

Joselina finalmente chegou à conclusão de que Caetano se cansara de seus carinhos e que ele nunca a havia amado como dizia. Com esses fatos, Joselina tirou do pensamento a ideia de que Altino estivesse envolvido nessa história. Por um momento, ela pensou em Altino e em como ele a tratava: "Deveria ter ficado com Altino. Ele era um cafajeste, mas me amava".

Naquela noite, Joselina deitou-se e chorou copiosamente, pois em pouco tempo muita gente ficaria sabendo que ela havia apanhado na rua. Depois de muito pensar, a mulher decidiu sair da cidade até que as coisas esfriassem. Ficaria na casa de uma irmã que morava em Maringá, no Paraná. Depois, pensaria com calma em como se vingar de Caetano e de sua esposa. Com esse pensamento, finalmente adormeceu, e seu sono foi agitado, fazendo-a acordar várias vezes durante a noite.

CAPÍTULO 37

O crime de Joselina

Claudete, como informara ao marido, acordou cedo e foi até a rodoviária junto com o filho. De lá pegou o ônibus que a levaria a São Paulo. Caetano tentou impedi-la, porém ela não trocou palavra alguma com o marido, pois estava demasiadamente magoada e ficar discutindo não era de seu feitio. Decidiu sair de casa sem nada dizer.

Caetano tomou banho e se arrumou para ir trabalhar. Mas antes passou na casa de Joselina para continuar a discussão que começara na noite anterior. Caetano entrou feito louco na casa de Joselina, dando chutes na porta. Joselina, que ainda estava dormindo, acordou com o imenso barulho, e ao abrir a porta começou a gritar:

— O que você está fazendo aqui? Já não basta o que me fez ontem?

— Você não passa de uma vagabunda! Destruidora de lares, o que pretendia fazer se instalando em minha casa? – perguntou com ódio.

— Eu queria saber o que levou você a romper comigo.

— O que me levou a romper com você foi ter percebido que você é uma mulher fútil e interesseira. Não precisava se aproximar de minha esposa para saber a verdade.

— De você eu só queria dinheiro e, para falar a verdade, eu sempre tive nojo em ter que me deitar com você – disse Joselina com sua língua ferina.

Caetano, com ódio, avançou sobre Joselina e lhe deu tamanha surra que a deixou toda marcada. Joselina não parava de gritar:

— Com aquela sonsa da sua esposa, você é todo carinhoso, e comigo você é um monstro.

— Claudete é mulher de verdade, digna, boa mãe e, principalmente, boa esposa, enquanto você não passa de uma mulher qualquer.

Joselina, naquele momento, correu até a cozinha para pegar uma faca e, no momento de fúria, desferiu um golpe na barriga de Caetano. Este, esvaindo-se em sangue, saiu cambaleando da casa de Joselina, caindo em frente ao imóvel.

Os vizinhos de Joselina ouviram os gritos que vinham do interior da casa, e minutos depois viram Caetano caído perto do carro ensanguentado. Imediatamente uma pequena multidão se formou. Carlão, que passava em frente da casa naquele momento, socorreu Caetano levando-o ao hospital.

Joselina ainda estava chorando com a faca na mão quando dois policiais chegaram e a levaram à delegacia. Ela estava em estado de choque, e sem resistir seguiu os policiais até a delegacia, onde contou sua versão sobre os fatos. O delegado Joel atendeu a ocorrência, e com severidade perguntou:

— Por que você matou o senhor Caetano?

Joselina, sem saber o que havia acontecido a Caetano, começou a chorar e logo começou a mentir:

— Eu só me defendi. Ele foi até minha casa feito louco e começou a me agredir. Quando tirou a faca da cintura, fui mais rápida do que ele e tirei a faca de sua mão golpeando-o em seguida.

O delegado Joel era homem experiente, e naquele momento sabia que Caetano estava passando por uma cirurgia, mas continuou interrogando-a, procurando cercá-la por todos os lados. Joselina contou a verdade quando disse que por alguns meses havia mantido um relacionamento com Caetano e que ele estava transtornado, mas mentiu quando disse que ela havia terminado o romance. A mulher prestou depoimento por mais de quatro horas, até um policial entrar na sala. Ele chamou o delegado para conversar rapidamente no corredor.

O policial Osvair disse ao delegado:

— O rapaz está fora de perigo. A cirurgia terminou agora, e os médicos disseram que os ferimentos foram superficiais.

O delegado, querendo saber o que realmente havia acontecido naquela casa, comentou:

— Vou ocultar essa informação dessa mulher, pois ela já tem algumas passagens por agressão. O último boletim de ocorrência é de dois anos atrás, quando ela agrediu uma moça na praça da matriz. Segundo consta, ela começou a olhar para o namorado dela, e a moça não gostou. E logo as duas discutiram e Joselina acabou dando uma surra na moça, deixando-a com vários hematomas. Essa mulher é perigosa, e assim que esse homem melhorar vou querer o depoimento dele. Se tudo der certo, poderemos dar férias para ela na prisão por tentativa de homicídio.

Osvair apenas anuiu com a cabeça, dizendo que informaria os outros membros da corporação para que não comentassem sobre o estado de saúde de Caetano. O delegado Joel entrou novamente em sua sala e encontrou Joselina fumando um cigarro.

— Por favor, peço que não fume em minha sala, pois tenho alergia à fumaça de cigarro.

Irritada, Joselina apagou o cigarro na mesa do delegado. Isso fez que o homem pensasse que ela era uma mulher da pior espécie.

Joel interrogou-a por mais uma hora e meia, quando Joselina disse irritada:

— Já falei tudo o que ocorreu em minha casa, mas o senhor insiste em perguntar sempre as mesmas coisas. O senhor pensa que estou mentindo?

Joel, remexendo-se em sua poltrona, concluiu:

— Apenas estou averiguando a veracidade dos fatos – concluiu ele, remexendo-se em sua poltrona. – Você é uma mulher jovem, bonita, atraente e assassina. É uma pena que vá perder toda essa beleza na prisão – acrescentou.

— Tenha certeza de uma coisa: na prisão eu não fico! - respondeu em tom desafiador.

— Quem vai decidir isso será a Justiça.

— Quem decide sobre minha vida sou eu, e ninguém fará isso por mim, nem mesmo Deus – disse sorrindo.

Naquele momento, Joel percebeu o quanto Joselina era perigosa, dizendo:

— Cuidado com o que fala moça, pois Deus poderá lhe castigar.

— Deus não castiga ninguém, pois se assim o fosse não existiriam tantos canalhas por aí – disse soltando uma gargalhada nervosa.

— Você terá direito a um advogado e, se não puder pagar por um, o Estado vai defendê-la gratuitamente.

— Não preciso de advogado, só fiz o que fiz para me defender. Portanto, acredite ou não, vou embora daqui mais cedo que imagina – disse em tom debochado.

Enquanto Joselina ia falando, um escrivão ia registrando palavra por palavra do que fora dito por ela, e depois o delegado disse:

— Por favor, assine seu depoimento.

Joselina assinou sem nem mesmo ler o que estava escrito e, com deboche, perguntou:

— Onde é minha cela? Quero dormir, aquele infeliz me acordou muito cedo e estou com sono.

O delegado Joel pediu ao escrivão Maurício que fosse chamar o soldado Sandoval para levar a moça à cela. Joselina não permitiu que a algemassem, sendo levada pelo braço a uma cela vazia. A mulher pensava em Caetano, e seu ódio voltava com toda força para seu coração:

— Quero que neste momento ele esteja junto com o Diabo no inferno! – disse em voz alta, e deitou-se em uma cama cujo colchão estava sujo e bolorento.

CAPÍTULO

38

Na sala de cirurgia

Com urgência, doutor Abílio mandou prepararem a sala de cirurgia. Caetano foi atendido por ele e pelo doutor Frederico, ambos experientes. A preocupação era saber se a faca havia atingido algum órgão vital, temendo por uma hemorragia interna. Em poucos minutos, os cirurgiões estavam abrindo o abdome de Caetano. Ao fazer a incisão, doutor Abílio logo percebeu que os órgãos internos estavam preservados e que a perfuração era superficial.

O assistente do doutor Abílio disse sorrindo:

— Foi graças a Deus que a faca não atingiu uma região vital, e o que temíamos não aconteceu, ou seja, uma hemorragia interna.

— Bem, vamos fazer a sutura, e talvez ele nem precise ficar na UTI – completou doutor Abílio.

Os dois médicos, acompanhados por duas enfermeiras, logo terminaram o trabalho. Porém, como Caetano havia perdido sangue, resolveram deixá-lo no Centro de Terapia Intensiva, para que fossem mantidos sob controle os sinais vitais.

CAPÍTULO 39

Corre a notícia

Mário, o gerente do banco, logo que ficou sabendo do incidente com Caetano quis obter mais notícias. Ligou para Claudete, mas ninguém atendia ao telefone da casa do jovem casal. Preocupado, Mário ligou para a casa de Fátima, irmã de Claudete, pois era o único telefone de contato que Caetano havia dado ao banco.

Fátima, ao tomar conhecimento do ocorrido, ligou para a casa da irmã, mas sem obter resultados. Assim, ligou para seus pais e avisou-os sobre o acontecido. Todos estavam nervosos, por falta de notícias, quando Claudete chegou com o filho. Dona Catarina, a mãe de Claudete, temerosa foi logo perguntando:

— Minha filha, o que aconteceu?

Claudete, sem saber sobre o ocorrido, abreviou a conversa dizendo:

— Tive uma discussão com Caetano e ficarei aqui por uns tempos, até decidir o que fazer da vida.

Fátima, acreditando que a irmã havia sido responsável pelo ferimento, gritou:

— Como pode dizer isso com toda essa calma?

Claudete, sem compreender, respondeu:

— Para falar a verdade, estou muito nervosa, todos sabem o quanto amo Caetano. Mas ele me traiu.

Em meio a tanto mal-entendido, dona Catarina disse:

— Minha filha, deixe Paulo Augusto conosco e passe uns tempos no Nordeste, enquanto seu pai e eu lhe arranjamos um bom advogado.

Claudete, sem entender o que sua mãe estava dizendo, respondeu:

— Não pretendo viajar, ficarei aqui somente por uns dias até decidir o que farei da vida.

Fátima gritou, perdendo a paciência:

— Claudete, você nunca ouviu ninguém! Ouça a mamãe agora, pense no quanto ela sofrerá se por ventura você for presa.

Claudete fixou os olhos na irmã quando disse:

— Ele me trai e sou eu quem vai presa?

— Não se faça de sonsa. Você sabe muito bem o que fez para fugir de Araras.

— Eu fiz? Aquele miserável me trai, e sou eu a culpada – explodiu.

— Minha filha, se Caetano traiu você era só se separar. Não precisava tentar matá-lo – disse dona Catarina, chorando.

Claudete colocou o menino no chão e perguntou:

— O que vocês estão dizendo?

Fátima, percebendo o espanto da irmã, sentiu-se aliviada. Contou-lhe sobre o telefonema de Mário e concluiu dizendo que Caetano estava passando por uma cirurgia. Claudete começou a chorar copiosamente:

— Fátima, por favor, fique com Paulinho. Preciso voltar para Araras e saber quem fez isso com Caetano.

Fátima, percebendo o desespero da irmã, disse para a mãe:

— Mamãe, fique com Paulinho. Levarei Claudete até Araras.

Claudete chorava copiosamente, e dona Catarina lhe deu um copo de água com açúcar. Claudete deixou a pequena mala ali mesmo na sala e rapidamente as duas irmãs saíram para saber notícias de Caetano. Fátima, apesar do susto, estava mais calma do que a irmã.

Eram quase duas horas da tarde quando as duas irmãs chegaram ao hospital onde Caetano estava internado. Disseram a Claudete que ele estava internado na Unidade de Terapia Intensiva. Entre lágrimas e desespero, ela disse Fátima:

— Caetano não deve estar nada bem, afinal, para estar em uma UTI é porque o caso é grave.

— Calma! Vamos esperar o médico que operou Caetano para saber como ele está.

Depois de meia hora, finalmente doutor Abílio foi ao encontro da esposa de Caetano. Ao vê-lo, Claudete foi logo perguntando:

— Como está meu marido?

— Calma! Ele não vai morrer, se é isso o que querem saber. Caetano teve uma perfuração no abdome, mas, graças a Deus, não houve dano a nenhum órgão vital, foi superficial – respondeu sorrindo.

— Doutor, gostaria de ver meu marido – Claudete pediu chorando.

Doutor Abílio, percebendo o desespero da mulher, respondeu:

— Terá cinco minutos para vê-lo. Mas peço para que não diga nada, pois ele está sedado para que não sinta muitas dores.

Claudete se paramentou para entrar na UTI. Logo avistou o marido no primeiro leito do lado esquerdo do grande pavilhão. Chorando, a mulher viu Caetano coberto somente com um lençol, mas ele não estava ligado a nenhum aparelho. Aproximou-se e disse baixinho, pegando suavemente nas mãos do marido:

— Eu te amo...

Ao dizer essas palavras, com lágrimas nos olhos, Claudete ficou observando o marido por mais alguns minutos, quando uma enfermeira disse:

— Por favor, retire-se. O doutor Abílio disse que só é permitido ficar aqui por cinco minutos.

— Até quando ele ficará na UTI? – perguntou chorando.

— Pelo que fiquei sabendo, amanhã ele irá para quarto. Lá a senhora poderá ficar o tempo que quiser ao seu lado.

Claudete saiu rapidamente para se encontrar com Fátima, que a aguardava na recepção. Claudete disse à irmã:

— Vamos à delegacia, pois preciso saber quem fez isso com Caetano.

— E como está ele?

— Está sedado, mas a enfermeira disse que amanhã ele irá para o quarto.

Fátima, suspirando aliviada, obedeceu à irmã, e logo as duas estavam na delegacia. Ao chegarem, encontraram o delegado Joel andando tranquilamente pelo corredor. Claudete perguntou a ele:

— Sou esposa de Caetano Alves Meneses e gostaria de saber quem o esfaqueou e por qual motivo.

Joel, sabendo que se tratava de um caso de infidelidade, levou as duas mulheres à sua sala para contar toda a história em detalhes. Claudete contou ao delegado sobre o episódio da noite anterior e a desfaçatez de Joselina ao procurar trabalho em sua casa.

O delegado foi adiantando:

— Ela pensa que seu marido está morto, mas em breve ela saberá a verdade. Vamos enquadrá-la nos seguintes crimes: tentativa de homicídio e lesão corporal grave, mas isso não vai segurá-la por muito tempo na prisão.

— Não entendo por que Caetano se envolveu com uma mulher dessa espécie – disse Claudete olhando para a irmã.

Fátima, que gostava muito do cunhado, perguntou:

— Ela é bonita?

Claudete não respondeu, foi doutor Joel quem respondeu:

— Ela é muito bonita, mas escolhe somente os homens casados, pois sempre quer um homem que possa mantê-la.

— Ela é o que chamamos de bonitinha e ordinária? – disse Fátima esboçando um sorriso.

— Sim, é a típica bonitinha e ordinária, como no filme – respondeu o delegado, sorrindo também.

Fátima desatou a rir, mas Claudete não achou a mínima graça. O delegado, pedindo licença, dispensou as duas mulheres. Claudete estava cansada e disse:

— Vamos para casa, pois preciso tomar um banho e comer alguma coisa. Hoje o dia não está sendo nada fácil.

Fátima fez o que a irmã pedia, e logo as duas chegaram à casa de Claudete. Ela trancou-se no banheiro, lembrando-se de Caetano e, principalmente, de seus pedidos de desculpas por sua fraqueza. Claudete pensou que ele sempre fora bom marido e bom pai, por isso decidiu que traria Paulo Augusto e reestruturaria sua família assim que ele saísse do hospital.

Enquanto isso, Fátima estava na cozinha preparando um lanche, afinal, já passava das quatro da tarde e ela ainda não havia comido nada.

CAPÍTULO

40

A preocupação dos colegas

Assim que Claudete saiu do banho, foi ao encontro da irmã, e a encontrou comendo um sanduíche de queijo com presunto, e com tranquilidade disse:
— Fátima, vou ao hospital ficar com Caetano, se quiser, pode ficar aqui descansando.
Fátima, depois de sorver um copo com refrigerante, respondeu:
— Está bem, mas vá com meu carro.
— Dê-me a chave, voltarei lá pelas onze da noite. Ainda bem que o Paulinho ficou com nossa mãe.
Fátima lembrou-se de que não havia trazido roupas e disse:
— Na correria esqueci de pegar algumas roupas. Vou usar alguma roupa sua.
— Faça como quiser, lá encontrará tudo de que precisar – respondeu Claudete sem se importar.
Claudete já ia saindo quando Fátima perguntou:
— Não vai comer nada?
— Não estou com a mínima fome. Só peço para que cuide da casa.
Claudete era uma boa motorista, mas naquele dia, correu mais que o permitido para chegar o quanto antes na hospital. Lá encontrou alguns colegas de Caetano, entre eles Mário e Marisa. A colega, ao vê-la, foi logo perguntando:
— Tem notícias do estado de saúde de Caetano? Estamos aqui há quase uma hora, mas ninguém nos dá uma informação.

— Graças a Deus, Caetano não está correndo risco de vida. A enfermeira, inclusive, disse que amanhã mesmo ele irá para o quarto – Claudete tranquilizou-os.

— Como isso pôde acontecer? Justo com Caetano, que é um homem bom e trabalhador – disse Mário.

Claudete ficou quieta, e foi Marisa quem perguntou:

— Já pegaram o assaltante?

Claudete, naquele momento, percebeu que ninguém sabia o real motivo pelo qual Caetano fora ferido, e confirmando a versão dos colegas completou:

— O delegado Joel disse que já tem uma pessoa suspeita sob averiguação.

Naquele momento, a esposa de Caetano lembrou-se do carro, mas resolveu não pensar no assunto. Pelo que fora informada, talvez o carro estivesse em frente à casa de Joselina.

Claudete procurou por doutor Abílio, mas o médico já havia terminado seu turno e voltado para casa. Ela foi até a porta da UTI e lá obteve informação de que Caetano havia acordado e que perguntou por ela. Claudete ficou feliz com a notícia, e com alegria disse aos colegas do marido que ele estava melhor e que eles poderiam visitá-lo no dia seguinte.

Mário e Marisa ficaram por mais meia hora junto de Claudete, até decidirem voltar para casa. Claudete fez o mesmo, pois precisava ligar à mãe para saber de Paulinho e para tranquilizá-la. Ao voltar para casa, observou que Fátima já havia tomado banho e estava estirada no sofá lendo uma revista de fotonovela. Fátima, ao vê-la, foi logo dizendo:

— Liguei para nossa mãe para tranquilizá-la. Paulinho está bem, inclusive estava dormindo, pois papai o distraiu o dia todo.

Claudete ficou feliz, mas se deu conta do quanto estava cansada:

— Faça o que quiser. Vou me deitar, pois estou exausta. Se quiser, pode dormir no quarto de hóspedes.

— Não se preocupe comigo, eu sei me virar – respondeu sorrindo.

Claudete dirigiu-se para o seu quarto e, depois de colocar um pijama, caiu na cama, adormecendo logo em seguida.

CAPÍTULO 41

A notícia chega à oficina

Altino, depois de varrer o pátio, foi ajudar Tico na oficina. Já passava das duas horas da tarde quando o mecânico lhe disse:
— Altino, você nasceu de novo.
— Por que diz isso? – perguntou eles sem compreender as palavras de Tico.
Tico percebeu que ele ainda não sabia sobre o fato que já corria na cidade e perguntou:
— Você não está sabendo?
— Sabendo do quê?
Tico ficou alguns segundos em silêncio para escolher as palavras:
— Sabe aquela moça com quem você se envolveu? A Joselina?
— O que tem ela?
— Pois bem, ela estava de namorado novo, e hoje pela manhã ela o esfaqueou. Pelo que fiquei sabendo, o coitado está à beira da morte no hospital.
Altino sentiu o chão sumir debaixo de seus pés:
— Mas como foi isso? – perguntou.
— Parece que Joselina o traiu e, depois de uma intensa discussão, ela pegou uma faca e enterrou em sua barriga.
Altino começou a tremer dos pés à cabeça, e com os pensamentos desordenados perguntou:
— E o que aconteceu com ela?
— Deve estar presa na cadeia da cidade. Não é para lá que as pessoas são levadas quando cometem algo sério?

Altino logo se lembrou do que fizera, mas a mágoa que sentia pela moça era ainda maior:

— Demorei a ver que Joselina é uma mulher má e interesseira. Ela me usou por três anos e, quando rompeu nosso relacionamento, apenas disse que jamais trocaria um bancário por um faxineiro. Ela teve o que mereceu.

— Ainda bem que ela dispensou você, pois era para você estar no hospital entre a vida e a morte hoje – disse Tico sorrindo.

Altino preferiu mudar de assunto:

— Em que posso ajudá-lo?

Tico, que já confiava em Altino, respondeu:

— Quero que de uma olhada no óleo de freio do carro do seu Walter. Você já sabe o que fazer, não é?

— Sim, já fiz isso uma vez.

Altino, sem prestar muita atenção em Tico, foi fazer o que ele pediu. Enquanto verificava o problema no freio do carro do gerente, Altino pensava: "Joselina teve o que merece, ela brincou com meus sentimentos e me humilhou ao terminar". Altino, por um momento, gostou do que acabara de saber. Ele era um homem frio e nem por um momento pensou em Caetano. "A vingança é um prato que se come lentamente, e eu estou apenas saboreando...", pensou sorrindo.

Procurando não pensar mais no assunto, ele averiguou o óleo de freio, observou os cabos e logo descobriu o problema. Avisou Tico de que era preciso trocar as lonas. Sem que o mecânico mandasse, Altino passou a fazer o serviço, colocando mais óleo e testando os freios em seguida.

E assim o dia foi passando rapidamente.

CAPÍTULO

42

Marina recebe a notícia

Marina recebeu uma freguesa que foi lhe solicitar um serviço. Esta passou a relatar o fato de uma mulher que havia esfaqueado o amante.

— Pobre mulher. Que Deus tenha misericórdia de sua alma – comentou Marina, sem se preocupar com o assunto e, então, passou a falar de costura.

Depois de a freguesa sair, Marina continuou costurando, sem se preocupar com o assunto. Já era quase meio-dia quando João chegou do colégio, e o menino, que ficara sabendo do fato na escola, perguntou:

— Mamãe, a senhora sabe o que aconteceu? – Marina olhou assustada para o filho quando este continuou. – Lembra de Joselina, aquela que era amante de seu marido? Ela esfaqueou um homem que trabalha no banco.

Ao saber de quem se tratava, Marina, atônita, remexeu-se na cadeira, e curiosa perguntou:

— E quem é esse homem?

— Não sei, a única coisa que sei é que ele trabalha no banco e que é casado.

— Olha com que tipo de pessoa seu pai se envolveu.

— Ela deveria ter feito isso com seu marido... Assim teríamos sossego – respondeu sorrindo.

Marina não gostou do que ouviu e repreendeu o filho, dizendo:

— João, não devemos desejar a morte de ninguém, muito menos do pai.

João, não querendo voltar ao assunto, mudou o rumo da conversa:

— O que a senhora fez para o almoço?

— Fiz bife com batatas fritas e salada – respondeu em meio ao ruído da máquina.

João adorava bife com salada, e contente disse:

— Mãe, vamos almoçar. Estou morrendo de fome.

— Espera um minuto, meu filho. Preciso terminar de fazer as casas desta blusa.

Sem se importar, João foi até seu quarto para deixar a mala do colégio e trocar de roupas. Enquanto isso, Marina não parava de pensar em Joselina e no mal que ela havia causado em seu casamento. Pela primeira vez, sentiu pena da moça e, por isso, disse em voz alta:

— Essa moça é uma infeliz! Ela destrói lares alheios porque é incapaz de construir seu próprio lar. Que Deus a ajude.

João saiu do quarto e, ao ver a mãe ainda à máquina, disse:

— Venha, minha mãe. Estou com fome...

— Vá almoçando, meu filho. Eu irei assim que terminar.

— Nunca fizemos nossas refeições separados, por que faríamos agora? – perguntou fixando o olhar em sua mãe.

Marina colocou o trabalho sobre a máquina e respondeu sorrindo:

— João, você consegue tudo de mim.

João Pedro, deixando à mostra seus belos dentes, ficou esperando a mãe se levantar da máquina para que pudessem almoçar.

CAPÍTULO 43

Altino deixa a casa

Naquela tarde, Altino entrou em casa no mais completo silêncio. Sem dizer uma palavra, tomou banho, jantou sozinho e foi deitar-se, pois não lhe saía da mente a figura de Joselina. O homem pensou satisfeito: "Talvez, se eu tivesse planejado, não teria dado tão certo". E, com um leve sorriso, ficou olhando para o teto do quarto, sem pensar em outra coisa a não ser Joselina e na sua tentativa de assassinato. Em dado momento, sentiu sede e foi até a cozinha tomar água. Lá encontrou João comendo um sanduíche e bebendo um copo de leite.

— Você como feito um leão... – disse Altino irritado.

João ignorou as palavras do pai e continuou comendo tranquilamente seu pão. Marina continuava a costurar quando Altino viu no relógio que já passava das nove da noite. Olhando para a esposa, ele disse:

— Você trabalha tanto que até se esquece de que é mulher.

Compreendendo a insinuação de Altino, Marina respondeu:

— Nunca me esqueço de que sou mulher, assim como nunca me esqueço de que sou mãe. Se quiser mulher vá para a cadeia visitar Joselina, pois tenho certeza de que ela está precisando de companhia masculina.

Altino, ao notar que Marina sabia sobre o fato, gritou:

— Nunca mais quero ouvir o nome daquela mulher em minha casa!

— Agora você não quer nem mesmo ouvir o nome dela em casa, mas tempos atrás você não a tirava do pensamento – alfinetou. - Olha, vou lhe dizer uma coisa: ela amava tanto você como amava esse outro, mas tanto que até o esfaqueou. Erga as mãos para o céu e agradeça a Deus por não ter sido você.

João Pedro sorrindo ajuntou:

— Sabe o que aprendi hoje na escola, mamãe? A viúva-negra é chamada assim porque é uma aranha preta com uma mancha vermelha e, depois de se acasalar com o macho, ela os devora. Joselina é uma verdadeira viúva-negra, mas é uma pena ela não devorar todos os machos...

Marina ficou lívida com o comentário do filho:

— João, vá se deitar. Amanhã você precisa levantar cedo.

Irritado com o comentário, Altino respondeu:

— É melhor um macho ser devorado por uma viúva negra do que por outro macho.

João Pedro, naquele momento, perdeu completamente a compostura e começou a berrar:

— Ficou bravinho porque sua amante trocou você por um homem com dinheiro? Pena que ela fez isso com a pessoa errada, pois ela deveria ter matado você, seu porco!

— Vá dormir, seu maricas! – gritou Altino.

Irritadíssimo, João Pedro pegou um jarro que havia sobre um móvel da sala e acertou a cabeça do pai, que rapidamente começou a sangrar. Mesmo sangrando, Altino começou a bater no filho. A gritaria se fez, chamando atenção de toda a vizinhança.

— Marina, não estranhe quando esse maricas aparecer aqui com outro macho dizendo que é seu namorado – gritou Altino.

— Cale a boca, Altino, e pare de chamar meu filho de maricas.

Completamente descontrolado, João Pedro gritou:

— Sabe por que ele me chama de maricas, minha mãe?

Marina sem saber o motivo, ficou observando o filho, quando Altino desferiu um soco em seu estômago, fazendo-o se calar. Naquele momento, Marina, sem se conter, pegou a vassoura e começou a dar vassouradas em Altino:

— Altino, para mim chega! Pegue suas coisas e vá embora agora! Você não tem direito sobre a casa, pois a recebi de herança de meu pai, além disso, tudo que há aqui dentro foi eu quem comprou com meu trabalho – gritou. – Desde a última surra que você deu em nós, eu jurei a mim mesma que não permitiria outra agressão. Agora, vá embora, e não quero vê-lo nem pelas redondezas.

Altino, com valentia, gritou:

— Quero ver quem é que vai me tirar daqui!

— A polícia, quando souber o que fez comigo, assim você ficará junto à sua amada na cadeia.

Altino, passando do rubor à palidez, com raiva disse:

— Vou embora. Não suporto olhar para vocês dois.

— Já vai tarde, não acha? Ninguém o prende a nós, você está aqui por falta de vergonha na cara – disse João Pedro.

Temendo que o filho revelasse seus erros passados, Altino foi até o quarto e pegou algumas roupas, colocando-as em uma mala. Ao sair, disse:

— Mandarei alguém pegar o resto de minhas coisas.

Marina nada respondeu, pois estava cuidando do ferimento do filho.

Altino saiu sem destino. Passou aquela noite na praça, pois só procuraria uma pensão para morar no dia seguinte.

João Pedro, vendo o pai sair, sentiu um imenso alívio:

— Como dona Elisa diz: "Deus tarda, mas não falha".

O ferimento era pequeno, e João Pedro sentia-se vitorioso. Saber que não seria mais obrigado a ver o pai todos os dias o deixou imensamente feliz. O menino resolveu se deitar e, pela primeira vez em muitos anos, logo adormeceu.

Marina dormiu no quarto que outrora deixara para Altino. Enquanto ouvia o ronco de João Pedro, não conseguiu conciliar o sono, pois não tinha dúvidas de que entre o filho e o pai havia um segredo tenebroso o qual ela ignorava. Virou-se várias vezes na cama até que, vencida pelo cansaço, adormeceu.

CAPÍTULO

44

Dando um jeito

O dia amanhecera e, com ele, todos os problemas do dia anterior. Altino esperou clarear o dia para procurar por uma vaga numa pensão, afinal, não podia morar na rua. Ele encorou uma pensão no centro da cidade, mas a proprietária exigia pagamento adiantado. Altino não tinha um tostão, e por isso decidiu conversar com Walter sobre a possibilidade de morar na empresa até sair o próximo pagamento. Walter era um homem com um bom coração e, ao ouvir a versão de Altino sobre os fatos, disse:

— Não posso mantê-lo aqui por muito tempo. Como seu pagamento sairá em quinze dias, é esse o tempo que terá para ficar aqui.

Altino lembrou-se de que o segurança da empresa estava querendo sair para ir a São Paulo em busca de melhores condições de vida. Então, pediu:

— Soube que Amadeu pretende ir a São Paulo. Se o senhor permitir, gostaria de ficar em seu lugar.

Walter pensou por alguns instantes antes de responder:

— Mesmo que fique no lugar de Amadeu, não poderá morar na empresa. Você precisa arranjar um lugar para ficar.

Altino nada respondeu. Decidiu ficar na empresa por alguns dias até ter o depósito para ficar na pensão. Walter continuou:

— É tudo o que posso fazer por você, mas vou lhe dizer uma coisa como amigo – Altino fixou o olhar nos olhos de Walter quando ele continuou a falar. – Um homem que não tem família, pode-se dizer que não tem nada neste mundo. Eu o conheço bem e sei que você não é flor que se cheire, portanto, sei para que sua esposa e seu filho o colocarem para fora de casa é porque algo muito sério aconteceu.

Altino queria dar o assunto por encerrado e voltou ao trabalho. Ao vê-lo sair, Walter pensou: "Altino é um homem trabalhador, isso não se pode negar. Mas o conheço suficientemente bem para saber que ele não é santo...".

CAPÍTULO 45

O advogado

Joselina não tinha dinheiro para pagar um advogado, por isso um advogado do Estado foi nomeado para defendê-la. Eram quase quatro da tarde quando um homem foi visitar Joselina, que andava de um lado para o outro na cela como um leão enjaulado. O homem, então, se apresentou:
— Fui nomeado seu advogado. Meu nome é Dário. Antes de iniciar esse caso, eu preciso saber tudo o que realmente aconteceu, não me esconda nada, pois somente assim poderei defendê-la.

O advogado pediu para que a levassem a uma pequena sala, onde poderiam conversar. Joselina confiou em Dário e, então, começou contando como conhecera Caetano, sobre seu interesse, sobre o pedido de carona, enfim, contou-lhe como havia começado o relacionamento entre eles. Ela disse que ele mentira ao afirmar que a esposa estava desconfiada para terminar o romance. Joselina, porém, mentiu ao dizer que o amava, fazendo o advogado acreditar em suas palavras.

Depois de chorar por alguns minutos, ela finalmente encerrou a conversa dizendo como tudo ocorreu e que esfaqueara Caetano em legítima defesa. Para Joselina, suas palavras bastavam. Ela acreditava que Caetano havia morrido e, dissimulando as lágrimas, disse:
— Eu o matei, doutor! Matei o único homem que amei em toda minha vida.

Surpreso, o advogado revelou:
— Você não o matou! O senhor Caetano está vivo e passa bem no hospital.

Naquele momento, a mulher empalideceu, e com raiva disse:
— Se ele não morreu, por que ainda estou aqui?
O advogado, então, começou a explicar:
— Embora o senhor Caetano não esteja morto, a senhora está mantida na prisão por dois crimes básicos. Primeiro, por tentativa de homicídio, e de acordo com o artigo cento e vinte e um, tentativa de homicídio é crime. E como o fato não se consumiu, responderá também por lesão corporal grave, que é um crime grave com prisão prevista, segundo a lei brasileira. Mas isso depende muito do juiz que vai interpretar os fatos. Até o presente momento, o juiz não decretou a prisão preventiva e muito menos a temporária, por isso vou fazer o pedido de soltura. Porém, a senhora não deve se envolver em confusão nem se encontrar com a vítima. Pedirei também que responda o processo em liberdade. Mas, ressaltando, mas lembre-se de que nesse período a senhora não deve se envolver em confusão, pois isso pode fazer o promotor pedir sua prisão temporária, e isso dificultaria muito o meu trabalho.

Joselina ficou imensamente feliz ao saber que Caetano não havia morrido, e jurou ao advogado que jamais se aproximaria dele novamente. O advogado continuou:

— Amanhã mesmo entrarei com o pedido de soltura, mas lembre-se de que tudo vai depender do juiz que assumir o caso.

Joselina sequer compreendeu o que o advogado estava querendo dizer, mas a alegria de saber que não era uma assassina a fez se esquecer de que passaria a noite na cadeia.

CAPÍTULO

46

Dores

Abílio chegou ao hospital às seis horas da manhã. Antes de começar as consultas, ele costumava visitar seus pacientes internados. Naquela manhã, primeiro ele foi para a UTI.
— Como se sente, meu rapaz? – perguntou ao ver Caetano.
— Senti muitas dores durante a noite, doutor.
Doutor Abílio sabia que uma incisão cirúrgica era algo extremamente doloroso:
— Vou prescrever analgésicos mais fortes, eles o ajudarão a suportar a dor.
Caetano, com lágrimas nos olhos, perguntou:
— Doutor, minha esposa está sabendo do que aconteceu?
— Certamente! Ela veio visitá-lo ontem no fim da tarde.
— E como ela está, doutor?
Abílio, sorrindo, respondeu:
— Ela está extremamente preocupada com você – respondeu. – Mas, mudando de assunto, tenho uma boa notícia: logo depois do almoço você será transferido para o quarto. Lá sua esposa e amigos poderão lhe visitar. Pelo que foi constatado, você tem convênio com o banco.
— Sim, senhor.
— Pois bem, esse convênio lhe dá direito a um quarto com dois leitos e a receber visitas a qualquer momento.

Caetano ficou feliz ao saber que poderia receber visitas. O médico pediu licença e foi visitar outros pacientes. Porém, Caetano logo se lembrou de Joselina e no quanto ela havia sido baixa. Por um momento, ele sentiu ódio por aquela mulher, afinal, ela havia estragado seu casamento. Caetano decidiu: "Farei tudo o que estiver ao meu alcance para conseguir o perdão de Claudete, ela é a maior vítima disso tudo".

Caetano começou a sentir dores, e apertou a campainha chamando a enfermeira. Quando a enfermeira Estela se aproximou, foi logo dizendo:

— Por favor, arranje-me um remédio para dor. Eu não estou aguentando.

Estela conversou com Abílio que, ao sentar-se a uma mesa, escreveu em algumas papeletas. Estela rapidamente levou um comprimido em um copinho e um copo d'água. Caetano tomou o remédio, mas levou alguns minutos para que começasse a fazer efeito. O remédio causava sono, de modo que ele logo adormeceu.

CAPÍTULO 47

Arlete

Abílio estava saindo da UTI quando viu Claudete em frente à unidade.
— E, então, doutor? Como está meu marido? – perguntou a mulher, visivelmente preocupada:
— Caetano está melhorando a olhos vistos, só sente as dores na incisão cirúrgica, o que é absolutamente normal. Fique tranquila, pois logo após o almoço ele será transferido para o quarto que seu convênio permite.

Claudete ficou imensamente feliz ao saber que Caetano havia melhorado. Decidiu que, assim que ele fosse ao quarto, não sairia de seu lado. Mesmo sabendo que fora traída por Caetano, o que causava uma profunda mágoa em seu coração, Claudete percebeu, porém, que o amor que sentia, era ainda maior que a mágoa.

A mulher resolveu ir até a capela do hospital e lá encontrou uma senhora, de cabelos brancos e imenso rabo de cavalo. A mulher estava olhando para a imagem de Jesus e rezava baixinho. Claudete se pôs ao lado da mulher e começou a rezar também, agradecendo pela recuperação do marido. Quando terminou de rezar, a mulher olhou sorrindo para Claudete. Ela achou estranho, pois nunca vira aquela mulher antes, mas sua expressão serena lhe transmitiu paz. Logo as duas começaram a conversar.

A mulher se apresentou:
— Muito prazer, chamo-me Arlete. Estou aqui porque minha irmã está terrivelmente doente. Ela está com câncer, e a pobrezinha sofre muito. Estou rezando para que Deus abrevie seu sofrimento. E você, por que está aqui?

Claudete naquele momento sentia uma imensa vontade de desabafar. Então, contou todo o seu drama a Arlete, que a ouvia sem interromper. Depois de todo o relato e de muitas lágrimas, Claudete finalmente disse:

— Desabafar me fez muito bem... Obrigada.

— Gostaria de poder colocar a mão em seu coração e lhe tirar toda a mágoa, mas não posso – disse Arlete sorrindo. – Não se esqueça de que o amor cobre uma multidão de pecados. Portanto, se seu marido incorreu em fraqueza, perdoe-o se você ainda o ama. Quem perdoa é bem mais feliz do que quem tem o coração petrificado pelo ódio, isso eu garanto – a mulher ao dizer essas palavras, perguntou. – Qual é seu nome?

— Desculpe, esqueci de me apresentar. Meu nome é Claudete, e se quiser me encontrar estarei na recepção aguardando por notícias de meu marido.

Arlete, pedindo licença, rodopiou rapidamente sobre os calcanhares, afastando-se em seguida. Claudete, por sua vez, ficou sentada na capela. As palavras de Arlete ficaram gravadas em seu coração, de modo que repetiu: "'O amor cobre uma multidão de pecados'... Que belo exemplo de perdão".

— O amor que sinto por Caetano é capaz de cobrir uma multidão de pecados, portanto, não o deixarei, pois isso acabaria com minha família – disse sorrindo.

Claudete ficou ainda por alguns minutos pensando no assunto, até se lembrar do carro de Caetano. Sabendo que não tinha nada a fazer até que o marido fosse levado ao quarto, resolveu ir à delegacia para saber sobre o paradeiro do carro do marido. Ao entrar na delegacia, perguntou pelo delegado Joel, mas ele não havia chegado ainda, segundo o soldado Osvair. Claudete, sem pensar, disse:

— Meu marido tem um carro, mas não sei onde esse carro se encontra.

O soldado, sabendo que não poderia passar na frente do delegado, disse somente:

— Espere o doutor Joel chegar, talvez ele possa ajudar a senhora.

Claudete esperou por mais de meia hora quando viu entrar um homem gordo, calvo e de aspecto bonachão. A mulher logo identificou o delegado e, indo a seu encontro, foi logo perguntando:

— Doutor, meu marido tem um carro, mas está sumido desde o ocorrido.

— Não se preocupe, ontem mesmo mandei que trouxessem o carro para o pátio da delegacia. As chaves ficaram no bolso da calça que seu marido estava usando, mas já as recuperei – respondeu o delegado.

— Mas o carro tem que ficar apreendido?

— Não vejo motivos para isso. O carro estava aqui apenas para que algum familiar viesse buscá-lo.

Aliviada, Claudete pediu as chaves e os documentos do carro, que estavam em poder do delegado e, agradecendo, saiu. Voltou para casa e encontrou sua irmã limpando a cozinha:

— Fátima, preciso que vá comigo até a delegacia, pois preciso trazer o carro de Caetano.

— Espere eu terminar de limpar a cozinha e logo vamos pegar o carro – respondeu.

Claudete foi até seu quarto e ficou pensando em Arlete. Ao pensar que a irmã dela estava sofrendo no leito do hospital, fez uma prece pedindo a Deus que tivesse misericórdia da mulher e, principalmente, que fosse feita a Sua vontade.

CAPÍTULO

48

O violão

No dia seguinte, ao contrário das outras manhãs, Marina não se sentou à máquina, pois ficou esperando João Pedro levantar.

O menino levantou-se e estranhou o fato de a mãe ainda não ter começado a trabalhar. Ao chegar à cozinha, encontrou Marina com a mesa posta, porém, com a fisionomia carregada, parecia que o mudo lhe pesava os ombros. João Pedro, estranhando o fato de a máquina estar parada, perguntou:

— A senhora não vai costurar hoje, mamãe?

Marina, de cenho fechado, respondeu secamente:

— Não sei... Acho que hoje não estou com cabeça para isso.

O rapazinho estranhou o fato de a mãe não estar disposta a trabalhar e perguntou:

— A senhora está preocupada com aquele infeliz?

— Não se trata de me preocupar com seu pai. Antes, estou preocupada com você.

João Pedro logo percebeu que na noite anterior havia falado demais e disse:

— Deixe essa conversa para quando eu chegar do colégio, pois hoje não posso me atrasar. Tenho prova na primeira aula.

Marina olhava para o relógio pendurado na parede quando disse:

— Está bem! Mas ao sair quero que venha rapidamente para casa. Essa noite eu não consegui dormir, pois estou muito preocupada com você.

— Não se preocupe, minha mãe, agora está tudo bem – respondeu ele sorrindo.

Marina nada disse e ficou observando o menino tomar rapidamente seu café. João saiu de casa preocupado, afinal sua mãe iria colocá-lo contra a parede. Com esses pensamentos, não sentiu o trajeto e rapidamente chegou ao colégio. João Pedro estava distraído tentando encontrar uma maneira de enganar a mãe. Naquela manhã ele teria prova de geografia, e depois ainda teria que enfrentar duas aulas de matemática.

Durante o intervalo, ele ficou sentado na escada e viu Ana Lúcia, sua professora de português. A professora, ao se aproximar, perguntou:

— O que faz aí?

João, com lágrimas nos olhos, disse:

— Professora, eu preciso conversar com alguém. Estou em uma confusão e, sinceramente, não gosto de mentir para minha mãe.

Enquanto falava, a campainha do sinal tocou, e a professora respondeu:

— Darei a última aula para o quinto ano. Assim que a sua terminar, vá até a sala e lá poderemos conversar tranquilamente.

João Pedro pensou por alguns instantes, mas aceitou o convite da professora mais querida da escola.

E, assim que o sinal tocou, anunciando o fim da aula naquela manhã, o menino foi até a sala do quinto ano e sentou-se na primeira carteira, em frente à mesa da professora. Ana Lúcia passou a dizer com seriedade:

— João, sei que está angustiado, porém quero que saiba que não precisa ter vergonha de me contar. Sou uma mulher adulta capaz de compreender qualquer coisa.

Depois de deixar que as lágrimas rolassem pelo rosto, João Pedro começou a falar tudo o que havia acontecido na noite anterior, sem esconder detalhe algum. A professora, sem compreender, perguntou:

— Mas por que ele chama você de maricas?

O menino empalideceu e começou a contar tudo que havia acontecido naquela noite fatídica, desde a doença do avô, a saída da mãe ao hospital com a irmã dela e, finalmente, sobre as carícias que seu pai havia feito. Depois de revelar seu grande segredo, o menino disse chorando:

— Professora Ana Lúcia, eu não sou maricas! Ele abusou de uma criança. Eu não sabia o que estava acontecendo. Para falar a verdade, eu sinto asco por ele, pois para mim ele não passa de um verme.

A professora, compreendendo a dor do menino, perguntou:

— Você contou isso para alguém?

João Pedro meneou a cabeça em negativa:

— Como posso dizer algo desse tipo se tenho vergonha? Se eu contar a alguém, vão pensar que sou maricas. E eu juro que não sou.

— Sinceramente, não sei o que dizer em uma situação como esta. Mas penso que se você contar à sua mãe, ela sofrerá muito. Se quiser, poderei lhe arranjar um bom psicólogo – disse a professora com lágrimas nos olhos.

— Desculpe, professora, mas não preciso de psicólogo, logo crescerei e esquecerei de tudo isso.

A professora discordou do que o menino disse:

— Há certas feridas que o tempo não cura. E posso lhe garantir que esta é uma delas. Talvez a sua dor seja amenizada ao conversar com um psicólogo.

— Não quero conversar com ninguém. Agora que aquele infeliz foi embora de casa, será mais fácil esquecer.

Ana Lúcia sabia que nada podia fazer contra a vontade do menino, e por isso acrescentou:

— Poupe sua mãe dessa sordidez. Seja sempre um bom filho para ela, e isso a deixará feliz.

João Pedro, olhando nos olhos da professora, pediu:

— Por favor, não conte a ninguém o meu segredo.

— Juro que ninguém ficará sabendo, exceto Luís, um psicólogo amigo da minha família que talvez me oriente a como ajudá-lo – Ana Lúcia disse sorrindo.

— Por favor, não conte a ninguém, pois ele também pensará que sou maricas.

Olhando com firmeza para o menino, Ana Lúcia disse:

— Você está se colocando no lugar de culpado pelo que aconteceu. Saiba que você é a vítima nessa história toda. Ninguém vai pensar nada a seu respeito, mas sim de seu pai, que não foi homem nem mesmo para respeitar seu próprio filho.

João Pedro chorou copiosamente enquanto a professora alisava seus cabelos. Assim que se acalmou, o menino disse:

— Minha mãe vai me colocar contra a parede. O que direi a ela?

Ana Lúcia pensou por alguns instantes até dizer:

— Não diga nada a ela. Essa pobre mulher já sofre em muito... – A professora pensou por mais alguns instantes antes de dizer – Diga a ela que seu pai chama você de maricas porque é muito apegado a ela e ele sente ciúmes.

João Pedro gostou da ideia e agradeceu sorrindo. Ele já ia pedir licença para se retirar quando Ana Lúcia disse:

— João, eu prometi que não contar seu segredo a ninguém. Mas isso não quer dizer que eu não vá conversar com um profissional sobre o assunto, para que eu possa lhe ajudar.

João Pedro estremeceu, afinal, ele não queria que alguém soubesse. Ana Lúcia tranquilizou-o dizendo:

— Fique tranquilo, Luís Guimarães é meu amigo. Cada profissional tem sua ética de não revelar segredos de foro íntimo, até mesmo porque não direi seu nome, inventarei um nome qualquer, e nem ele ficará sabendo de quem se trata.

— Se for assim, pode contar a esse psicólogo o que aconteceu. Ah, diga que o nome do menino é Daniel – disse sentindo-se aliviado.

— Está bem! O seu pseudônimo será Daniel – sorrindo, concordou a professora.

João Pedro levantou e abraçou-a em agradecimento. O menino chegou em casa enquanto Marina estava na cozinha terminando o almoço. Em tom sério, ela disse:

— Estava esperando você, pois estou vivendo uma tormenta desde ontem. E agora quero saber da verdade.

— Que verdade? – dissimulou o menino.

— Por que seu pai insiste em chamar você de maricas?

João Pedro, sentindo-se seguro, disse:

— Mamãe, aquele homem tem raiva de mim por dois motivos. O primeiro é porque eu sou muito apegado à senhora. E o segundo é porque fui eu quem lhe contou sobre a existência dessa tal Joselina, lembra-se? Para ele, ser homem significa trair a esposa e ter muitas mulheres. A senhora se lembra de quando ele disse que com onze anos já espichava os olhos nas meninas? Eu não sou assim. Mas garanto que quando eu me apaixonar será para me casar e que eu jamais farei o que ele faz.

Ao ouvir as palavras do menino, Marina sentiu-se tranquila, afinal, fora João Pedro quem lhe contara sobre o fato de o marido estar mantendo um relacionamento com Joselina. Marina sorriu e confessou:

— Meu filho, cheguei a pensar que seu pai tivesse lhe faltado com respeito.

João Pedro estremeceu quando a mãe disse o que pensava, e decidiu mudar de assunto:

— O que a senhora fez para o almoço?

— Hoje o almoço é simples. Fiz frango ao molho com salada de alface e tomate.

João Pedro não apreciava frango ao molho, preferia frango frito. Mas, para não contrariar a mãe, preferiu se calar. O menino foi ao seu quarto para tirar o uniforme, e ao voltar para a cozinha disse:

— Mãe, hoje vou sair para engraxar, pois aproveitei o intervalo para fazer a tarefa.

A mulher sorriu satisfeita e perguntou:

— Meu filho, você ainda quer o violão?

— O violão é a única coisa que quero nessa vida – o menino suspirou, pensando no instrumento que vira na vitrine.

— O que acha de irmos comprar o violão hoje? – disse para alegrar o filho.

O menino assustou-se, pois não tinha dinheiro o suficiente para comprar o instrumento, então, perguntou:

— Mas como vou comprar o violão sem dinheiro?

— Conversei com Elisa pela manhã e ela disse que tem conta na loja e que se eu quiser poderei comprar o violão e pagar a prestação – respondeu Marina.

João Pedro mal podia acreditar no que estava ouvindo, e com alegria disse:

— Mãe, não se preocupe com as prestações do violão. Eu vou engraxar e guardar o dinheiro para pagar.

Marina alegrou-se por ver o filho feliz, afinal, isso era algo raro, pois a mulher não se lembrava da última vez que vira o filho tão alegre. João Pedro estava tão feliz que nem notou que o frango não era frito e limpou a cozinha rapidamente para sair com a mãe e com Elisa para comprar o instrumento com o qual ele sonhara por tanto tempo. Assim que terminou de limpar a cozinha, disse à mãe:

— Vamos! Não vejo a hora de trazer o violão comigo – o menino pela primeira vez começou a sonhar – Mamãe, vou ser um excelente violonista a senhora vai ter muito orgulho de mim.

— Não se preocupe com isso, meu filho, pois eu já tenho muito orgulho de você – respondeu ela sorrindo.

Faltavam cinco minutos para as três da tarde, quando os três pegaram o circular e foram à loja para comprar o violão. Assim que chegaram à loja, João não cabia em si de tanta felicidade, e foi com alegria que disse:

— Mamãe, veja o violão de que lhe falei. Ele não é lindo?

Elisa, que nunca vira o menino entusiasmar-se com alguma coisa, perguntou:

— E quem vai lhe ensinar a tocar o violão?

— Ainda não sei, mas arranjarei um professor.

Elisa deixou que João escolhesse o violão, e parcelou em várias vezes. Marina achou-o caro, mas como o filho prometera que ajudaria a pagar as prestações, ficou mais tranquila.

O dono da loja perguntou:

— Você sabe tocar violão, rapaz?

— Ainda não – respondeu o menino.

O homem, um senhor com mais de cinquenta anos, disse:

— Meu filho dá aulas de violão, se quiser, poderá ter aulas com ele.

Marina, preocupada com dinheiro, perguntou:

— E quanto seu filho cobra?

Não querendo assustá-la, ele mentiu:

— O preço das aulas eu não sei, mas sei que não é muito caro.

João, percebendo que não as aulas não seriam baratas, disse:

— Primeiro vamos pagar o violão, e depois procurarei alguém para me ensinar.

Marina sentiu-se aliviada ao ver que o filho tinha não só responsabilidade, mas também bom senso. Elisa ficou feliz ao ver que o menino queria voltar logo para casa para ficar olhando seu violão.

Assim que chegou João trancou-se em seu quarto e ficou passando os dedos nas cordas. O violão, porém, estava desafinado, e o som era destoado e monótono. Marina sentou-se à máquina despreocupada, e o menino ficou no quarto passando os dedos nas cordas, mas logo parou. João Pedro aproximou-se da mãe dizendo:

— Mamãe, obrigado por ter me ajudado, mas agora vou trabalhar para pagar meu violão.

— Meu filho, deixe para trabalhar amanhã. Agora já é muito tarde.

— Não, mamãe. Quero ver se engraxo, pelo menos, cinco pares de sapatos por dia.

— Filho, não venha muito tarde, pois ao cair a noite quero você em casa – Marina sorriu.

— Nos sábados e domingos trabalharei o dia todo, a senhora se importa?

— Não, meu filho, desde que venha almoçar em casa.

O menino, sorrindo, pegou a caixa de engraxa, colocou-a no ombro e saiu. Marina, sorrindo, disse:

— Esse meu filho é uma benção...

CAPÍTULO

49

Regina e Carlão

Joselina, com o pedido de seu advogado nomeado pelo Estado, conseguiu sair da prisão depois de três dias. Ela estava sentindo verdadeiro ódio por Caetano: "Caetano não perde por esperar, minha vingança será doce... Será plena...". E, com esse pensamento, a moça voltou para casa, porém, todos no bairro sabiam o que ela havia feito, de modo que a maioria das pessoas passou a evitá-la. Joselina começou a sentir ódio por todos, especialmente por Caetano que havia provocado toda aquela situação.

Os moleques da rua vez por outra jogavam pedras em sua casa e gritavam:

— Assassina!

Joselina ouvia e saía para ofender os meninos.

O processo estava correndo, mas o advogado havia lhe dito que se ela se comportasse não voltaria à prisão. As mulheres casadas, sempre que a encontravam na rua, olhavam-na de soslaio. Isso provocava ainda mais a raiva da mulher, que se sentia constrangida, não somente com os olhares, mas, principalmente, com os comentários maldosos que ela ficava sabendo vez por outra.

Um mês havia se passado do ocorrido, e as pessoas ainda insistiam em condená-la com olhares e comentários. Cansada, Joselina resolveu procurar uma casa para alugar em outro bairro, pois pensava que somente assim teria um pouco de paz. Ela procurou por dias a fio, até finalmente encontrar uma casa próxima à de Regina.

Regina ficou sabendo sobre o ocorrido, mas não queria mais saber de amizade com Joselina, pois ela a ofendera chamando-a de burra diversas vezes.

A casa para a qual Joselina se mudou era simples, tinha apenas quarto, sala, cozinha e um pequeno quintal. O estilo era bem diferente da outra casa em que ela morava. Todos os sábados, Joselina se esmerava em arrumar-se, afinal, já fazia um bom tempo que estava sozinha. Ela ia aos bares, bailes, mas ninguém se aproximava dela, pois houve um imenso escândalo quando ela feriu Caetano, o que levou os homens a terem medo dela, quando antes sentiam apenas desejo.

Joselina sentia-se cada vez mais só, por isso decidiu que iria procurar emprego, uma vez que precisava manter-se e, ainda, pagar o aluguel. Um dia, lembrou-se de uma cena ocorrida há algum tempo: estando Joselina sentada no banco da praça, viu o carro de Caetano passar. Ela logo notou que ele estava com a esposa e com o filho sentado atrás. O casal estava gargalhando, e aquela cena feriu profundamente seu orgulho. "Fui marginalizada por causa de Caetano. Ele, por sua vez, vive feliz com aquela sonsa da esposa." O ódio por Caetano aumentou ainda mais:

— Deixe estar... Ri melhor quem ri por último.

Ela se levantou e voltou para casa com ódio. Pegando outro caminho, porém, coincidentemente passou em frente à casa de Regina. Ao ver a casa daquela que um dia chamara de burra, disse:

— Vivo só... Talvez seja melhor passar na casa de Regina para me distrair um pouco ouvindo suas lorotas – Joselina chegou em frente ao portão e bateu palmas, mas quem atendeu foi Carlão, que secamente disse:

— O que deseja?

Simpatia nunca fizera parte do perfil de Joselina, mas com um largo sorriso ela perguntou:

— A Regina está em casa?

Carlão sabia de toda a história, afinal, fora ele quem socorrera Caetano, e em poucas palavras respondeu:

— Sim, o que deseja?

— Gostaria de conversar um pouco com ela, faz tanto tempo que não a vejo...

— Entre! – respondeu o homem com rispidez.

Joselina abriu o portão e entrou, encontrando Regina sentada no sofá fazendo crochê. Ao ver Joselina, lembrou-se de quando ela a chamou de burra, mas nada disse, evitando uma discussão. Joselina sorrindo disse:

— Regina, há quanto tempo... Como você sumiu, resolvi passar para saber como está.

— Regina, vou descansar – disse Carlão observando a falsidade de Joselina. Por favor, perto das dezesseis horas, me chame, vou ao campinho ver os perna-de-pau jogarem bola.

— Não se preocupe – disse a mulher, abrindo um largo sorriso para Carlão.

— E, então, amiga, como estão as coisas? – perguntou a outra ao se ver a sós com Regina.

— Não poderiam estar melhores – respondeu Regina friamente.

— Estava passeando e resolvi visitá-la. Quais são as novidades?

— Nenhuma! Apenas que estou morando com Carlão há pouco mais de um mês, pois ele decidiu se separar da esposa e assumir o nosso relacionamento – alfinetou. – Ele é um ótimo marido e não me deixa faltar nada. Demorou, mas eu me encontrei na vida.

— Que bom! Você merece – comentou Joselina fingindo uma alegria que estava longe de sentir.

Regina continuou a fazer seu crochê sem olhar para Joselina e disse:

— Você disse que eu era burra por ter me apaixonado, mas será que sou tão burra assim? Tenho não só um marido, mas principalmente um companheiro.

— E a esposa dele, deu paz?

— Ela não gostou da decisão dele, mas não tinha muito o que fazer, afinal, ninguém é obrigado a viver com ninguém – aos quarenta anos, Regina continuava sendo uma mulher bonita – O Carlão faz questão que eu me arrume, pois ele diz que mulher tem que se arrumar.

Naquele momento, Joselina correu os olhos em Regina. Logo percebeu que ela estava bem vestida com os cabelos bem arrumados. Mudando de assunto, perguntou:

— Lembra-se da mãe de santo que você comentou na última vez em que nos vimos?

— Sim, o que tem ela?

— Gostaria de fazer uma consulta, as coisas para mim estão tão difíceis que só uma macumbeira para dar um jeito.

Irritada com as palavras de Joselina, Regina disse:

— Ela saiu da cidade há mais de quinze dias.

— Ela se mudou ou você que não está querendo me passar o endereço? – perguntou frustrada.

Regina levantou os olhos do crochê e respondeu:

— Dona Ivone mudou-se para a casa da filha, que mora em Campinas. Ela disse que já estava cansada de viver sozinha.

Desencantada, Joselina lamentou-se:

— Que pena... Bem, como você está ocupada, voltarei para casa, pois quero descansar – levantou-se desencantada.

— Até logo. Não vou levá-la ao portão, porque você conhece o caminho – disse com frieza.

Joselina despediu-se de Regina, que continuou fazendo seu crochê sem nem mesmo olhar para a outra. Ela estava chegando ao portão quando ouviu a voz de Carlão:

— Regina! Não quero você de amizade com essa mulher. Primeiro por ela ser mulher de todo mundo, e segundo por ser uma assassina.

— Mas ela não é assassina, afinal o homem não morreu... – argumentou Regina.

— Para ser um assassino basta ter coragem e disposição, ainda que a vítima não morra. Aquele homem não morreu por sorte, mas garanto que ela lamenta o fato de não ter acertado a faca em seu coração para mandá-lo para o inferno.

— Você tem razão, meu amor. Quando uma pessoa tem coragem de furar outra pessoa com uma faca, ela é uma assassina em potencial. Fique tranquilo, pois quem não quer a amizade dela sou eu. Quando eu a procurei pela última vez, ela me tratou tão mal que até a me chamou de burra pelo fato de amar você.

— Se eu soubesse que essa mulher destratou você, eu mesmo teria colocado-a para fora de nossa casa! – disse Carlão, indignado com a revelação que a esposa acabara de lhe fazer.

Regina, sem se importar com o fato, tentou acalmar o marido:

— Agora que o mundo lhe virou as costas, ela veio me procurar porque está completamente sozinha.

— Mas o que ela queria?

— Ela queria o endereço de dona Ivone, aquela mulher que lê cartas, mas eu disse que a mulher havia ido embora da cidade.

Carlão sem saber de quem se tratava, perguntou:

— E essa dona Ivone foi realmente embora?

— Não! Eu apenas não quero que ninguém me veja com ela.

— Isso foi uma desculpa. Ela queria apenas um pretexto para poder voltar a ter amizade com você. Muitos homens na oficina sempre suspiraram por ela, mas ela sempre escolheu os homens que queria, porque gosta mesmo é de dinheiro.

Sorrindo, Regina mudou de assunto:

— Não vamos mais falar em Joselina, demorou até eu perceber que ela não era boa coisa, mas agora ela vai esquecer que eu existo.

Carlão beijou Regina e disse:

— Ter ficado ao seu lado foi a melhor coisa que eu fiz nesta vida.

Regina riu embevecida e beijou ternamente os lábios do marido.

CAPÍTULO
50

O galante Ricardo

Joselina, que ouvira parte da conversa entre Carlão e Regina, pensou com ódio: "Até a sonsa da Regina me virou as costas no momento em que mais precisei. Mas o mundo dá muitas voltas, e as mesmas pessoas que hoje estão tripudiando sobre minha desgraça beijarão minhas mãos amanhã".

A mulher estava em franco desespero, pois precisava pagar o aluguel sem ter como fazê-lo, não queria trabalhar e no momento estava sem um namorado que pudesse ajudá-la. A moça chegou à sua casa e, ao olhar para onde estava morando, sentiu uma angústia muito grande, afinal, era pequena e sem conforto. Joselina disse olhando para as paredes:

— Tudo passa... Todo mundo passa por dificuldade, e agora chegou minha vez. Preciso me conformar – Naquele instante, Joselina estremeceu, afinal, como faria para ganhar dinheiro? E, com esses pensamentos, ela pensou em arranjar algum trabalho mas logo tirou isso da cabeça, pois ela jamais arranjaria algo que lhe pagasse o suficiente para que ela voltasse a viver bem, mudando rapidamente seus pensamentos.

Então, ela resolveu tomar um banho, afinal estava suarenta e nervosa, e sabia que somente um banho podia lhe acalmar. Naquela mesma noite, Joselina decidiu sair para se distrair, indo a um bar que ficava a alguns metros de sua casa. Ao chegar, conheceu um homem de pouco mais de trinta anos que a convidou para dançar. Ricardo era um rapaz sem muito atrativos físicos, mas era falante e persuasivo.

Joselina dançou algumas músicas com Ricardo, e logo disse:

— Desculpe, Ricardo, você é uma companhia agradável, mas no momento estou com tantos problemas que não encontro ânimo nem mesmo para me divertir.

— Posso acompanhá-la até sua casa? – perguntou ele sorrindo.

Joselina não se incomodou em voltar para casa na companhia de Ricardo. Durante o trajeto, ela apenas ouvia tudo o que o rapaz falava e vez ou outra fazia alguns comentários. Logo os dois chegaram à casa dela:

— Não vai me convidar para tomar um cafezinho? – o rapaz perguntou sorridente.

— Você pode entrar, mas não para tomar um cafezinho – disse com franqueza. – Em minha casa está faltando quase tudo, pois estou passando por graves problemas financeiros.

— Então eu sou a solução – ele abriu um largo sorriso. – Eu não tenho um trabalho formal, trabalho antes para mim mesmo. E olha que ganho muito dinheiro.

— O que faz? – perguntou interessada.

— Eu vendo alguns produtos novos no mercado.

— Qual tipo de produto?

— Ainda é cedo para que eu diga para você o que faço – disse Ricardo, olhando com um largo sorriso para Joselina. – Você é uma bela mulher...

Joselina logo compreendeu o que Ricardo estava querendo dizer. Porém, ela sabia que se uma mulher fosse muito fácil, homem algum daria o devido valor que ela julgava ter.

— Obrigada pelo elogio, mas infelizmente vou ficar lhe devendo o café. Quem sabe na próxima vez em que vier...

Ricardo tirou um rolo de dinheiro do bolso e deu a Joselina algumas cédulas de alto valor:

— Compre o que precisa, pois não gosto de ver uma mulher passando por dificuldades.

— Por que está me emprestando essa quantia? Não tenho como pagar – perguntou ela sem rodeios, olhando desconfiada para o dinheiro.

— Não se preocupe, pois logo você estará trabalhando para mim e pagará o empréstimo – respondeu sem esconder seus reais motivos. – Com juros e correção monetária – brincou ele.

Joselina hesitou antes de aceitar, mas ela não era mulher de recusar dinheiro. Prometeu pagar na primeira oportunidade.

— Além dos mantimentos que estão faltando em sua casa, o que mais você precisa pagar?

— O aluguel, pois se eu não pagá-lo logo estarei morando embaixo de uma ponte qualquer.

— Você não é mulher para morar em uma pocilga como esta – respondeu com seu jeito galante. – Amanhã mesmo virei até aqui e sairemos juntos para procurar uma casa melhor – Ricardo novamente tirou as cédulas do bolso, separando algumas – Isso dá para pagar o aluguel?

— Não só dá como sobra – respondeu a moça sorrindo.

— Ótimo! O que acha de procurarmos uma casa para você amanhã logo cedo?

Como humildade nunca fizera parte do perfil de Joselina, ela respondeu:

— Talvez não seja uma boa ideia. Cada um precisa viver dentro de suas possibilidades.

— Você é como pássaro e, como tal, sonha em voar alto – gargalhou.

Joselina gostou do que ouviu e, guardando o dinheiro no bolso, perguntou:

— Por que eu não posso trabalhar com você?

— Tenha paciência, logo você trabalhará para mim. E pode acreditar: um dia você nem se lembrará das dificuldades que está passando agora – Joselina sorriu quando Ricardo disse isso. – Está na hora de eu ir embora, afinal, não é de bom tom que um rapaz fique na casa de uma mulher solteira até altas horas da noite.

Joselina gostou muito de Ricardo. Despediu-se acompanhando-o até o portão. Ela ficou observando o rapaz andar lentamente e pensou com um sorriso nos lábios: "Parece que minha sorte está mudando. Não posso deixar esse homem escapar". Ela entrou em sua casa e se pôs a contar o dinheiro que Ricardo havia lhe dado:

— Com o dinheiro que ele me arrumou dá para eu pagar minhas contas e ainda comprar algumas roupas novas.

Joselina não mais se lembrava do que havia acontecido e, pela primeira vez desde que mudara de casa, deitou e dormiu tranquilamente.

CAPÍTULO

51

O arrependimento de Caetano

Caetano recebeu alta hospitalar e saiu com Claudete, que dirigia seu carro. Ele estava envergonhado e perguntou constrangido:

— Com quem você deixou Paulinho?

— Não se preocupe, o nosso filho ficou com a minha mãe. Você sabe o quanto ele gosta da avó.

Caetano sorriu e, não aguentando, perguntou:

— Por que voltou à cidade?

— Voltei quando fiquei sabendo que você estava ferido. Além disso, por mais que estivéssemos brigados, não poderia deixá-lo sozinho naquele momento.

— Claudete, quero que saiba que você é a única mulher que amo, só espero que acredite nisso – disse com os olhos úmidos, olhando com carinho para a esposa, que dirigia.

Claudete estava impassível. Ao dobrar a esquina, Caetano logo percebeu que já estava na rua de sua casa. A mulher abriu portão e colocou o carro na garagem. Caetano estava sentindo dores leves e disse:

— Estou com dores.

— Não se preocupe, vou comprar os remédios que o doutor Abílio prescreveu.

Caetano entrou em casa e encontrou Fátima lendo uma revista. Claudete mal chegou e, olhando para a irmã, disse:

— Vou à farmácia comprar os remédios que o médico prescreveu. Cuide de Caetano e não deixe que ele fique andando, pois ainda está com os pontos.

Fátima, que gostava muito de Caetano, respondeu:

— Fique tranquila. Como Paulinho não se encontra em casa, cuidarei do pai.

Claudete pegou as duas receitas e a carteira que estavam em sua bolsa e saiu sem nada dizer. Caetano ficou observando a mulher sair, e com os olhos úmidos disse:

— Por uma aventura, joguei minha família no lixo.

— Não pense assim – respondeu Fátima sorrindo. – Claudete ama você, e isso é o que importa. Mas, agora me diga: o que o levou a trair minha irmã?

Caetano pensou por alguns instantes e enfim respondeu:

— Sempre fui um homem fiel, mas aquela mulher começou a me perseguir no banco. Ela sabia todos os meus horários: quando eu chegava e saía do banco, minha hora de almoço. Enfim, ela se tornou uma praga em minha vida. Quando percebi que ela estava se oferecendo, tentei ao máximo fugir, até o dia em que ela me pediu carona, dizendo que havia perdido o ônibus. Eu, muito idiota, não desconfiei que tudo fazia parte de um plano. Acabei caindo na conversa dela e fiz a besteira de começar um romance com aquele ser desprezível. Quando coloquei fim ao romance, ela não aceitou e teve a audácia de se aproximar de Claudete, mentindo que era empregada doméstica.

Com seu jeito calmo, Caetano contou tudo, inclusive a última briga que tivera, na qual Joselina pegou uma faca de cozinha e o golpeou. Fátima, depois de ouvir o relato de Caetano, disse:

— Sinto muito lhe dizer isso, meu cunhado, mas você foi ingênuo. Mulheres assim gostam de dinheiro.

Caetano omitiu apenas o fato de que fora Altino quem o alertara sobre o caráter de Joselina. Fátima logo perguntou:

— E agora, o que pretende fazer?

— Farei tudo o que estiver ao meu alcance para reconquistar Claudete. Depois pedirei transferência para outra cidade, quero esquecer tudo o que vivi aqui.

Fátima era uma mulher direta, e por isso perguntou:

— Os seus problemas financeiros têm alguma relação com essa mulher?

Caetano, levando a mão à cabeça como se afastasse maus pensamentos, respondeu:

— Bem, eu não vou mentir que a ajudava. Mas ela não foi a culpada pela situação na qual me encontro. Tudo começou quando resolvi comprar um terreno no centro da cidade. Para isso fiz empréstimos que são descontados todos os meses de meu salário. Claudete, percebendo que o nosso padrão de vida estava abaixo do qual ela estava acostumada, pediu empréstimo à sua mãe. Eu peguei esse dinheiro para saudar minha dívida no banco. Embora a dívida no banco esteja sanada, preciso vender o terreno para pagar o que devo à sua família, pois Claudete sempre me cobra uma posição.

Fátima continuou a ouvir e, como a franqueza fazia parte de sua personalidade, disse:

— Concordo que sua dificuldade financeira surgiu por causa da compra do terreno, mas penso que esse romance com a tal mulher contribuiu para piorar ainda mais as suas dificuldades financeiras.

Caetano olhando para um ponto na cortina respondeu com sinceridade:

— Sem dúvida alguma! Aquela mulher sempre estava querendo alguma coisa. Além do mais, ela me pediu para arcar com as despesas do aluguel de sua casa, e eu, muito idiota, o fiz.

Fátima, com pena do cunhado, disse:

— Mas você nunca percebeu que ela era uma interesseira?

— Não! Eu acreditei em seu amor, pois ela vivia dizendo que se um dia me perdesse ela colocaria uma corda no pescoço e se mataria. Sinceramente, fui diversas vezes à sua casa com o intuito de terminar o romance, mas ela nunca permitiu que eu tocasse no assunto. Fui idiota e fraco, mas agora estou arcando com as consequências de meus atos.

Fátima, penalizada, disse:

— Fique calmo. Claudete não vai se separar, porém muitas coisas mudarão entre vocês. Tenha paciência, e nunca se esqueça de que o tempo é o melhor remédio.

Naquele momento, Caetano não conteve as lágrimas:

— Não quero que as coisas mudem entre Claudete e eu. Afinal, ela não somente é a mãe do meu filho, como também é a mulher que amo.

Fátima pensou por alguns instantes e disse:

— Tenha paciência. Não será fácil para vocês, mas compreenda que minha irmã está ferida, pois ela foi bastante machucada. Agora, você precisa ter paciência até essa ferida que está sangrando se fechar e deixar apenas a cicatriz.

Caetano, chorando respondeu:

— Não sou ninguém sem minha família. Preciso de Claudete, assim como preciso de meu filho. Farei tudo que estiver a meu alcance para amenizar a dor que causei.

— Caetano, fui eu que apresentei a minha irmã para você, quando estávamos na faculdade. Portanto, farei tudo o que estiver ao meu alcance para que vocês voltem a viver bem.

Naquele momento, Claudete entrou de cenho fechado e foi logo dizendo:

— Aqui estão os remédios que o doutor Abílio prescreveu.

— Que bom! A dor está ficando insuportável.

Claudete disse irritada:

— Agora só falta você querer aquela mulherzinha para ser sua enfermeira.

Caetano, que estava sentindo dores, irritou-se com a observação da esposa e disse:

— Claudete, reconheço que esteja magoada e não tiro sua razão, mas peço para que não toque mais nesse assunto, pois, além da dor que trago em meu corpo, há a dor que trago no peito, para a qual não há remédio. E espero poder recomeçar uma vida tranquila a seu lado.

Claudete fingiu não ouvir as palavras do marido e rodopiou rapidamente sobre os calcanhares, indo em direção à cozinha. Trouxe um copo d'água para que o marido pudesse tomar o remédio.

Fátima, que assistira à cena calada, foi ao quarto de hóspedes para não ouvir uma discussão entre marido e mulher.

Caetano, que estava deitado no sofá, tentou se mexer, porém, a incisão em seu abdome o impossibilitava se de mexer livremente.

Claudete disse com firmeza:

— Assim que você melhorar, tome um banho. Lembre-se de que o doutor Abílio disse que o corte deve ser lavado com água e sabão.

— Mas eu não estou me sentindo bem para tomar banho sozinho.

Claudete gargalhadou:

— Vamos precisar de uma enfermeira, então, pois eu não posso ficar ao seu lado a cada vez que for tomar banho.

Caetano sentiu-se magoado, mas preferiu não responder para não iniciar uma discussão. Claudete ajudou o marido a ir ao banheiro e a tirar a roupa, depois retirou os curativos, mandando-o lavar bem os ferimentos. Caetano fez tudo o que a esposa dissera, mas ela não ficou ao seu lado, de modo que, enquanto se banhava, dizia:

— Sempre tive uma boa esposa, mas troquei minha paz familiar por uma pistoleira... Não posso reclamar, afinal quem planta, colhe.

Caetano tomou um banho demorado, e só chamou por Claudete para ajudá-lo a colocar o pijama. Ele não quis ficar no sofá, preferindo deitar-se em sua cama. Claudete ficou observando Caetano se deitar com dificuldade e disse com frieza:

— Vou preparar uma canja.

Ele nada respondeu. Quando ficou sozinho em seu quarto, começou a se lembrar dos bons momentos que tivera em seu casamento e, por um momento, o homem começou a chorar.

CAPÍTULO 52

O psicólogo

Ana Lúcia, preocupada com a situação de João Pedro, ao sair do colégio decidiu procurar por Luís Guimarães, seu amigo psicólogo. Luís, um rapaz com pouco mais de trinta anos, de estatura alta, olhos verdes e cabelos louros, era apaixonado por Ana Lúcia. A moça, porém, era muito ligada aos pais e não se preocupava com namoro, muito menos com casamento.

Ao entrar no consultório do amigo, Ana Lúcia viu logo sua secretária agendando algumas consultas para o dia seguinte. Ela perguntou por Luís, e ficou sabendo que ele estava no fim de sua última consulta antes do almoço. Ela resolveu esperar, afinal, estava demasiadamente preocupada com a situação do menino, que além de educado, era considerado um excelente aluno. Ela esperou por mais de dez minutos, quando Luís saiu acompanhando uma senhora junto com a filha. Ele foi logo dizendo:

— A próxima consulta ficará para segunda-feira, às quatorze horas. Peça para Jane agendar para a senhora.

Mãe e filha se despediram do jovem e foram conversar com a recepcionista. Ao ver Ana Lúcia, Luís abriu um largo sorriso de satisfação e disse em tom de brincadeira:

— Não me lembro de ter marcado horário para você.

Ana Lúcia sorriu e, ao se aproximar, beijou-o ternamente no rosto. Luís a encaminhou à sua sala, e logo perguntou:

— Em que posso ajudá-la?

— Luís, preciso de sua ajuda, pois no momento não sei o que fazer.

Ele estava sentado em sua poltrona, e remexeu-se quando disse:

— O que está acontecendo?

Ana Lúcia tranquilamente relatou tudo o que João lhe contara, sem esconder o mutismo do menino em relação às outras crianças. Luís ouvia atentamente, sem esboçar reação alguma, e a moça cumpriu o que prometeu, mentiu ao dizer que o nome do menino era Daniel. Depois de pensar por alguns segundos, o psicólogo disse:

— Como é o comportamento do menino na escola?

— Bem, ele é muito quieto. Não se mistura com outros garotos, sempre está as voltas com livros de poesia e, principalmente, é bom aluno.

Luís pensou por alguns instantes quando começou a falar:

— Esse é comportamento típico de uma criança que sofreu algum trauma emocional, pois crianças geralmente são sociáveis com as outras, fazem brincadeiras. Algumas são até meio salientes, mas isso só ocorre quando a criança é feliz. Infelizmente, não é o caso desse menino. Mas me diga uma coisa: a mãe do garoto sabe de alguma coisa sobre isso?

— Não! Ele tem vergonha e nunca contou a ninguém.

— O problema de quem sofre algum tipo de agressão sexual é se culpar pelo ocorrido. Ou seja, eles se colocam na posição de culpados quando, na verdade, são as vítimas. Com certeza esse menino não lhe contou tudo a seu respeito, pois geralmente crianças agredidas sexualmente se fecham como ostra em seus próprios mundos e se cercam em verdadeiras muralhas.

Ana Lúcia, então, indagou:

— Mas como posso ajudá-lo a ser mais feliz?

— O primeiro passo é você não tocar nesse assunto com ele, deixe que ele fale livremente quando sentir vontade. Também não lance olhar de piedade a ele, pois ele prestará atenção em todas as suas ações, inclusive nos olhares. Trate-o normalmente, como se fosse outra criança qualquer, pois na idade dele tudo que você fizer ou disser vai fazê-lo pensar que você está lembrando de tudo o que ele lhe contou. Se você agir dessa maneira, ele passará a confiar em você e, quando menos esperar, ele vai lhe falar mais coisas a seu respeito.

— Mas ele confia em mim, caso contrário, não teria me contado tal coisa.

— É aí que você se engana. Quando uma criança sofre abuso sexual, ela inconscientemente passa a ver os adultos como inimigos. Por isso eu peço para que tenha paciência, pois isso leva tempo. Não traia sua confiança nem comente com ninguém o que ele lhe confessou, pois se souber que você contou a alguém, ele vai se afastar definitivamente de você, e isso é irreversível – Luís continuou. – Geralmente a criança que sofreu algum tipo de abuso sexual tem uma mudança de comportamento, passando, inclusive, a se isolar de outras pessoas. Você contou-me sobre esse menino, mas quem fez essa maldade com ele?

— O próprio pai fez isso quando o menino tinha apenas seis anos. Parece que agora o pai saiu de casa, mas antes agrediu violentamente a mãe e a ele – respondeu ela com indignação.

O psicólogo prosseguiu:

— Geralmente quem abusa de uma criança é uma pessoa em quem ela confia: um pai, um professor, um padre, um tio, enfim, alguém que faz parte do convívio dessa criança.

Ana Lúcia disse com raiva:

— Esse homem merecia ir para a cadeia! Onde já se viu fazer isso com o próprio filho?

— Muitas pessoas pensam que a agressão sexual é quando acontece o colóquio carnal. Mas nem sempre é assim, uma carícia íntima pode ser um abuso, pois é algo que traz traumas emocionais irreparáveis.

— Pensei em contar isso à mãe de Daniel, mas você acha que não devo contar a ninguém, pois isso atrapalharia a confiança que está se estabelecendo entre nós – preocupada, Ana Lúcia perguntou. – Pelo fato de Daniel ter sido abusado sexualmente quando criança, significa que ele virá a ser homossexual no futuro?

— Nem sempre, pois a criança pode crescer e se transformar em um adulto seguro de sua sexualidade. Porém, quando ele for pai, provavelmente não confiará seu filho a ninguém, pois a desconfiança ressurge com força total.

— Gosto muito desse menino. Não pelo fato de ele ser um bom aluno, mas antes, por ele ser gentil e educado – confessou Ana Lúcia.

— Compreendo. A única recomendação que lhe dou é: seja amiga dele e conquiste sua confiança, só assim você poderá ajudá-lo. Não traga esse menino para conversar comigo, deixe ele pensar que o segredo está apenas entre vocês dois.

— Pensei em travar amizade com a mãe de Daniel, para saber como ele é em casa.

— Não faça isso! Pois o menino sempre achará que você vai trair sua confiança.

Ana Lúcia suspirou fundo:

— Sinto-me com as mãos atadas, pois nada posso fazer, não posso conversar com a mãe e, além disso, preciso esperar o tempo dele para que confie em mim.

— Esses são os primeiros passos para ajudá-lo. Sempre que conversar com ele, avise-me, pois vou instruir como você deve agir.

— Obrigada, e me desculpe por tomar seu tempo – a moça agradeceu e levantou-se.

— O que acha de almoçarmos juntos? – convidou Luís, aproveitando a oportunidade.

Ana Lúcia gostou do convite, aceitando-o logo em seguida.

CAPÍTULO

53

A decisão de Marina

João Pedro estava tranquilo, pois havia se aberto pela primeira vez e deixou seu coração falar sobre a sujeira que seu pai lhe fizera anos atrás. "Poderia ter contado para minha mãe, mas ela ficaria brava e aquele safado daria outra surra nela, fiz isso para protegê-la".

Embora estivesse muito calor e sua mala estivesse pesada, o menino não sentiu o peso da mala nem o trajeto que fazia todos os dias. João, por um momento, sentiu medo de sua professora contar a alguém seu segredo, mas algo em seu íntimo ele sabia que Ana Lúcia não faria aquilo. Ele logo entrou em casa e encontrou a mãe trabalhando. Com um largo sorriso, perguntou:

— Mamãe, o almoço está pronto? Hoje estou com uma fome...

Marina, olhando para o relógio na parede, disse:

— Onde você estava? Já era para ter chegado há mais de meia hora.

O menino pensou por alguns instantes e mentiu:

— Estava tirando algumas dúvidas com o Gerson, já que amanhã tenho prova de matemática.

— Que bom, meu filho! Você é um homenzinho de palavra, desde aquela nota vermelha em matemática você tem se esforçado para que isso não volte a acontecer – disse aliviada.

— Mamãe, nunca tirei notas vermelhas. Aquela foi a primeira e a última vez.

Marina disse, voltando a responder à primeira pergunta do menino:

— Meu filho, a mesa está posta. Eu só estava esperando você chegar para que pudéssemos almoçar.

João Pedro correu até seu quarto, trocou-se e, ao ver o violão no canto junto ao guarda-roupa, passou a mão no instrumento e saiu feliz. Marina já estava na cozinha preparando o prato do menino quando este chegou. Querendo puxar assunto com o filho, ela disse:

— Balbino encontrou com seu pai na rua. Ele disse que nós o pusemos para fora de casa.

Sem se abalar, o menino disse:

— Aquele homem adora se fazer de vítima, mas ele não convence ninguém, afinal, todos os vizinhos sabem muito bem o que ele nos fez.

Marina estranhou a calma de João ao falar do pai e, sorrindo, perguntou:

— Meu filho, acho que você está conseguindo perdoar seu pai, pois é a primeira vez que você consegue falar dele sem descarregar sua raiva.

— Mamãe, nada mudou. É a distância daquele homem que está me fazendo muito bem. Logo ele será um estranho qualquer – disse João Pedro, encarando a mãe com seriedade.

Marina, querendo mudar de assunto, perguntou:

— O que pretende fazer hoje, meu filho?

— Mamãe, eu preciso trabalhar. Agora tenho que juntar dinheiro para pagar o violão.

— Você está feliz, não é, meu filho? – perguntou a mãe sorrindo.

— Estou muito feliz, pois eu quero um violão desde que tinha seis anos.

Marina sorriu feliz e os dois almoçaram tranquilamente. Assim que terminou de comer, o menino disse:

— Vou limpar a cozinha rapidamente, e em seguida vou sair.

Marina apressou-se em dizer:

— Não se preocupe, pois estou terminando um vestido e posso limpar a cozinha. Prefiro que saia cedo para voltar cedo para casa.

João Pedro ficou feliz em saber que não precisaria limpar a cozinha naquele dia. Então, saiu rapidamente, deixando a mãe limpando a cozinha.

A tarde transcorreu tranquilamente e João Pedro andou pelos lugares mais movimentados da cidade, e naquele dia conseguiu engraxar oito pares de sapatos. Já eram seis e meia da tarde quando o menino chegou e mostrou o dinheiro para sua mãe, que, feliz, disse:

— Meu filho, se continuar assim, em menos de duas semanas você conseguirá o dinheiro para a primeira prestação.

João estava feliz, embora estivesse cansado. Ao tirar a camisa, mostrou para a mãe a bolha que a caixa fizera em seu ombro. Marina, penalizada, cuidou da bolha e mandou o menino tomar banho. As coisas estavam tranquilas naquela casa, quando de repente Altino entrou dizendo:

— Não é justo que eu fique dormindo em um quarto sujo da empresa se tenho casa.

— Você já teve casa, mas não deu valor, agora é tarde demais. Além do mais, esta casa é minha e você não tem direito algum sobre ela.

Ao ouvir a voz de Altino, João Pedro saiu rapidamente do banheiro e gritou:

— O que você está fazendo aqui? Já não lhe mandamos o restante de suas coisas? Saiba que aqui você não é e nunca foi bem-vindo. Não precisamos de sua ajuda para nada, saia de nossa casa!

Marina, naquele momento, percebeu que seu filho já não era mais aquele garotinho medroso, pois estava se tornando um homem forte e decidido. Altino começou a gritar, mas João gritou ainda mais alto que ele:

— Não basta o mal que já nos fez? Chega! Aqui você não grita mais e muito menos fará o que sempre fez. Vá atrás de sua amante, talvez ela ainda o queira.

Irritado, Altino se aproximou do filho levantando a mão para ele, quando o menino gritou:

— Faça isso! Mas lembre-se de que será a última vez, pois sairei daqui agora mesmo e irei até a delegacia. Talvez o delegado goste de saber de algumas coisas...

Altino, sabendo do que se tratava, baixou a mão e, olhando para Marina, disse:

— A culpa é sua por esse infeliz me tratar dessa maneira.

João, intrometendo-se mais uma vez na conversa, gritou:

— Mamãe não tem culpa de nada. O único culpado aqui é você!

— Para você sou senhor, ouviu bem, seu maricas?

João Pedro desatou a rir:

— Você deveria ter vergonha de me chamar de maricas. Quer saber? Tenho nojo de olhar para você. Agora saia de nossa casa!

Altino ficou completamente sem reação quando João passou a gritar:

— Fora! Fora daqui seu canalha! Por favor, peço que tenha um pingo de dignidade e não volte mais aqui, pois nem mamãe e muito menos eu gostaríamos de vê-lo novamente.

Altino começou a gritar com Marina:

— Você vai deixar esse pirralho me expulsar da minha própria casa?

Marina, sorrindo ironicamente, disse:

— Ele já não é mais um pirralho, nosso filho se tornou um homem! Ah, e por falar nisso, depois que você saiu, ele se tornou o homem da casa.

— O que há entre vocês dois? Por acaso está dormindo com seu próprio filho? – disse Altino com sua língua ferina.

Ao ouvir essas palavras, João Pedro ficou completamente fora de si. Pegou o braço do pilão na cozinha e desferiu apenas um golpe em seu pai, que imediatamente ficou sem reação. Altino perdera completamente a força no braço direito e gritava histericamente:

— Maldito! Você quebrou meu braço!

— E você estilhaçou minha alma – disse o menino sem remorso.

Marina, percebendo que as coisas poderiam ficar ainda piores, disse a Altino:

— Vá embora! Você já criou problemas demais.

João Pedro estava transtornado com a insinuação que o pai fizera. Ao vê-lo sair, o rapaz olhou sério para a mãe e disse:

— Um dia ainda vou matar esse homem!

Marina estremeceu ao ouvir o comentário:

— Nunca diga isso, meu filho. Não se esqueça que se não fosse por ele você não estaria neste mundo.

João Pedro foi até a cozinha para tomar um copo d'água. Seu ódio voltara com força redobrada ao lembrar da acusação maldosa que Altino fizera sobre ele e sua mãe. Como o menino estava nervoso, a mãe mandou que ele fosse até a casa de Balbino para conversar com Daniel, afinal, os dois meninos se davam muito bem. Mas João Pedro não queria conversar, pois a imagem de Altino não lhe saía da cabeça.

Sentado na mureta da varanda, olhando para a luz da rua, o menino jurou que enquanto vivesse protegeria sua mãe. Ficou sentado por algumas horas na mureta, e só entrou por volta das onze da noite. Marina estava preocupada com toda aquela situação. Decidiu que no dia seguinte procuraria um advogado para cuidar de seu desquite, pois Altino não podia entrar e sair de sua casa, sempre arranjando confusão. Assim que João entrou, Marina contou-lhe sobre a decisão que tomara, deixando o rapaz aliviado, pois enfim se livraria daquele homem de uma vez por todas.

CAPÍTULO 54

Na pensão de dona Teresa

Altino, sentindo verdadeiro ódio pelo filho, decidiu ir ao pronto-socorro da cidade. Foi atendido por um médico que não conhecia, e este prontamente pediu que ele fizesse exame de raio X, pois desconfiava que o braço de Altino estivesse fraturado. Mas, assim que o exame ficou pronto, logo foi constatado que não havia fratura alguma e que as dores eram causadas pela pancada que levou.

Altino, agindo como vítima, contou ao médico que fora o filho que lhe atingira. Ao saber da história, o médico não teceu comentário algum, dizendo apenas que ele deveria usar uma pomada para aliviar a dor e prescreveu-lhe alguns antiinflamatórios.

Altino saiu do pronto-socorro com uma leve bandagem, mas o ódio pelo filho aumentou vertiginosamente. "Vou acabar com a vida daquele maricas! Eu o coloquei neste mundo e eu mesmo vou mandá-lo para o inferno!" Com esse pensamento, o homem voltou à empresa e, deitando-se num colchão no chão, não pensava em outra coisa que não fosse vingança.

Naquela noite, Altino mal dormiu por causa da dor que estava sentindo, mas o ódio era maior do que a dor. Sem conseguir conciliar o sono, viu o dia clarear e logo se levantou, começando o trabalho mais cedo. Passava das oito da manhã quando Walter se aproximou e, vendo a bandagem no braço de Altino, perguntou:

— O que houve com você?

— Caí ontem à noite, mas está tudo bem.

Walter acreditou nas palavras de Altino e logo introduziu o assunto:

— Altino, quando permiti que ficasse aqui, foi apenas por alguns dias, mas isso já faz um mês e meio. Você ainda não arranjou um lugar para ficar?

— Não se preocupe, seu Walter, pois arranjarei um lugar para ficar. Estou esperando surgir uma vaga na pensão de dona Teresa – respondeu sem jeito.

— Acho bom que faça isso. O senhor Romualdo, o dono da empresa, quer que você encontre logo um lugar para ficar.

Altino tinha dinheiro para pagar a pensão, pois estava com seu pagamento inteiro do mês anterior.

— Hoje mesmo saio daqui.

Walter concluiu a conversa sorrindo:

— Melhor assim.

— Não se preocupe, seu Walter. Não vou arranjar problema para o senhor. E, por falar nisso, assim que eu terminar de limpar os ônibus e o pátio, posso sair para conversar com dona Teresa?

— Tem minha permissão – respondeu Walter aliviado. Assim, Altino continuou seu trabalho, embora a dor no braço não lhe desse trégua.

Terminado o serviço da manhã, o homem fez o que prometera, e não foi difícil arranjar um quarto na pensão de dona Teresa. Era uma senhora obesa, viúva havia mais de cinco anos, pois seu marido morrera de acidente de caminhão na Anchieta-Imigrantes, e ela, então passou a comandar sozinha a pensão. Tinha uma personalidade franca, falava o que pensava, e por isso muitas pessoas não gostavam dela. Mas, sendo ela uma excelente cozinheira, sua pensão estava sempre cheia, principalmente no horário do almoço. Teresa disse a Altino:

— O quarto é pequeno, mas tem tudo o que uma pessoa precisa. O almoço é servido das onze às treze horas. E o pagamento é feito todo dia dez de cada mês. Se houver atraso, cobrarei juros.

O homem concordou com as imposições. Combinou com a mulher que levaria suas coisas logo no fim do dia. Mas algo veio à sua mente:

— Como farei para lavar as roupas?

— Tenho uma ajudante, Olinda, que lava as roupas dos hospedes. Mas isso é pago por fora.

— E quanto ela cobra para lavar as roupas?

A mulher respondeu dando de ombros:

— Vai depender do tanto de roupa que o senhor lhe der para lavar.

Ele pensou: "Isso ficará caro, mas por ora não tenho que fazer a não ser aceitar as imposições da mulher".

Teresa continuou:

— Não admito brigas nem discussões em meu estabelecimento. Se houver algum problema, o senhor será convidado a se retirar.

Altino concordou e, depois de fechar negócio com a mulher, saiu contrariado.

Enquanto voltava à empresa, pensava: "Em casa, eu tinha comida pronta, roupa lavada e cama limpa para dormir. Lá eu era o rei absoluto de meu castelo. Perdi tudo por causa daquele maricas, mas isso vai ter troco, eu juro!".

CAPÍTULO

55

Joselina fica só

Joselina estava feliz, afinal, estava namorando Ricardo. Ele parecia ser diferente de todos os homens que conhecera, pois era atencioso, e vez por outra aparecia com um buquê de flores.

Ela já não morava na mesma vizinhança que Regina. Voltou a morar no antigo bairro, mas em outra casa, com muito mais conforto. Ricardo comprara mobília nova, e para Joselina não faltava nada. Ela, que era caprichosa, mantinha sua casa extremamente limpa. Ricardo dizia a ela o tempo todo que a amava e por isso queria morar junto. A moça a contragosto, aceitou.

Embora ela já estivesse com Ricardo havia dois meses, sabia apenas que ele era vendedor, mas não sabia o que realmente ele vendia. Apesar de Joselina não compreender muito bem o que ele fazia, ela pouco se importava, pois vivia bem melhor do que antes. Ricardo comprara até mesmo uma máquina de lavar. A mulher passava o dia cuidando da casa e, no fim da tarde, todos os dias, ia ao cabeleireiro, e duas vez por semana, à manicure. Durante o dia Ricardo ficava em casa, e saía todas as noites dizendo que iria trabalhar.

Joselina havia se esquecido completamente sobre o incidente com Caetano, para ela aquele homem nunca existiu. O processo foi arquivado, pois Ricardo pagara um excelente advogado para conseguir tal proeza, e a moça estava definitivamente livre de qualquer acusação. Joselina continuou sendo a mesma mulher arrogante de outrora, ignorando completamente as pessoas que a olhavam de soslaio quando ocorreram os fatos.

Ricardo gostava imensamente dela, porém vivia lhe dizendo que nunca o traísse, pois ele não sabia o que seria capaz de fazer caso ela fizesse isso. Joselina era fiel, e acabara se apaixonando por Ricardo, que devotava a ela toda a atenção.

Naquele domingo Ricardo estava eufórico, afinal, era o dia da final da copa do mundo de 1962.

Ele quis assistir ao jogo no bar com os amigos, mas não permitiu que Joselina o acompanhasse. A final do jogo foi Brasil *versus* Tchecoslováquia, e o Brasil novamente era o campeão do mundo, repetindo o feito de 1958. Após o final da partida, Ricardo não parava de falar sobre a atuação de Garrincha, que fora o melhor jogador em campo. Ele estava tão feliz que pagou uma rodada de cerveja para todos os amigos do bar.

— Brasil fez três gols e os tchecos só fizeram um. Viva o Brasil! – gritava. E todas as pessoas do bar gritavam em uníssono. – Viva!

Ricardo ficou no bar até as duas da manhã, voltando para casa completamente bêbado. Joselina se irritou ao ver o marido naquele estado, porém, decidiu não dizer nada. Uma semana depois do término da copa do mundo, Ricardo assustado disse:

— Joselina, preciso ir embora por uns tempos.

Sem compreender, ela perguntou:

— O que está acontecendo? Por que você precisa ir embora?

— Não posso falar, mas fique tranquila, pois enviarei dinheiro para você todos os meses. Assim que me estabilizar mandarei virem buscá-la.

— Ricardo, o que você aprontou? – perguntou assustada.

— Não fiz nada, só peço que confie em mim.

Joselina viu Ricardo arrumar algumas poucas roupas e sair às três da manhã, prometendo mandar notícias. Ele entregou uma grande soma em dinheiro para Joselina se manter e a fez jurar que não arranjaria outro namorado. Beijando-o, ela jurou que nunca arranjaria ninguém, pois Ricardo era o homem que ela amava. Ele saiu, e Joselina ficou chorando copiosamente durante toda aquela noite, afinal, ela nunca se apaixonara por alguém como aconteceu com Ricardo.

Os dias se passaram e a moça não recebia notícia alguma de Ricardo, o que a fez ficar preocupada. Mas logo um rapaz bateu em sua casa dizendo:

— Ricardo mandou lhe dizer que está tudo bem e que em breve ele voltará.

O rapaz, que não se identificou, entregou um rolo de dinheiro a Joselina, deixando-a mais calma. Ela disse que ia escrever uma carta a Ricardo, mas o rapaz a impediu:

— Não posso levar cartas a Ricardo, o que quer que eu diga?

— Diga que o amo e que estou esperando-o em nossa casa – respondeu sem pensar.

O rapaz saiu e Joselina se pôs a chorar. Naquela tarde, ela resolveu ir ao cabeleireiro, quando encontrou com dona Iraci, sua antiga vizinha, e depois dos cumprimentos a mulher disse com sinceridade:

— Joselina, você está ainda mais bonita do que antes.

Joselina, que gostava da velha senhora, agradeceu os elogios. Dona Iraci não era nada discreta, e por isso perguntou:

— Tem visto Altino?

Joselina, que nunca mais se lembrara de Altino, respondeu:

— Graças a Deus nunca mais o vi.

— Soube que ele se separou da mulher e que agora está morando em uma pensão no centro da cidade – disse Iraci sorrindo.

— Já não era sem tempo. Não entendo uma mulher sustentar um homem e ainda aceitar apanhar dele.

— Bem se via que aquele homem não prestava...

Joselina não gostava de falar sobre o passado. Mas, de repente, dona Iraci disse:

— A última vez que o vi ele estava conversando com seu Caetano, e logo entraram no carro e saíram. Depois daquilo, virou pó... Desapareceu.

Joselina, que desconhecia o fato, perguntou:

— Mas onde a senhora viu os dois conversarem?

— Em frente à sua casa. Era uma noite agradável, e eu estava na janela quando vi Altino se aproximar de seu Caetano, disse alguma coisa e logo entrou no carro do outro.

Joselina era uma mulher esperta, e logo desconfiou que o motivo pelo qual Caetano terminara o romance com ela tinha tudo a ver com Altino.

Ela fingiu ignorar o fato, mas em seu íntimo ressurgia o ódio tanto por Altino como por Caetano. Quanto a este último, ela sabia que não poderia fazer nada, pois havia quase um ano que ele fora morar em São Paulo com a família, mas Altino ainda estava na cidade.

Joselina despediu-se de dona Iraci e, desistindo de ir ao cabeleireiro, voltou para casa. Ela compreendeu finalmente o motivo pelo qual Caetano rompera o relacionamento: o ciúmes de Altino. Joselina pensava em alguma maneira de se vingar, nada lhe ocorrera até se lembrar da confissão que Altino fizera sobre o abuso sexual do filho. Joselina não viu, mas uma figura sinistra que sempre a acompanhava dizia:

— Chegou a hora da vingança!

Ela pensou em se aproximar de João, mas sentiu pena do menino. Sabendo que a mãe ignorava o assunto, decidiu procurá-la e contar tudo o que sabia. Joselina sorria, afinal, acabaria com a vida de Altino de uma vez. Pensou em ir à delegacia para contar ao delegado o que sabia, mas logo se lembrou de que o delegado não acreditaria em suas palavras. E, mudando os pensamentos, decidiu que antes iria torturá-lo psicologicamente ao extremo, pois ele precisava pagar pelo que fez. Com tais pensamentos, Joselina sorria. "Nada farei por agora... Vou esperar o menino crescer, pois assim a briga entre pai e filho será acirrada. Quanto a mim, quero assistir isso de camarote."

CAPÍTULO 56

Discutindo na frente da pensão

Joselina descobriu onde era a pensão em que Altino estava e, a partir daquele dia, fazia questão de passar em frente quase todas as noites, na esperança de vê-lo. Certa noite, estando Altino tomando uma fresca, ele viu aquela bela mulher aproximar-se e disse ao reconhecer Joselina:

— Joselina, você por aqui? É como diz o ditado: "quem é vivo sempre aparece".

— O que faz sentado sozinho nessa espelunca? – perguntou a moça com um sorriso, dissimulando o ódio.

Altino não gostou do que ouviu, pois ali era sua nova casa, limitando-se a ficar calado. Por um momento, toda a atração física que sentia por Joselina voltou, pois ela se insinuava e sorria abertamente.

— Você está muito bem, vejo que conseguiu se levantar.

Joselina, usando de ardil, perguntou como quem não quer nada:

— E, então, tem visto Caetano?

— Fiquei sabendo que você quase deu cabo do homem, mas a esposa dele perdoou a traição. Ele pediu transferência no banco e foi embora para São Paulo – respondeu ele sem pensar.

Joselina irritou-se com a lembrança do passado, e em seu pensamento disse: "Tudo isso aconteceu por sua culpa, seu desgraçado". Mas continuou dissimulando seu ódio quando Altino perguntou:

— E você? Está namorando alguém?

— Não! Estou sozinha.

Altino abriu um largo sorriso e passou a dizer:

— Continuo trabalhando na firma. Larguei a bebida e agora estou trabalhando como mecânico.

— Por que você está me dizendo isso? – perguntou Joselina.

— Pensei que gostaria de saber, afinal, nos dávamos tão bem...

Naquele momento, a moça sentiu nojo de Altino:

— Lembra-se de quando lhe pedi ajuda? Você disse que não me ajudaria mesmo se tivesse dinheiro. Eu nunca me esqueci disso.

— Eu estava com ciúmes de Caetano. Afinal, eu amei tanto você... – admitiu.

— Eu nunca amei você – retrucou ela como uma cobra venenosa. – Apenas me serviu enquanto tinha trabalho e dinheiro. Mas quando você passou a beber todos os dias, tornando-se dependente da esposa e do filho, já não me interessava mais.

Naquele momento, Altino sentiu como se uma faca lhe atravessasse o peito, e com raiva disse:

— Para você eu só fui mais um... Mas eu ainda me lembro do quanto você vibrava em meus braços.

— Vocês homens são todos iguais... Acreditam no fingimento de uma mulher – respondeu soltando uma gargalhada. – Nunca se esqueça de que toda mulher tem seu lado atriz. E eu fui melhor do que Sharon Tate para você acreditar nisso até hoje... Sou boa mesmo, hein? – voltou a gargalhar, debochando do homem que desgraçara sua vida.

Altino sentiu-se humilhado e disse ao se levantar:

— Vou entrar, pois preciso trabalhar amanhã.

— Continua ganhando aquela miséria?

— Ganho a mesma miséria, porém com dignidade. Não preciso vender meu corpo para levar uma boa vida.

Joselina, que até aquele momento estava com um sorriso estampado no rosto, perguntou:

— O que pensa que sou?

— Prostituta... Você não passa de uma prostituta – respondeu sorrindo. – Uma mulher que dorme com homens em troca de dinheiro é prostitua, e você é uma delas.

Naquele momento, Joselina não se conteve e esbofeteou o rosto de Altino. O homem respondeu à altura, retribuindo a bofetada. Nisso, Joselina gritou:

— Você é o ser mais asqueroso que já conheci. Por isso, saiba que eu realmente sinto aversão por você, nojo, asco e muitas coisas mais. Você é bêbado e vagabundo. E olha que não há piores defeitos em um homem do que estes.

Altino ia esbofetear a moça novamente quando um morador da pensão se aproximou dizendo:

— Boa noite, seu Altino.

Altino respondeu aos cumprimentos do homem e, ignorando completamente a presença de Joselina, subiu os degraus da escada que levava até a porta da pensão. Joselina estava com tanto ódio que disse:

— Você destruiu minha vida uma vez, mas agora chegou a minha hora de fazer o mesmo com você, seu molestador de crianças.

Joselina dirigiu-se até a praça e pegou um táxi para levá-la para casa.

CAPÍTULO 57

Uma conversa com Elisa

Os dias se passaram enquanto João dividia seu tempo entre estudar e engraxar sapatos. Duas prestações do violão foram pagas só com o dinheiro que ele ganhava engraxando sapatos.

Aparentemente, tudo estava bem. Marina contratara doutor José Carlos como seu advogado e os papéis do desquite já estavam correndo. Mas quem estava feliz com a situação era João, que não se via mais obrigado a ver o pai todos os dias.

Certo dia Elisa chegou à casa da amiga dizendo:

— Marina, há dois meses conheci uma senhora, Dalva Soares, tão boa que me simpatizei à primeira vista. Sempre que nos encontramos, ela fala para mim coisas que nunca havia pensado antes.

Marina estranhou o fato de a vizinha travar amizade com essa senhora, pois Elisa sempre fora reservada, a ponto de não fazer amizade com qualquer pessoa.

— Mas o que essa mulher fala? – perguntou.

— Ela falou sobre vários assuntos. Mas o que mais me chamou atenção é o fato de nós passarmos várias vezes pela Terra. Ela diz que a morte é apenas uma viagem que todos nós faremos um dia.

— Como ela pode afirmar que a morte é apenas uma viagem sendo que os corpos se decompõem na terra? – perguntou Marina, sem compreender o que a amiga estava querendo dizer.

Elisa ia continuar falando, mas Marina a interrompeu:

— Desculpe, amiga, mas não acredito em uma bobagem dessas.

Elisa logo percebeu que o assunto incomodava a amiga. Então, ela decidiu mudar de assunto:

— Altino aceitou o fato de você querer o desquite?

— Não sei, pois quem foi conversar com ele foi o próprio doutor José Carlos. E, até onde sei, ele não quis recebê-lo.

— Altino ainda vai dar trabalho, pois fiquei sabendo ele continua morando na pensão de dona Teresa, e na primeira oportunidade que tiver vai querer voltar para casa – disse Elisa olhando penalizada para Marina.

— Altino nunca deu valor à família, pois desde que nos casamos ele sempre esteve às voltas com mulheres e bebidas. Quando chegava em casa sempre arranjava pretexto para brigar. Graças a Deus tenho um bom filho que me defende em tudo, pois se não fosse a força e a coragem de João, acho que não teria coragem de me separar.

— João é um homenzinho e um excelente companheiro.

Marina sorria ao ouvir falarem de João, afinal, ele nunca lhe dera trabalho e sempre foi um bom filho.

CAPÍTULO

58

O retorno de Ricardo

Joselina estava feliz, pois Ricardo voltara para casa, mas não disse o motivo da viagem repentina, trazendo ainda mais dinheiro. Quanto a ela, a cada dia que passava ficava ainda mais apaixonada pelo rapaz. Certo dia Ricardo se aproximou da moça dizendo:

— Joselina, daqui para frente precisarei viajar duas vezes por mês, pois os negócios me esperam.

— Não me importa que viaje, desde que volte para casa – respondeu sorrindo. Ricardo sorriu também e a abraçou com ternura.

A vida dos dois era tranquila, o rapaz fazia todos os gostos de Joselina e nunca perdia a calma. Assim, os dias foram passando até que um dia ela indagou:

— Ricardo, lembra-se de quando lhe contei que fui parar na prisão por ter furado Caetano?

Ricardo, sem esboçar emoção alguma, ficou aguardando ela continuar:

— Pois bem, descobri quem acabou com minha vida.

— Quem foi? – perguntou curioso.

Joselina contou tudo o que sabia a Ricardo. O homem permaneceu calado até o relato terminar. Por fim, perguntou:

— E agora?

— Vou me vingar, pois não sou mulher de levar desaforo para casa – respondeu com os olhos brilhantes. Então, Joselina finalmente contou tudo sobre o abuso sexual que Altino praticara contra o filho.

Ricardo, que até aquele momento não havia esboçado reação, disse:

— Um homem que tem coragem de tirar a honra de um filho não é homem. Esse safado deveria morrer.

— A morte para ele seria muito pouco. "A vingança é um prato que se come frio e pelas beiradas"... Vou me vingar de Altino, mas farei isso no tempo certo. Agora não é o momento.

— O que pretende fazer?

Joselina, depois de uma longa gargalhada, respondeu:

— Primeiro vou contar para a esposa dele. Depois, ficarei assistindo de camarote o circo pegar fogo.

Ricardo ficou sério por alguns instantes e perguntou:

— Você gostava desse Caetano?

Joselina, olhando para Ricardo, respondeu:

— Eu nunca gostei de ninguém. Eu via os homem somente como um meio para ganhar dinheiro.

— Você me vê da mesma maneira? – perguntou ele, fechando o cenho.

— Mesmo se você não tivesse um tostão e que por isso eu precisasse trabalhar para sustentá-lo, eu o faria, afinal, você foi o único homem que amei em toda minha vida – respondeu com toda sinceridade de seu coração.

Ricardo era um homem misterioso, mas tinha bom coração. Ele olhou nos olhos de Joselina, e logo percebeu que ela dizia a verdade.

— Se contar para a mãe do garoto o que o pai lhe fez, você pode estragar a vida de um inocente, já pensou nisso?

— Esse menino deve ser igual ao pai, afinal, quem sai aos seus não degenera – respondeu ela sem se importar.

— Entendo que queira se vingar de Altino, mas o menino nada tem a ver com isso. Além do mais, já pensou o quanto a mulher vai sofrer com tal revelação? – discordou Ricardo.

— Mulher burra tem mais é que sofrer! Antes de ter se casado com aquele traste, ela deveria ter pensado melhor. Acredito que um filho é o maior presente que uma mulher pode dar a um homem, mas não é qualquer homem que merece esse presente – disse Joselina com um sorriso irônico.

— Você acha que eu mereceria?

— Sem dúvida alguma. Você é o homem mais digno que já conheci.

Ricardo sorriu embevecido com a declaração de Joselina e tomou-a nos braços, beijando várias vezes seus lábios. Ricardo voltou a perguntar:

— Quando pretende revelar à esposa sobre o abuso sexual que o filho sofreu?

— Não tenho pressa, farei isso no momento em que Altino estiver fragilizado. Aí sim lhe darei o golpe de misericórdia.

CAPÍTULO
59

O tempo passa

Ana Lúcia continuou tratando João Pedro da mesma maneira, seguindo à risca as recomendações do psicólogo. O menino continuava sendo um bom aluno, mas mantinha-se distante de todos. Depois da última conversa, João nunca mais tocou no assunto com a professora. Talvez por esse motivo, Ana esquecera do drama do menino em diversos momentos.

João era ávido por leitura, por isso não era raro Ana Lúcia lhe recomendar alguns livros. O autor de que ele mais gostava era José de Alencar, e seu livro preferido era *Lucíola*, pois a emocionante história de Maria da Glória, personagem que havia adotado o nome Lúcia, comovia-o profundamente. João era um rapaz sensível, e frequentemente se comovia com determinada parte do livro. Ana logo percebeu a sensibilidade dele e por diversas vezes lhe recomendava livros.

Entre estudo e trabalho, sem muita dificuldade, João conseguiu pagar seu violão, mas não tinha quem lhe ensinasse a tocar o instrumento.

José Carlos, o advogado, era um homem muito ocupado. Por diversas vezes foi conversar com Altino, que, porém, sempre se recusava a atendê-lo, pois não queria dar o desquite a Marina.

Com a demora e sem que o desquite saísse, Marina desanimou diversas vezes. E assim o tempo passou. João Pedro estava terminando de cursar o oitavo ano, quando, um dia, disse para a mãe:

— Mamãe, no ano que vem vou estudar à noite para trabalhar em tempo integral durante o dia, pois não quero que fique costurando o tempo todo.

Ouvi a senhora conversar com Elisa sobre seus problemas na coluna. Agora chegou a hora de descansar.

E emendou perguntando:

— Mamãe, como está o andamento do desquite?

— Seu pai não quer me dar o desquite, isso está dificultando as coisas. Ainda bem que não pago advogado, pois, caso contrário, não teria dinheiro para pagar seus honorários.

— Aquele maldito fará tudo para dificultar nossa vida. Mas não tem problema, o importante é nós não precisarmos olhar para ele.

Marina sorriu para o filho sem nada dizer.

CAPÍTULO 60

Caso perdido

João Pedro continuava a engraxar sapatos para ajudar nas despesas da casa. Certo dia, andando pela rodoviária da cidade, encontrou outro engraxate. O menino aparentava ser um pouco mais velho que João e era falante.

— Dois engraxates no mesmo lugar nunca dá certo – disse o rapaz.

João, que era tímido, disse:

— Não precisamos ficar em lugares diferentes, afinal, há muitos homens que gostam de manter seus sapatos brilhando.

O menino sorridente perguntou:

— Qual é o seu nome?

— João Pedro, e o seu?

— Me chamo Feliciano, mas todos me conhecem como Nico.

João Pedro gostou do menino e, então, os dois andaram juntos pela rodoviária.

— E você? Não tem apelido? – perguntou Nico.

— Não. Nunca dei liberdade para alguém colocar apelido em mim.

— Você é estranho... É normal alguém nos colocar apelidos ou nós apelidarmos alguém – disse sorrindo.

João Pedro sorriu sem dizer nada, e Nico disse depois de pensar:

— Seu apelido será Jôpe.

João achou graça e perguntou:

— Por que Jôpe?

— "Jô" de João e "pe" de Pedro, então fica Jôpe – Nico respondeu sorrindo.

João achou graça do apelido e permitiu que Nico o chamasse assim. Nico e Jôpe passaram a se encontrar todos os dias, e juntos engraxavam sapatos e davam boas gargalhadas. Certo dia, João perguntou:

— Nico, onde você mora?

— Moro nas casas da estrada, perto da estrada de ferro. Meu pai é chefe de estação.

— Você gosta dele?

Nico, olhando para um ponto distante, respondeu:

— Não gosto do meu pai. Perdi minha mãe quando ela deu à luz meu irmão, eu só tinha três anos. Meu pai logo arrumou outra mulher, que sempre me maltratou, e ele sempre dá razão a ela.

João percebeu, naquele momento, que não era o único a sofrer por causa do pai. Nico continuou:

— Quando tinha dez anos, fugi de casa. Mas meu pai colocou a polícia atrás de mim, e logo me encontraram andando na estrada. Levei uma surra daquelas.

— Quem bateu em você? Seu pai ou sua madrasta?

— Meu pai... Ele me bateu tanto que fiquei dois dias de cama. Hoje fico vagando pelas ruas, só para não ficar em casa, pois não suporto meus dois irmãozinhos.

Sem entender, João perguntou:

— Mas você não disse que seu irmão morreu?

— Sou filho único do meu pai com a minha mãe. Mas depois o infeliz teve dois filhos com aquela serpente venenosa.

João compreendeu a situação e perguntou:

— Você engraxa muito sapato?

— Que nada! Essa caixa de sapato é apenas uma maneira que encontrei de sair de casa, mas não posso negar que ganho algum dinheiro para minhas biritas.

João, sem compreender, perguntou:

— O que são biritas?

— Biritas é rabo de galo, cerveja, enfim, tudo o que tem álcool.

— Você toma bebidas alcoólicas? – perguntou João Pedro, chocado.

— Sim, quando se bebe os problemas parecem tão pequenos que nem nos importamos. Quer experimentar?

João pensou por alguns instantes até responder:

— Quero!

— Hoje é por minha conta, pois sei que você não engraxou nenhum sapato, mas da próxima vez será por sua conta.

Os dois meninos andaram por alguns minutos até o bar. Conhecido do dono do bar, Nico disse:

— Miro, dá uma cerveja! Meu amigo aqui nunca bebeu.

Com olhar de reprovação, o homem disse a Nico:

— Não basta você viver no mau caminho, quer arrastar outro com você também?

— Miro, por favor, estou pagando, e você tem a obrigação de me servir.

Miro pegou uma garrafa de cerveja que estava no *freezer*, abriu-a e pegou dois copos. Nico encheu os copos e, de uma só vez, sorveu o líquido. João Pedro levou a bebida à boca e, fazendo careta, disse:

— Isso é amargo! Não gosto de bebida amarga.

Miro, observando os dois moleques, disse a João:

— Se você quer um futuro melhor, pare de andar com Nico. Ele não é boa companhia nem mesmo para a sombra dele.

João não entendeu as palavras do comerciante e, por isso, permaneceu calado, deixando que Nico bebesse do seu copo. Miro ficou observando João e logo percebeu que se tratava de um bom garoto. Ao notar que Nico já estava bêbado, o dono do bar chamou João:

— O que Nico contou para você?

Naquele momento, Nico gritou:

— Miro, dá outra cerveja!

Miro abriu outra garrafa e, enquanto Nico ficava bebendo em um canto do balcão, o dono do bar disse a João:

— Nico conta para todo mundo que o pai dele é chefe de estação, que tem uma madrasta brava e que tem dois meio-irmãos.

João Pedro anuiu com a cabeça em afirmativa. Miro, que conhecia Nico havia um bom tempo, relatou:

— Tudo o que Nico conta é mentira. Ele anda com essa caixa de engraxar, mas na verdade não passa de um ladrãozinho sem vergonha. O pai dele sofreu derrame e está na cama há quase três anos. A mãe dele é viva e já fez de tudo para recuperá--lo, mas ele não quer. Quando tinha oito anos, Nico foi expulso da escola porque cuspiu na rosto de uma professora, e depois foi expulso de outros dois colégios. Os irmãos são diferentes, estudiosos e esforçados. A pobre mãe lava roupa para fora e sobrevive com a pequena pensão que o marido recebe por invalidez. Eles são muito pobres, mas são pessoas honestas. Nico é o que chamo de ovelha negra da família. Portanto, se não quiser ficar como ele, afaste-se enquanto é tempo, pois, se continuar a andar com ele, logo estará fazendo as mesmas coisas. Há um ditado muito sábio que diz: "Diga-me com quem andas que eu te direi quem és". Livre-se de Nico se quiser ser um bom cidadão, pois não vejo um bom futuro para esse rapaz. Hoje ele tem quinze anos, e logo estará roubando banco.

João Pedro ficou atônito com o relato. Naquele momento, Nico gritou:

— Miro, pare de falar mal de mim para o Jôpe e me sirva mais uma cerveja.

João Pedro, olhando para Nico, disse:

— Nico, você já bebeu mais que o suficiente, vamos embora.

Nico quando bebia mostrava seu real temperamento, e disse aos gritos:

— Deixe de ser frouxo. Sou homem e ganho meu próprio dinheiro, portanto, faço o que bem entender, e você não tem nada com isso.

Miro serviu mais uma cerveja a Nico e, olhando para João, disse:

— Vá para casa, menino, e esqueça que conheceu Nico; pois ele é o que chamo de caso perdido.

João Pedro, obedecendo ao dono do bar, disse:

— Nico, preciso voltar para casa. Minha mãe deve estar preocupada.

— Logo percebi que você é o filhinho de mamãe! Vá embora para chorar no colo da mamãe, seu bebê chorão – gargalhou.

João Pedro não gostou da atitude do outro. Sem dizer uma palavra sequer, pegou sua caixa e saiu do bar jurando que nunca mais voltaria àquele lugar. João Pedro andou por alguns lugares e, sem sucesso, logo voltou para casa. Ao chegar, encontrou a mãe na cozinha e sentiu ímpeto de contar tudo que havia acontecido naquele dia. Marina, ao descobrir o comportamento de Nico, ordenou:

— João, você é meu único filho, portanto, eu o proíbo de andar com esse menino. O dono do bar tem razão, ele não é boa companhia para você.

João, que a princípio gostara de Nico, pensou em seu comportamento e, assim, prometeu à mãe que não mais andaria com o outro menino. Marina ficou apreensiva e foi logo dizendo:

— Assim que terminar o oitavo ano, vou arranjar trabalho para você no armazém do seu Salim, pois lá você estará seguro de más companhias.

João ficou feliz em saber que logo ele não precisaria mais engraxar sapatos, e então respondeu:

— Mamãe, por que a senhora não conversa agora com seu Salim? Se tudo der certo, já posso começar a trabalhar durante o dia no armazém e estudar à noite.

Marina se recusou dizendo:

— Agora você termina o curso durante o dia. Ano que vem veremos o que fazer.

CAPÍTULO

61

O baile

João Pedro continuou engraxando sapatos, e vez por outra encontrava Nico. Seguindo as recomendações da mãe, decidiu evitar sua companhia.

Nico tentava de todas as maneiras acompanhá-lo na rua, mas João Pedro sempre inventava que precisava ir a algum lugar. Com o tempo, Nico resolveu deixar João de lado, o que deixou o menino aliviado, mas ele continuava a sentir pena de Nico.

E assim o ano foi passando, e logo chegaram os festejos de fim de ano. João sabia das dificuldades que a mãe tinha para preparar uma ceia, por isso o menino decidiu que utilizaria todo o dinheiro que tinha para comprar comida para a ceia de Natal.

João Pedro terminou o oitavo ano com louvor. Quanto à professora de português, João nunca mais falara sobre o assunto, posição que Ana Lúcia respeitou. Ele foi o orador da turma, fazendo Marina sentir orgulho do filho.

Depois das solenidades, os alunos foram ao baile no clube da cidade. João Pedro ficou sentado o tempo todo ao lado da mãe. Ana Lúcia, ao ver Marina, sentou-se à mesa, deixando o menino preocupado. A professora teceu vários comentários sobre o bom comportamento de João, tanto em sala de aula quanto fora dela. Marina olhava para o filho com orgulho quando disse:

— João Pedro sempre foi meu orgulho. É meu melhor amigo.

— Não tenho dúvidas quanto a isso – respondeu a professora.

Ana Lúcia gostou do que ouvira e, sorrindo, disse ao filho:

— Por que não se junta aos seus colegas de turma? Afinal, é uma despedida, alguns vão para outra escola, outros vão estudar fora e vocês nunca mais terão a oportunidade de ficar juntos novamente.

João Pedro respondeu lacônico:

— Nunca tive amigos na escola, portanto, não sentirei saudades.

— Meu filho, todos sentimos saudades de colegas de turma – disse ela sorrindo.

João Pedro nada respondeu.

— Saudade é algo inerente ao ser humano, ainda mais quando fomos felizes em um lugar – disse Ana Lúcia.

João Pedro fixou o olhar na professora:

— A única pessoa de quem sentirei saudades é da senhora, que foi a minha única amiga no colégio durante todos esses anos.

— Quando quiser, pode ir à minha casa para conversar – disse Ana Lúcia sorrindo.

João Pedro também sorriu. Naquele momento uma menina chamada Luiza aproximou-se da mesa e, olhando para o menino, disse:

— João, estou sem companhia. Gostaria de dançar?

Envergonhado, João ia dispensar o convite quando a mãe disse:

— Vá, meu filho! Você é jovem e precisa se divertir.

João, obedecendo à mãe, levantou-se e foi até o meio do salão com Luiza. Enquanto dançavam, Ana Lúcia disse para Marina:

— João Pedro é um excelente menino, mas sempre foi muito só.

Marina, observando o filho dançar, respondeu:

— Eu sempre achei meu filho muito solitário. Em casa ele fica trancado em seu quarto lendo livros e mais livros. Ele sempre foi diferente das outras crianças.

— Ele sempre foi assim?

— Pelo que me lembro, João era uma criança como outra qualquer, mas depois foi se isolando.

Ana Lúcia conseguiu chegar aonde queria e, com o olhar fixo em Marina, perguntou:

— Quando a senhora notou essa mudança em João?

Marina respondeu puxando a memória:

— Talvez entre seis ou sete anos... Ele é tão reservado que nunca se sabe no que ele está pensando. A única coisa que ele não esconde é a raiva que sente do pai.

A moça sentiu vontade de contar a Marina o que sabia, mas lembrou-se da promessa que fizera ao menino, e então ficou em silêncio.

— Logo João encontrará uma menina e se apaixonará, seguindo o rumo natural das coisas – respondeu Ana Lúcia.

— Tem razão... Mas, sinceramente, não gosto de pensar nisso, pois ele é a única pessoa que realmente tenho.

— Uma mãe nunca perde um filho, ao contrário, quando o filho se casa, ela ganha uma filha.

— Infelizmente, nem sempre é assim, sempre houve conflitos entre sogras e noras. Comigo não será diferente – respondeu com descrença.

Ana Lúcia não gostou do comentário. Naquele momento, Luís se aproximou:

— Desculpe-me pelo atraso, Ana. Hoje tive muitos pacientes para atender.

Marina sorriu e pensou que o rapaz fosse namorado de Ana Lúcia. Ela era uma moça educada e foi logo apresentando os dois:

— Essa é dona Marina, mãe do meu melhor aluno.

Luís sorrindo estendeu-lhe a mão e dizendo:

— Onde está o seu filho?

Marina apontou o dedo na direção de João, que dançava a contragosto com Luiza.

— Acho que meu filho sempre teve pretendentes sem saber...

— Sinto saudades do baile da minha formatura do oitavo ano. Eu gostava de uma menina chamada Beatriz, mas ela nunca me deu atenção. Naquela noite eu a chamei para dançar e ela aceitou. Foi a noite mais feliz de minha vida... – o rapaz confessou, suspirando.

— Por que não a namorou? – perguntou Ana Lúcia enciumada.

— Beatriz foi estudar em São Paulo, e só anos mais tarde fiquei sabendo que ela havia se casado.

— E você ainda sente saudades dessa moça?

Marina logo percebeu que Ana Lúcia gostava do rapaz, mas permaneceu em silêncio, não querendo se intrometer no assunto.

Luís, sem reparar no ciúme de Ana, respondeu com sinceridade:

— Não sinto saudades de Beatriz, mas do que sentia na época. Tudo era tão bonito e inocente... Somente quando nos tornamos adultos descobrimos que fomos felizes sem saber.

Ana Lúcia voltou a sorrir:

— Bem, o nosso tempo já passou. O que acha de dançarmos?

Luís gostou do convite e, pedindo licença a Marina, os dois saíram rodopiando pelo salão. Marina disse sorrindo:

— Isso vai acabar em casamento...

Marina divertia-se enquanto via o filho dançar. Assim que a música terminou, Luiza ficou com João o tempo inteiro. Marina estava cansada e, por isso, aproximou-se do filho:

— Meu filho, vou para casa. Estou cansada.

O menino ia se despedir de Luiza quando a mãe disse:

— Não precisa me acompanhar. Hoje a noite é sua, então, aproveite, pois um dia sentirá saudades...

— Eu também estou cansado, voltarei com a senhora – respondeu João, discordando da mãe.

— João, ainda não são onze horas, por que vai embora tão cedo? – perguntou Luiza, sorrindo.

O rapaz ia responder quando Marina interveio:

— Fique tranquila, menina. Ele não vai embora, vai ficar para aproveitar a festa.

João era um rapaz obediente e acabou ficando no baile, vendo com tristeza a mãe ir embora. Luiza, ao se ver sozinha com João, disse:

— Ficarei até meia-noite, pois meu pai ficou de vir me buscar nesse horário.

— Seus pais não vieram?

— Eles foram à sessão solene. Meu pai não gosta de baile e minha mãe foi acompanhá-lo.

Naquela noite, João e Luiza ficaram o tempo todo juntos. O que começara monótono para ele, tornou-se agradável. Luiza era uma menina falante e ria das menores coisas que aconteciam. Em dado momento, João percebeu o quanto a moça era bonita.

— O que pretende fazer o ano que vem? – perguntou ele.

— Vou fazer o curso secundário em outra escola, e em quatro anos pretendo fazer faculdade.

— Em que pretende se formar?

— Quero fazer pedagogia, adoro tudo o que diz respeito a ensino – respondeu ela.

A moça devolveu a pergunta a João, e a resposta que obteve foi a seguinte:

— Pretendo trabalhar durante o dia para ajudar minha mãe e fazer o curso secundário à noite.

— Não pretende estudar em uma universidade?

João, em seu devaneio, respondeu:

— Pretendo ser músico. Um dia quero ter minha própria banda de rock.

— Mas isso não é profissão – disse Luiza sorrindo.

João, fixou o olhar na moça quando respondeu:

— Jimi Hendrix é o melhor guitarrista, músico e compositor de todos os tempos e é rico. Se eu me tornar um bom músico como ele, serei rico e famoso.

Luiza riu das palavras de João:

— Jimi Hendrix só se deu bem porque é americano. Se fosse brasileiro, estaria passando fome.

João não gostou das palavras da menina:

— Hoje você pode rir, mas um dia verá meu nome em todos os jornais.

Luiza gargalhou e, percebendo que o rapaz não gostara de seu comentário, mudou de assunto:

— Vamos tomar um refrigerante? Estou cansada.

João a acompanhou, mas voltou a seu mutismo habitual. Quando faltavam cinco minutos para a meia-noite, o pai de Luiza entrou no salão e disse ao vê-la:

— Luiza, está na hora. Vamos para casa.

O pai de Luiza era um homem alto e magro, e logo a moça notou que ele estava mal-humorado. A menina disse:

— Papai, este é João, meu colega de classe.

— Muito prazer. Agora preciso levar essa mocinha para casa, pois se deixar ela passa a noite inteira neste baile.

Luiza se despediu de João e saiu rapidamente com o pai. Ele estava cansado e, por isso, decidiu voltar para casa.

CAPÍTULO 62

Menino pobre

Luiza, enquanto voltava com o pai para casa, começou a falar sobre o baile e do quanto tinha se divertido. Ernani, o pai da menina, perguntou:
— Quem é aquele menino que lhe fez companhia?
— O nome dele é João, o melhor aluno da turma.
— Não quero que volte a vê-lo, entendeu, mocinha?
— Por quê, papai?
— Já vi esse menino engraxar sapatos pelas ruas diversas vezes. Além do mais, ele tem cara de marginal.
— Como o senhor pode julgar uma pessoa sem conhecer?
— Não estou julgando, sei que o pai dele é motorista de ônibus e que a mãe é costureira. Além disso, meninos que ficam perambulando pelas ruas não são coisa que preste.
Luiza não gostou do comentário do pai, mas limitou-se a ficar calada. Logo o carro estacionou em frente à bela casa de Luiza. A menina entrou em seu quarto, sem parar de pensar em João e em como ele era bonito. Sorrindo, agarrou o travesseiro dizendo a si mema:
— João é tão bonito... Pena que seja tão pobre.

CAPÍTULO

63

Menina rica

João entrou sorrateiramente em casa. Sua mãe havia deixado a porta da frente aberta, pois o rapaz ainda não tinha as chaves da casa. Logo percebeu que sua mãe já estava dormindo e foi para o seu quarto. Olhando para o violão que estava ao lado do guarda-roupa, lembrou-se das palavras de Luiza:

— Jimi Hendrix só se deu bem porque é americano...

Naquele momento, João jurou a si mesmo que aprenderia a tocar violão e que um dia ela o veria em todos os jornais do país. O menino ficou pensando em como Luiza era graciosa: "Por que eu nunca prestei atenção nela na escola? Agora não a verei mais". Por um momento, João ficou triste e pensou: "Foi melhor assim, pois ela é uma menina rica, filha do melhor advogado da cidade. Eu jamais teria uma chance de namorá-la". Com a lembrança da noite, ele logo adormeceu em um sono tranquilo e sem sonhos.

CAPÍTULO 64

Evitando Nico

João acordou cedo no dia seguinte e encontrou a mãe na cozinha preparando o café. Sorrindo, Marina perguntou:
— A que horas você chegou?
— Era meia-noite e meia. Entrei em silêncio, pois sabia que a senhora estava dormindo.
— Quem era aquela menina que lhe chamou para dançar?
— O nome dela é Luiza, filha do doutor Ernani Gonçalves, o advogado.
— Ela me pareceu uma boa menina.
— Ela nunca conversou comigo na escola, só me convidou para lhe fazer companhia porque estava sozinha – respondeu João, querendo encurtar a conversa.
— Ela gosta de você – retrucou com um sorriso maroto.
— Deixe de bobagem, mamãe. Nós nunca mais conversaremos novamente, pois, além de rica, ela é chatinha.
— Grandes paixões começam dessa maneira: primeiro a antipatia, depois, a paixão.
João, não gostando do rumo que a conversa estava tomando, perguntou:
— Mamãe, a senhora conversou com o seu Salim? Quero começar a trabalhar, pois pretendo entrar em uma escola de música.
— Conversei com seu Salim, e ele disse que só precisará de alguém daqui a dois meses, pois agora ele está passando por algumas dificuldades financeiras.

— Ele deve estar mentindo.

— Pensei nisso, meu filho. Mas fique tranquilo, logo você arranjará um trabalho.

— Quer saber? Vou continuar a engraxar sapatos, pois esta é a minha realidade.

— Você pretende trabalhar o dia inteiro?

— Sim. Agora será mais fácil, já terminei de pagar o violão.

— Meu filho, procure uma escola de música que ajudo a pagar.

— Só vou estudar em uma escola de música se eu mesmo puder pagar – respondeu João, sabendo das dificuldades financeiras da mãe.

Enquanto o menino tomava o café da manhã, dizia:

— Mamãe, não sei a que horas voltarei para o almoço.

Marina era rigorosa em relação a horários, por isso foi logo dizendo:

— Quero que esteja em casa no horário de sempre, pois não gosto de fazer minhas refeições sozinha. Vou fazer de conta que você está na escola, portanto, não se atrase.

João não gostou da observação da mãe, mas decidiu obedecer. Pegou a caixa de engraxar e foi à rodoviária da cidade. Assim que chegou, engraxou os sapatos de dois homens que conversavam. Enquanto João engraxava os sapatos do primeiro homem, o segundo ia falando. Foi quando entraram no assunto sobre o assassinato de um menino.

João ouvia a conversa em silêncio, fingindo não escutá-los. Terminando de engraxar os sapatos do primeiro homem, passou a engraxar as botas do segundo, que foi logo dizendo:

— Não demore muito a engraxar minhas botas, porque preciso pegar o ônibus.

João sempre fora caprichoso e rápido em seu trabalho, deixando os clientes satisfeitos. Assim que recebeu pelo serviço, o menino andou por mais algum tempo na rodoviária, quando encontrou Nico.

— Jôpe, você por aqui? Há dias não o vejo.

João lembrou-se das recomendações de sua mãe para se afastar de Nico, pois ele não era uma boa companhia.

— Já ganhou algum dinheiro? – perguntou Nico.

— Engraxei dois sapatos agora há pouco.

— Ainda não consegui engraxar sapato algum. Preciso ganhar um dinheiro, pois estou com uma vontade imensa de tomar uma cerveja – lamentou-se. Nico não sabia, mas já havia se tornado dependente do álcool.

— Você está com vontade de tomar cerveja a essa hora?

— Cerveja, rabo de galo, pinga, qualquer coisa que tenha álcool.

Naquele momento, João percebeu que Nico estava pior do que ele poderia imaginar.

— Por que não volta a estudar? – perguntou João.

— Não tenho cabeça para isso. O meu negócio é outro.

— E qual é o seu negocio?

— O meu negocio é aproveitar a vida. Afinal, a vida é curta e precisamos aproveitá-la ao máximo. O álcool é bom porque nos deixa longe da realidade dura, nua e crua que nos machuca.

— Nós somos responsáveis pelas nossas próprias realidades. Se você faz algo bom, sua realidade será boa, caso contrário, ela será péssima – respondeu João, discordando de Nico. – Sei da sua história. A sua mãe não morreu, a coitada se mata para cuidar de seus irmãos, e seu pai está entrevado em uma cama há um bom tempo.

— Quem contou sobre minha vida para você foi o Miro, do bar, não é? – retrucou Nico, com raiva.

— Não importa quem me contou. O importante é que saiba que sua mãe precisa de você e que ela sofre muito com a doença de seu pai. E, para completar, você é um garoto que só lhe dá desgosto.

— A vida me ensinou que eu não preciso agradar a ninguém a não ser a mim mesmo. Se a minha mãe sofre, o problema é dela, pois eu não pedi para nascer.

— Você não pediu para nascer, mas respeite a mulher que colocou você no mundo e que cuidou de você até agora. Aonde pretende chegar com tanta rebeldia? – perguntou João, indignado.

— Jôpe, eu não faço mal a ninguém, mas também não dou satisfação a ninguém. Você não tem o direito de me passar sermão.

— Não gosto que me chame de Jôpe, meu nome é João. Eu concordo que não tenho o direito de dizer certas coisas a você, mas não se esqueça de que o problema maior não é quando fazemos mal a alguém, o pior é quando fazemos mal a nós mesmos – respondeu perdendo a paciência.

Nico, ignorando as palavras de João, disse:

— Jôpe, você me empresta dinheiro para comprar uma cerveja?

— Não estou trabalhando para dar dinheiro para você beber. Se quiser dinheiro, vá trabalhar.

— E o que estou fazendo?

— Você fica andando de um lugar para outro com essa caixa de engraxate, mas não trabalha. Hoje a rodoviária está cheia. Como estamos no fim do ano, muitas pessoas passam por aqui, e só não ganha dinheiro quem não trabalha.

— Está bem! Vamos ver quem engraxa mais sapatos até as onze da manhã?

Querendo incentivar Nico a trabalhar, João aceitou o desafio, indo em direção oposta à do outro. João engraxou cinco pares sapatos naquela manhã, e Nico, apenas dois. Em frente ao bar da rodoviária, finalmente os dois se encontraram, e João foi logo perguntando:

— Quantos pares de sapatos você engraxou?

— Consegui dois clientes.

— Engraxei os sapatos de cinco clientes. Se você trabalhasse corretamente, teria engraxado muito mais.

— Venha! Vou tomar um rabo de galo, estou com a goela seca – disse Nico, dando de ombros.

— Não vou entrar no bar com você. O que o dono vai pensar a meu respeito?

— Jôpe, você é maricas? – perguntou Nico gargalhando.

Ao ouvir essa palavra, João sentiu um ódio profundo tomar conta de seu ser:

— Eu não sou maricas! Só não sou bêbado como você!

— Não sei, não... Só maricas não bebe, pois homem de verdade toma umas biritas de vez em quando. Vamos, prove que não é maricas.

João, sentindo-se desafiado, entrou no bar da rodoviária.

— Quero um rabo de galo – disse Nico.

— Não acha que está muito cedo para beber? – perguntou o dono do bar, que já conhecia Nico.

— Você faz essa pergunta a todos que vêm ao seu bar? Agora eu entendo porque está sempre vazio...

João não gostava da atitude de Nico, mas não sabia o motivo pelo qual se sentia atraído pelo seu modo transgressor de ser. O dono do bar pegou duas garrafas, uma de cachaça e outra de vermute, para fazer a mistura.

— Isso é o que chamo de mistura do capeta, pois duas doses fazem o efeito de quatro garrafas de cerveja, e além de tudo é mais barato – disse Nico.

João ficou observando o outro levar o copo à boca e entornar de uma só vez a bebida. Nico fez uma careta, e mal terminara de engolir quando ordenou ao dono do bar:

— Prepara outra para mim.

O dono do bar obedeceu e João ficou observando sem nada dizer.

— Prepara uma para o meu amigo. Eu pago – disse Nico que, tirando o dinheiro do bolso, deixou pagas as três doses.

Porém, João foi logo dizendo:

— Eu não quero!

Nico olhou para o dono do bar sorrindo quando disse:

— Meu amigo é maricas, só gosta de refrigerante.

— Um homem não precisa entornar vários copos para provar que é homem. Se ele não quer beber, respeite a vontade dele – respondeu o homem, irritado.

João sentiu-se aliviado:

— Por favor, dê-me uma garrafa de soda.

O dono do bar imediatamente pegou uma pequena garrafa com refrigerante e colocou um copo ao lado. João tomava tranquilamente seu refrigerante, enquanto Nico bebia várias doses da bebida. O dono do bar disse a João:

— Esse aí não vai conseguir chegar em casa. Veja, está completamente bêbado.

— Todo homem é sofredor, e a cachaça apenas ameniza a dor – dizia Nico com voz pastosa. João sentiu pena dele. O dono do bar olhava para João e sorria ao ver o estado de Nico.

João pagou pelo refrigerante e lembrou-se de que precisava voltar para casa e almoçar com sua mãe.

— Vou embora, minha mãe está me esperando para almoçar.

— Você é maricas mesmo, não é? Deixar o bar para almoçar com a mãezinha – disse Nico, que já estava bêbado.

O dono do bar fez sinal para que João fosse embora. Ele saiu do bar prometendo a si mesmo que não mais conversaria com Nico, pois sentiu-se humilhado ao ser chamado de maricas. Voltou para casa e encontrou a mãe almoçando sozinha. Marina foi logo dizendo:

— João, você disse que voltaria no mesmo horário para almoçarmos juntos.

— Mãe, hoje a rodoviária está cheia de gente por causa do Natal, e eu não posso deixar de ganhar dinheiro para almoçar com a senhora.

Marina ficou em silêncio preparando o prato do filho. João não contou para sua mãe que esteve com Nico, pois sabia o que ela diria. Depois do almoço, o menino limpou a cozinha, como fazia todos os dias, e novamente ganhou a rua com sua caixa de engraxar. Naquele dia, ele engraxou vários pares de sapatos e, no fim da tarde, mostrou o dinheiro à mãe, que ficou satisfeita com o trabalho do filho.

No dia seguinte, João encontrou Nico novamente, mas dessa vez fingiu que não o vira.

— Jôpe, por que está me evitando? – perguntou Nico.

— Nico, você fica simplesmente insuportável quando bebe. Ontem me chamou de maricas diversas vezes, e eu não sou obrigado a ouvir desaforos.

— Quando o chamei de maricas, não quis dizer que você é... Você sabe, não é? Eu só quis dizer que você fica atrás de sua mãe o tempo inteiro. Você precisa virar homem, ser independente e tomar suas próprias decisões, mas o que faz? "Preciso ir embora para almoçar com minha mãe." Ou "tenho que fazer companhia a minha mãe". O seu mundo gira em torno da sua mãe. Só nos tornamos homens de verdade quando rompemos os laços com a mãe e tomamos nossas próprias decisões. Não se esqueça; errando ou acertando, quem precisa tomar conta do leme de sua vida é você mesmo.

João pensou por alguns instantes e, pela primeira vez, deu razão a Nico. Naquele dia, não voltou para almoçar com sua mãe, ficou o dia inteiro na rua. Nico andava de um lado para outro com sua caixa de engraxar, mas não conseguiu engraxar nenhum par de sapatos. No fim da tarde, disse a João:

— Hoje não ganhei nenhum tostão.

— Se trabalhar, você ganha dinheiro.

— Quer ver como consigo dinheiro em menos de cinco minutos e sem trabalhar?

Nico olhou para um homem que vinha vindo e andou de encontro a ele, esbarrando de propósito. Em seguida, voltou e disse:

— Veja o que consegui!

— Você roubou a carteira do homem! – disse João horrorizado.

Nico riu e, abrindo a carteira, tirou algumas cédulas, jogando a carteira com os documentos ali mesmo na rodoviária.

— Vamos comemorar! Vamos ao bar do Miro, pois o dono do bar da rodoviária é muito antipático.

João percebeu que Nico tinha mais dinheiro do que ele, que havia trabalhado o dia inteiro. Nico chegou ao bar e se pôs a beber cerveja e rabo de galo. João, ao ver que Nico estava bêbado, contou ao dono do bar o que havia acontecido. Miro foi logo dizendo:

— Eu disse que esse rapaz é um ladrãozinho sem vergonha! Se continuar a andar na companhia dele, logo você estará fazendo o que ele faz: roubando e bebendo.

João foi embora deixando o outro no bar, mas dessa vez o rapaz cantava. Ele ficou pensando em tudo o que descobrira sobre Nico. "Ele não é boa companhia. Quer saber? A partir de amanhã não irei mais à rodoviária, vou para a estação."

Quando chegou em casa, Marina repreendeu o filho por não ter voltado na hora do almoço. Irritado, João trancou-se em seu quarto. Duas semanas se passaram desde que João vira Nico pela última vez, e ele sempre se lembrava do rapaz. "Uma hora a polícia vai pegar Nico, e eu não quero estar junto dele quando isso acontecer."

CAPÍTULO

65

Velório

O mês de dezembro passou, e os festejos também. Marina já havia matriculado João para fazer o curso secundário durante a noite, e as aulas só começariam em fevereiro. Janeiro estava passando rápido, e João nunca mais viu Nico. Em uma manhã, perto do fim do mês, João passava em frente ao bar do Miro quando este o chamou. Atendendo ao chamado, o menino entrou no bar. Miro perguntou a ele:

— Você soube o que aconteceu?
— O quê? – perguntou João sem compreender.

Miro passou a relatar:

— Ontem Nico resolveu assaltar uma casa, mas o que ele não sabia era que o dono era Jesuíno, coronel reformado da polícia. Pelo que fiquei sabendo, ele entrou na casa pelos fundos. O dono da casa havia saído com a esposa para visitar a filha e o neto que acabara de nascer. Nico entrou na casa e começou a roubar tudo que via pela frente, mas o coronel chegou nesse momento. Nico, ao ver o coronel, tirou uma faca da cintura e tentou agredi-lo, mas o coronel sempre está com seu revólver na cintura. Nico, enraivecido, avançou sobre o homem, quando o revólver disparou acidentalmente, atingindo-o no peito – relatou Miro. – Eu sabia que esse seria o fim de Nico, pois ele era um bandidinho e sempre andava com uma faca na cintura – disse Miro depois de um longo suspiro.

— Nunca vi faca alguma com Nico – João estava espantado.

— Nico era malandro. Quando ele não colocava a faca na cintura, colocava-a na bota para que ninguém visse. Se você continuasse a andar com ele, certamente estaria morto a uma hora dessas.

João ficou triste por saber que Nico estava morto. Então, perguntou:
— Onde está sendo o velório?
— Na casa dele, perto da linha do trem.

João decidiu procurar pela casa de Nico para lhe dar o último adeus. Andou por vinte minutos até chegar à casa do rapaz. Na rua, havia várias pessoas em frente a uma casa, e logo João teve certeza de que era aquela. Assim que entrou na pequena sala, viu o caixão. Ao reconhecer Nico, foi acometido por uma imensa piedade e, ao olhar de lado, viu uma senhora com expressão sofrida chorando compulsivamente.

— Fiz tudo o que podia para esse menino tomar juízo! Dei conselhos, coloquei de castigo e, mesmo sem ter como, eu o levei a um psicólogo e nada adiantou – dizia a mulher. – Ele sonhava com uma vida de riquezas e reclamava de tudo em casa, da comida, dos irmãos e de sua má criação... Passava dos limites. O pai sofreu um derrame quando ele entrou na casa do vizinho para roubar um relógio. Ele pagou com a vida pela sua rebeldia...

João observou a casa e viu o quanto a família de Nico era pobre e, penalizado, voltou a olhar para o colega no caixão. Em dado momento, ele olhava para um lado da cozinha quando viu o espírito de Nico, ferido no peito e chorando. João sentiu medo, olhou novamente para a mulher, voltando a olhar mais uma vez em direção à cozinha, mas não viu o espírito daquele rapaz rebelde. Começou a sentir uma dor que lhe queimava o peito e decidiu se juntar às pessoas que estavam do lado de fora da casa. Uma senhora dizia:

— Para dona Maria, a morte desse menino foi um alívio. Agora ela sabe que ele não estará aprontando nas ruas, pois estará quietinho no cemitério.

— Nico sempre deu dor de cabeça para os pais. Certo dia, ele entrou em minha casa dizendo que o pai havia pedido dinheiro emprestado. Como eu não tinha o dinheiro, ele roubou a aliança da minha esposa que estava sobre a mesa. Ele era um bandido! Agora vai roubar nos infernos – dizia um outro senhor.

João ficou horrorizado ao ouvir que as pessoas falavam mal de Nico. "Nico não era bem quisto por ninguém, há muitas coisas que ainda não sei a seu respeito", pensou. Aproximando-se de uma senhora que estava afastada do grupo, perguntou:

— A que horas será o enterro?
— Será às cinco horas da tarde – a mulher respondeu com os olhos úmidos.
— A senhora é parente de Nico? – perguntou o menino com simplicidade, percebendo que a mulher estava realmente triste.
— Ele era meu sobrinho. Todos falam mal do menino, mas ele era um bom garoto, o problema é que ele se revoltava por ser pobre. Apesar de levado,

tinha um bom coração. Ele nunca se esqueceu da data do meu aniversário, e no dia das mães, todo ano, ele me levava flores – respondeu a mulher. – Eu sabia que as flores eram roubadas, mas aquela era a maneira que ele tinha de dizer que me amava como mãe – confessou entre lágrimas. – Cuidei dele desde que nasceu até os nove anos, pois Maria trabalhava e não podia pagar alguém para ficar com ele. Depois ela parou de trabalhar, pois o marido havia se aposentado. Mas, mesmo assim, Nico ia à minha casa quase todos os dias... O problema dele foi ter se envolvido com Lúcio, um rapaz mais velho do que ele que costumava roubar para se vestir bem.

— E por onde anda esse Lúcio?

— Morreu! Ele usava drogas, certo dia teve uma overdose e seu coração não aguentou.

João logo se lembrou das palavras do dono do bar: "Diga-me com quem andas que eu te direi quem és".

— E você, como conheceu Nico? – perguntou a mulher.

— Conheci o Nico engraxando sapatos nas ruas. Ele sempre bebeu muito, mas eu não o segui.

— O fim de Nico era uma tragédia anunciada. Embora ele fosse muito jovem, já estava envolvido com más companhias. Fiquei sabendo que ele estava usando drogas também – ao dizer essas palavras, a mulher desabou a chorar.

João ficou ao lado da senhora sem nada dizer, mas continuou a sentir a dor queimando-lhe o peito. Ele lembrou-se de ter visto Nico na cozinha, e o fez se sentir mal novamente. De repente, o menino começou sentir sua vista escurecer e a dor aguda no peito aumentar, foi quando perdeu os sentidos. As pessoas que estavam presentes socorreram-no e o levaram para a casa vizinha de onde estava acontecendo o velório.

— Com certeza esse era amigo de Nico, então, não deve ser coisa que preste – disse um vizinho.

As pessoas ouviram o comentário, mas resolveram ajudá-lo. Ao acordar, João estava deitado em um sofá e, olhando para a tia de Nico, perguntou:

— O que aconteceu?

— Eu é que pergunto: o que aconteceu com você? – perguntou a mulher, sem compreender.

João, não percebendo alguns olhares críticos sobre ele, respondeu:

— Não sei dizer, minha senhora. De repente, comecei a sentir dores fortes no peito, a vista escureceu e não vi mais nada.

— Você comeu hoje?

— Sim, senhora. Tomei café da manhã com minha mãe antes de sair para trabalhar.

— Talvez seu mal seja fome.
— Não estou com fome, muito obrigado.

A mulher pegou um copo d'água e entregou-o a João, forçando-o a beber. Logo ele já estava melhor, e levantou-se pedindo desculpas pelo inconveniente.

— Você era companheiro de Nico?
— Nós nos encontramos algumas vezes, mas nunca concordei com a sua maneira de agir. Primeiro, ele mentiu dizendo que era órfão de mãe, que seu pai havia se casado novamente e que sua madrasta era ruim para ele. Depois, descobri que tudo não passava de mentira. Além disso, nunca concordei com a maneira de Nico se entregar à bebida – respondeu João, que sempre fora habituado a dizer a verdade. – Na última vez em que estivemos juntos, ele roubou a carteira de um desconhecido, jogando fora os documentos do homem, sendo assim, decidi que não andaria mais com ele. Diversas vezes ele me chamou de maricas só porque eu não quis beber com ele. Confesso que fiquei muito bravo com ele. Mas hoje, vendo-o no caixão, toda a raiva passou e, para falar a verdade, tenho pena de sua mãe. Sempre achei Nico sem juízo.

A senhora gostou de João e, então, disse:
— Meu filho, você me parece ser um bom rapaz. Nico era um bom garoto, mas nunca siga seu exemplo. Se não fosse sua rebeldia, ele estaria vivo e ajudando a sua família.

João sorriu e agradeceu pelos cuidados que recebera.
— Você vai ao enterro?

João pensou por alguns instantes até responder:
— Talvez eu não possa acompanhar o enterro. Minha mãe não sabe que estou em um velório, se eu me atrasar ela ficará muito preocupada.
— Logo se vê que você é um bom rapaz.

João pegou a caixa de engraxar e, despedindo-se somente da mulher, voltou para casa para contar à mãe onde esteve. Ao chegar, João encontrou sua mãe sentada à máquina e, com olhar perdido, disse:
— Mãe, a senhora se lembra daquele rapaz que conheci, apelidado de Nico?
— O que tem ele? Não vai me dizer que estava em sua companhia? – perguntou Marina sem desviar o olhar.

João ficou calado por alguns instantes, até dizer secamente:
— Nico morreu.

A mulher, que costurava, voltou sua atenção ao filho:
— Quantos anos ele tinha?
— Ia completar dezesseis.
— Morreu de quê, meu filho? – perguntou sem compreender.

João respirou fundo e contou toda a história para a mãe, inclusive o fato de ter ido à casa do rapaz e de ter visto seu espírito na cozinha. Arrematou a conversa dizendo que passou mal e que fora socorrido pela tia de Nico.

— Meu filho, você foi ao velório levando a caixa de engraxate? Por que não veio me avisar? Assim iríamos juntos – disse Marina preocupada.

— Mamãe, o enterro será às cinco horas, se quiser, podemos ir – disse o rapaz depois de pensar por alguns instantes.

Marina logo pensou na mãe do rapaz:

— Meu filho, amparar a mãe desse rapaz é um dever cristão. Troque de roupa para irmos ao enterro.

João ficou satisfeito ao saber que a mãe o acompanharia no enterro. Por isso, trocou-se rapidamente.

— Estou pronto, mas pelo horário precisaremos pegar um ônibus.

A mulher abriu a gaveta do móvel da máquina de costura e contou algumas cédulas.

— Iremos de táxi, meu filho. Perderemos muito tempo esperando por um ônibus.

Os dois saíram em direção à praça e lá pegaram um táxi que saiu rapidamente em direção à casa de Nico. Quando chegaram, ouviram os gritos da mãe de Nico. Marina entrou na casa e, ao ver o rapaz no caixão, sentiu mal-estar por pensar que talvez pudesse ser João. Ela se apresentou como mãe de João e logo deu os pêsames à mãe de Nico. A mulher chorava copiosamente quando gritou:

— Meu Deus, onde foi que eu errei ao criar esse menino? Sempre procurei ser uma boa mãe, apesar de não poder dar o conforto que ele queria. Se ele não tivesse trilhado o caminho dos vícios, nada disso teria acontecido.

Marina era uma mulher extremamente sentimental e, vendo a dor daquela mãe em luto, deixou que as lágrimas escorressem pelo seu rosto. Nisso, um homem foi trazido até a sala em uma cadeira de rodas, e João percebeu que se tratava do pai de Nico. O homem, devido ao derrame que sofrera, perdeu os movimentos nas pernas e falava com dificuldades.

— Maria, não fique assim, cada um é como é. Nico sempre foi diferente dos outros. Não temos culpa pelas escolhas erradas que ele fez na vida – disse o homem.

As pessoas abriram espaço para que a cadeira de rodas se aproximasse. Malvino, pai de Nico, aproximou-se para ver o filho no caixão. O homem chorava e começou a passar mal, de modo que rapidamente foi levado ao quarto. Marina ficou impressionada ao ver o estado daquele homem, permanecendo calada.

Logo o caixão foi fechado. Quatro homens levaram-no até o cemitério, revezando vez por outra com outros que também estavam presentes. Chegando ao cemitério, o caixão foi aberto mais uma vez para que a mãe pudesse se despedir do filho com outros familiares. O céu estava nublado, e as pessoas despediram-se de Nico, uma a uma, até a chuva começar.

João e Marina abrigaram-se sob uma árvore enquanto outras pessoas protegiam-se da chuva como podiam. Os dois coveiros permaneceram indiferentes à chuva e, depois de fechar o caixão, amarraram duas cordas nas alças deste para baixar a sepultura na terra. Maria ora chorava, ora reclamava, consternando a todos que observavam a cena. João não parava de pensar na figura de Nico sangrando no peito, mas permaneceu calado. Terminado o enterro, as pessoas esperaram a chuva passar para voltar às suas casas. Marina, que não conhecia a mulher, saiu sem se despedir e, com João, foi até um ponto de ônibus para voltar para casa. João estava molhado e, rapidamente, foi tomar banho, e Marina preparava chá. Depois Marina tomou banho também, e os dois comeram torradas com chá enquanto conversavam.

— Pobre mulher, posso imaginar o quanto está sofrendo...

— Nico era um bom rapaz quando não estava bêbado, mas infelizmente ele não tinha muito juízo.

— Esse rapaz não tinha juízo algum, pois se tivesse, estaria trabalhando e estudando para ajudar a mãe. Você reparou na pobreza daquela casa?

— Talvez Nico tenha feito tudo o que fez por estar inconformado com a pobreza.

— Meu filho, pobreza não é desculpa para desvio de caráter. Ouvi várias pessoas falarem mal do rapaz enquanto acompanhava o cortejo.

João calou-se, pois durante o velório também ouviu várias pessoas falarem mal do rapaz. Quebrando o silêncio, João perguntou:

— O coronel será preso por ter matado a Nico?

— Certamente não. Primeiro porque ele é um coronel reformado, e segundo porque ele agiu em legítima defesa.

— Ele não deveria ter atirado em Nico. Até concordaria se ele lhe desse uma boa surra, mas atirar foi maldade.

Marina concordou até certo ponto com o filho:

— Meu filho, além de roubar a casa do coronel, Nico estava armado. Quem anda armado está disposto a matar ou morrer.

João ficou quieto quando Marina lhe deu um conselho:

— Meu filho, mesmo sem conhecer esse rapaz, sempre soube que ele não era boa companhia, os comentários que ouvi comprovaram isso. Portanto, tenha juízo e tome cuidado com as escolhas que você faz na vida. Se algo lhe acontecer, você estará me matando também, assim como Nico fez com a mãe.

João ficou calado, mas as palavras da mãe penetraram em sua mente com força. Logo ele trancou-se em seu quarto e se pôs a pensar na figura de Nico que ele vira na cozinha. "Acho que emoção do momento me fez ver coisas. Como Nico poderia estar na cozinha se ele estava no caixão?". João olhou para o violão e resolveu passar os dedos sobre a corda para não pensar mais no assunto.

CAPÍTULO

66

Vingança anunciada

Joselina vez por outra passava em frente à empresa de ônibus onde Altino trabalhava, sem vê-lo, porém. Certa tarde, ela aguardou Altino sair do trabalho, e quando o viu abriu um largo sorriso. Altino não se esquecera de sua última conversa e com aspereza perguntou:

— Joselina, o que faz aqui?

— Senti saudades... – respondeu a mulher, sorrindo ironicamente.

— Joselina, você foi um erro a mais em minha vida. Então, finja que nunca me conheceu – disse ele com raiva, percebendo a maldade naquelas palavras.

— Como poderei fazer isso, se fui presa por sua causa?

— Por minha causa? Não mandei você esfaquear Caetano, portanto, não tenho nada a ver com isso.

— Se você não tivesse procurado Caetano para contar a ele sobre a conversa que tivemos, nada teria acontecido.

Naquele momento Altino estremeceu:

— Quem lhe contou essa mentira?

— Você sabe muito bem o que fez para se vingar...

— Eu não fiz nada disso! Agora, me deixe em paz!

— Chegou a vez de me vingar, e você saberá o peso da minha mão – disse Joselina em tom ameaçador.

— O que pretende fazer?

— Ainda não sei – mentiu Joselina – mas, quando chegar o momento, você saberá.

Joselina rodopiou nos calcanhares e rapidamente andou em direção a um carro que estava parado. Altino ficou observando Joselina afastar-se. "Ela não poderá fazer nada contra mim, mesmo porque em breve estarei me desquitando de Marina." Altino, sorrindo, andou tranquilamente até a pensão onde morava.

— Altino não sabe o que lhe espera – disse Joselina ao entrar no carro.

— Por que uma mulher como você se envolveria com um ser tão insignificante? – perguntou Ricardo.

— Eu o achava cativante, mas agora sinto repulsa quando o vejo.

— Pense bem no que você vai fazer, porque isso fará dois inocentes sofrerem, a mãe e o filho.

— Pouco me importa quem vai sofrer. O que quero é me vingar de Altino, e para isso não medirei as consequências.

Ricardo meneou a cabeça e continuou dirigindo o automóvel tranquilamente pelas ruas da cidade.

CAPÍTULO 67

A visita de doutor José Carlos

Marina estava trabalhando quando ouviu um carro estacionar em frente a sua casa. Logo ela ouviu palmas e foi atender. Para sua surpresa, era o doutor José Carlos. A mulher, ao ver o advogado, educadamente disse:

— Por favor, entre.

O homem, trazendo uma valise em uma das mãos, disse:

— Venho para lhe informar que a audiência do desquite será no dia quinze do próximo mês. A senhora alguma vez registrou queixa de agressão contra seu ex-marido?

— Não, senhor.

— Por que a senhora não fez isso?

— Sempre tive vergonha, pois ele me machucou várias vezes – respondeu embaraçada.

— Toda mulher que sofre agressão doméstica tem a obrigação de registrar um boletim de ocorrência, pois esta é a única prova de maus-tratos que ela tem a seu favor – o advogado foi incisivo ao dizer isso. – E com o filho, ele também era violento?

— Altino nunca teve paciência com João Pedro, mas isso piorou depois dos seis ou sete anos.

— Por favor, se lembrar de algo significativo, me avise, pois poderemos pedir uma pensão alimentícia ao juiz – sem ter mais nada a perguntar, o advogado despediu-se.

Marina, atordoada entre lembranças e a presença do advogado, ficou observando ele entrar em seu carro e sair.

CAPÍTULO 68

Desabafo

As aulas ainda não haviam começado, e João continuava triste pela morte de Nico. Certa noite, sentindo-se terrivelmente triste, João resolveu ir à casa de Elisa para conversar. Chegando à casa da vizinha, bateu no portão e foi recebido pela própria Elisa:

— João, que coisa boa! Você por aqui?

— Estou precisando conversar com alguém, ando me sentindo muito estranho – disse ele constrangido.

Elisa levou-o ao interior da casa e pediu para que ele se sentasse à mesa da cozinha, pois ela estava lavando louças e, além disso, Balbino havia levado as crianças ao circo que estava na cidade. João sentou-se e logo começou a falar de Nico e de como ele vivia. Elisa estava serena e ouviu tudo com muita atenção e, só depois de o menino terminar de falar, disse:

— João, nós nunca devemos esperar que alguém pense ou aja como nós, porque somos seres únicos e nossas personalidades são diferentes. Somos distintos uns dos outros. O que seu coleguinha fazia ia de encontro com sua maneira de ver a vida.

— Mas o que é personalidade? – perguntou o menino depois de pensar por alguns instantes.

Elisa logo se lembrou de uma conversa que tivera com sua amiga, dona Dalva, e em poucas palavras respondeu:

— A personalidade é constituída por todos os conteúdos associados ao Eu, ou seja, o que pensamos, como agimos e vemos a vida. Nosso Eu muda todo o tempo. Hoje você não pensa como pensava quando tinha dez anos. Isso acontece porque o seu Eu foi mudando e aprendendo coisas novas. Mas é claro que a nossa personalidade também é moldada pelas características hereditárias ou pelo meio em que vivemos. No caso do seu colega, ele tinha uma maneira distorcida de encarar a realidade: não aceitava o fato de ser pobre e não se importava com a ética, com o certo e o errado, para conseguir o que queria. Ou seja, quando ele queria algo, corria atrás e fazia qualquer coisa para conseguir. Para a maioria das pessoas, roubar é errado. Porém, na visão distorcida da vida que seu colega tinha, roubar nada mais era que um meio para alcançar seu objetivo. A personalidade de Nico teve os moldes errados, começando pelas suas companhias, que muito tiveram a ver com seu fracasso como ser humano.

— Dona Elisa, vou lhe contar algo que aconteceu no velório de Nico. A senhora promete que não vai rir?

Elisa sentou-se à sua frente enxugando as mãos e permaneceu em silêncio até que o menino começasse a falar. João ficou calado por alguns instantes até começar a relatar que viu Nico na cozinha com a camisa suja de sangue na altura do peito.

— Acredito em você. Conheço uma senhora chamada dona Dalva Soares, que é médium. Pelo que ela me ensinou, ver espíritos é tão natural quanto ver pessoas encarnadas andando pelas ruas. Talvez você tenha visto Nico porque tem uma mediunidade aflorada. Mas não tenha medo, antes ore por ele, pois certamente esse rapaz precisa de muita ajuda.

— Como ele precisa de ajuda se já morreu?

— A morte não existe. O que existe é a mudança de estado, ou seja, Nico deixou o corpo de carne para viver em espírito. Por ter morrido de maneira trágica, talvez ele nem compreenda o que aconteceu. Portanto, se você quer ajudá-lo, faça uma prece para ele, pois com certeza ele está precisando.

João não compreendeu muito bem o que Elisa estava tentando lhe dizer, mas de uma coisa ele tinha certeza: de que algo sobreviveu à morte. Para ele, era o que se chamava de inteligência, mas para Elisa era o que se chamava de espírito. João ficou feliz ao saber que ele não estava ficando louco como julgava. Assim, conversou por mais alguns minutos com Elisa, voltando para casa em seguida.

CAPÍTULO 69

O segredo vem à tona

O tempo passou e João não pensou mais no que havia visto no velório. Logo começariam as aulas, porém, ele estava preocupado com a audiência do desquite da mãe. Certo dia, o menino estava chegando em casa quando viu a ex-amante de seu pai.

Joselina aproximou-se:

— Como você cresceu, João...

O rapaz não queria conversa, por isso foi entrando em casa como se não visse ninguém. Quando João ia fechar o portão, Joselina empurrou-o, dizendo:

— Você não vai me fazer uma desfeita como essa, ou vai?

— Não tenho nada para falar com a senhora. Portanto, deixe-me entrar, minha mãe está me esperando – respondeu ele perdendo a compostura.

Marina, que estava costurando na sala, ouviu parte da conversa e resolveu ver com quem João estava conversando. Ela não conhecia Joselina pessoalmente, e foi logo perguntando:

— O que a senhora quer com o meu filho?

— Quero ter uma conversa com a senhora e com ele.

— Mamãe, essa é Joselina, a amante de Altino.

— Você tem toda a razão em odiá-lo, pois ele não merece sua consideração – disse ela rindo por ouvir o rapaz se referir ao pai pelo nome.

— O que você quer? – perguntou Marina com raiva.

— Quero apenas contar o que sei sobre seu marido.

— Não quero saber – respondeu Marina – ele já saiu de casa há um bom tempo.

— Ele pode ter ido embora, mas a ferida que ele causou no peito do seu filho, esta tenho certeza de que não cicatrizou – respondeu a outra com um sorriso irônico.

— Que ferida? – perguntou Marina sem compreender.

— O rapaz não lhe contou o que o pai fez a ele quando ainda tinha seis anos?

João Pedro, passando do rubor à palidez, trêmulo disse:

— Meu pai não me fez nada. Peço que saia da frente de minha casa.

Marina sabia que alguma coisa havia acontecido, então disse a João:

— Deixe-a contar o que sabe.

Joselina lançou um olhar desafiador a João e passou a dizer:

— Altino não presta, arruinou minha vida, assim como fez com a vida de seu filho.

— Vá embora! Não quero vê-la aqui – gritou João quando começou a chorar.

— Entre, quero saber o que aquele canalha fez de tão grave – disse Marina ao ver o desespero do filho.

Joselina, passando por João, entrou sorrindo. Marina estava trêmula, pois em seu íntimo sabia que algo muito grave havia acontecido para que o filho odiasse tanto o pai.

— O que Altino fez? – perguntou ela para Joselina. Naquele momento, João começou a chorar copiosamente. – João, eu sempre soube que você escondia alguma coisa de mim. Agora, chegou a hora de saber da verdade.

— Não aconteceu nada! – o rapaz gritou irritado. João foi para seu quarto batendo com força a porta atrás de si. Lançou-se na cama e pôs-se a chorar, afinal, algo que ele tentou esquecer por tanto tempo estava vindo à tona naquele momento.

Enquanto isso, sempre esboçando um sorriso de deboche, Joselina relatou a Marina tudo o que Altino havia lhe contado tempos atrás sobre as carícias que ele havia feito no filho, na ocasião em que o avô do menino havia morrido.

Marina, com ódio, disse:

— Não posso acreditar que aquele maldito arruinou a vida de meu filho!

— Altino sempre dizia que não estranharia se um dia seu filho aparecesse com um namoradinho em casa, pois ele era maricas – Joselina encerrou a conversa com essa frase de Altino.

Marina finalmente compreendeu por que Altino sempre chamava seu filho de maricas:

— Ainda vou matar aquele desgraçado!

Joselina pela primeira vez sentiu pena da mulher de Altino:

— Não faça isso. Não compensa a senhora estragar sua vida matando aquele miserável, pois a morte para ele seria muito pouco. Altino precisa viver para receber o castigo que merece. Fui parar na prisão por culpa dele, mas hoje estou me vingando. Não estou feliz com isso, pois estou fazendo dois inocentes pagarem o preço, mas quero que ele sofra e que sua carne apodreça sobre uma cama – disse, fazendo Marina perceber o quanto Joselina o odiava.

— Agora compreendo porque meu filho sempre foi tão quieto e triste – Marina começou a chorar copiosamente. – A culpa disso tudo é minha, pois eu nunca deveria ter confiado meu filho ao monstro do pai dele.

— Converse com seu filho, certamente ele precisa de muita ajuda – disse a outra com sinceridade.

Joselina, depois de destilar o veneno, pediu licença e saiu sem nem mesmo se despedir. Marina chorava copiosamente na sala enquanto João fazia o mesmo no quarto. Por um momento, Marina pensou em ir até a pensão para matar Altino, mas, percebendo que estava atordoada com a revelação, decidiu conversar com Elisa sobre o assunto. Marina foi até a casa da vizinha ainda chorando. Ao ver o estado da mãe de João, a vizinha perguntou:

— O que houve para você ficar assim?

Marina estava tão nervosa que se sentou à mesa da cozinha e continuou a chorar. Elisa colocou açúcar em um copo com água e ofereceu à amiga. Marina nem se deu conta de que os filhos de Elisa estavam brincando na sala e, sem pensar nas consequências, começou a contar tudo que Joselina havia revelado. A outra, ao perceber a gravidade do assunto, mandou as crianças irem brincar na casa da tia, que ficava algumas casas abaixo da sua. Marina contou tudo que sabia e concluiu a conversa dizendo:

— Agora entendo porque ele sempre chamou João de maricas. Se hoje meu filho sofre, é por culpa daquele homem que desgraçou a vida do menino.

Elisa não tinha palavras para confortar a amiga, por isso perguntou:

— Você já conversou com João sobre o assunto?

— Não tive coragem de encarar meu filho. Só de pensar no quanto ele sofreu durante esses anos todos, sinto-me uma mãe fracassada.

— Quero que conheça dona Dalva, o que acha de irmos à casa dela? – propôs Elisa, depois de pensar por alguns instantes.

Marina, completamente sem rumo, concordou. As duas esperaram Balbino voltar para avisá-lo que as crianças estavam na casa de sua irmã. Balbino chegou e, depois de dar um breve beijo no rosto da esposa, perguntou:

— Aonde você vai?

— Vou à casa de dona Dalva. Marina precisa de ajuda, e no momento só ela poderá ajudar.

Balbino, que sempre foi um homem discreto, disse:

— Não se preocupe, vou buscar as crianças e faço a janta.

Elisa beijou o marido e rapidamente saiu em companhia de Marina. As duas mulheres foram até a praça e pegaram um táxi. Em poucos minutos as duas mulheres chegaram à casa de dona Dalva. Dalva era uma mulher de tez branca e de olhos verdes, e a obesidade emprestava-lhe um aspecto bonachão. Elisa apresentou Marina, cujos olhos estavam inchados de tanto chorar. Com seu jeito sereno, Dalva convidou as duas mulheres a se sentarem.

— Desculpe vir à sua casa sem avisar – disse Marina.

— Para vir não precisa avisar. Estou aqui todas as noites, exceto às quartas-feiras, pois tenho minhas reuniões – respondeu Dalva sorrindo. Ela era uma viúva com mais de sessenta anos e tinha duas filhas que moravam na capital. – Para mim, é um prazer recebê-la em minha casa. Elisa fala muito sobre a senhora e seu filho.

Marina, ao ouvir sobre o filho, desatou a chorar compulsivamente, mas Dalva permaneceu impassível. Elisa estranhou o fato de a mulher não fazer nada para que Marina parasse de chorar, mas nada disse.

— Chore, minha filha... Coloque para fora a dor que está sentindo – disse Dalva com suavidade. Enquanto Dalva falava, Marina chorava ainda mais.

Elisa já estava ficando desesperada ao ver a amiga chorar:

— Marina, controle-se.

Dalva, em tom sério, repreendeu amavelmente a amiga:

— Enquanto ela não colocar para fora tudo o que está sentindo, ela não conseguirá falar sobre o espinho que está ferindo seu coração.

Marina chorou por mais de vinte minutos, quando finalmente foi se acalmando. Dalva pegou um copo d'água e o ofereceu a Marina. Assim que os sentimentos da mulher serenaram, ela disse:

— Perdoe meu descontrole, mas a situação é gravíssima.

Dalva permaneceu calada, esperando Marina contar o que havia acontecido. A outra contou tudo desde o início, como conhecera Altino, o namoro, o casamento, o nascimento do filho, as brigas e as surras. Por fim, contou que havia descoberto o abuso que o filho sofrera quando tinha seis anos. Falou sobre o mutismo de João e, principalmente, da introspecção em relação a outras pessoas. Dalva ouvia tudo sem esboçar reação alguma, e só depois de Marina contar tudo o que estava guardado em seu coração começou a falar.

— A senhora conversou com seu filho sobre esse assunto?

— Não tenho coragem de encará-lo, pois se meu filho sofre é por minha culpa.

— Por que se culpar? A senhora não tem culpa por seu marido ser sexualmente desequilibrado. Seu filho agora precisa de apoio, compreensão e amor. Não duvido que seu filho traga sequelas em seu coração, pois uma agressão sexual pode afetar a saúde mental de uma criança e até mesmo levá-la a se fechar de tal maneira que, quando cresce, pode cogitar o suicídio.

— Não me importo se precisar ficar o resto da minha vida na cadeia, mas eu ainda vou matar aquele desgraçado.

— Não diga uma coisa dessas. Em que mudaria os fatos vê-lo morto? – disse Dalva enquanto olhava Marina com serenidade –. Concordo plenamente que seu marido errou ao cometer essa violência contra o próprio filho, mas precisamos avaliar determinadas situações para não julgarmos de forma indevida. Primeiro, deve-se compreender que cada um de nós é um espírito encarnado e que todos reencarnamos várias vezes na Terra, no intuito de evoluir espiritual e moralmente. Mas cada um de nós está em um grau evolutivo diferente e, por isso, agimos das mais diversas maneiras. Levando isso em consideração, devemos agir como Jesus disse: "Aquele que não tiver pecado que atire a primeira pedra". Somos pecadores. Não estou justificando o mau que seu marido fez ao próprio filho, quero que a senhora encare os parâmetros de Jesus e veja que seu marido nada mais é do que um desequilibrado que um dia vai se deparar com a lei imutável de Deus, chamada de causa e efeito. Ou seja, um dia ele arcará com as consequências de seus atos.

Marina ouvia atenta a tudo o que dona Dalva estava dizendo:

— Mas quando ele pagará pelo que fez?

— Não se preocupe com o tempo, pois isso acontecerá de maneira natural. Hoje a senhora está sentindo um verdadeiro ódio pelo seu marido, mas um dia sentirá pena – disse dona Dalva pegando um livro intitulado *O livro dos espíritos*. Abriu-o em uma página e leu o que estava escrito: "As relações dos espíritos com os homens são constantes. Os bons espíritos nos atraem para o bem, sustentam-nos nas provas da vida e nos ajudam a suportá-las com coragem e resignação. Os maus nos impelem para o mal, é-lhes um gozo ver-nos sucumbir e assemelhar-nos a eles".

— O que isso quer dizer? – perguntou Marina sem compreender a leitura.

Dalva, esboçando um leve sorriso, passou a dizer:

— Há espíritos bons, que nos auxiliam nas provas da vida, dando bons conselhos e intuindo bons pensamentos para nós. Porém, há espíritos que, ao contrário, agem com más intenções, são maus e nos arrastam para o mal por intuir maus pensamentos. E, como sabemos, os maus pensamentos nos levam a más ações. Esses espíritos maus se divertem por nos fazer parecidos com eles. Não podemos nos esquecer de que também existe a lei da afinidade, ou seja, temos como companheiros as pessoas que, se afinam conosco em pensamento e ação. Concluímos, portanto, que se seu marido foi arrastado ao mal, é porque ele ainda tem muito o que aprender e a evoluir. Agora eu lhe pergunto: será que vamos nos assemelhar aos espíritos maus e fazer justiça com as próprias mãos? Não deseje o mal a seu marido, pois há uma resposta satisfatória para tudo que fazemos – respondeu Dalva. Há na Bíblia uma passagem no livro de Gálatas, capitulo seis e versículo sete, que diz: "Não vos enganeis, Deus não se deixa escarnecer, pois tudo o que o homem semear, isso também ceifará". Portanto, deixe que a vida se encarregará de dar a lição que seu marido merece.

Marina sentiu-se mais calma e perguntou:

— E agora? O que direi ao meu filho sobre esse assunto?

Dalva pensou por alguns até começar a dizer:

— A senhora, como mãe, deve conversar com o menino. Deixe claro que ele não é o culpado, mas, antes de tudo, a vítima da situação, pois, quando uma criança passa por uma experiência dolorosa como essa, costuma se fechar às coisas e às pessoas ao seu redor. E, com bondade, deve fazê-lo falar, não sobre o que aconteceu, mas como ele se sente em relação às pessoas. João precisa de ajuda, e a única pessoa em quem ele confia é a senhora. Portanto, aja com discrição e não se esqueça de que sua autoestima está praticamente destruída, por isso, com amor, a senhora deverá mostrar a ele seu valor pessoal. Aconselho também a senhora procurar um psicólogo, pois ele terá todas as bases para ajudar seu filho.

Marina novamente começou a chorar. Elisa, que ouvia a conversa, disse:

— João não vai falar, pois ele sempre foi muito discreto e fala pouco sobre si mesmo ou qualquer outro assunto.

— Deus enviará os bons espíritos para ajudá-lo nessa conversa, que não será nada fácil – disse Dalva, aproveitando a oportunidade. – A senhora nunca desconfiou de que havia algo errado com seu filho?

Marina, em sua simplicidade, respondeu:

— Para ser sincera, sempre achei que João é muito calado e que também vive muito sozinho. Mas, jamais pensei que Altino seria capaz de um ato insano como esse.

Dalva disse:

— Esta é uma provação, tanto para João quanto para a senhora, pois, como mãe, sofre ao ver o sofrimento psíquico do filho. Mas lembre-se de que Deus estará ao seu lado e de que estarei aqui para tudo o que precisar – disse Dalva, pegando a mão de Marina.

Marina, naquele momento, abraçou-a fortemente, agradecendo pela atenção recebida. Sorrindo, Dalva ofereceu um café, mas a outra recusou, pois por um momento sentiu medo por deixar o filho sozinho. Marina e Elisa pegaram o táxi de volta para casa.

— Estou à sua inteira disposição para o que precisar – disse Elisa, sem ter o que falar.

Marina agradeceu e desceu do carro.

CAPÍTULO 70

Briga na pensão

Joselina estava feliz e, naquela mesma noite, foi até a pensão de Teresa para conversar com Altino. Com sua habitual arrogância, ela pediu para que o chamassem. Um rapaz foi até o quarto de Altino para informar-lhe de que uma moça o esperava na sala principal. Altino logo acreditou se tratar de Joselina e, sorrindo, disse:

— Essa mulher quer voltar para mim, mas vou humilhá-la assim como ela fez comigo.

Vestiu-se rapidamente, descendo em seguida. Encontrou Joselina sentada na sala e, ao vê-la, perguntou com um sorriso nos lábios:

— Está com saudades de mim?

Joselina, devolvendo o sorriso ironicamente, respondeu:

— Saudades? Não se iluda com isso. Mesmo se você fosse o último homem na face da Terra, eu jamais me envolveria com você novamente.

Mais uma vez, Altino sentiu-se humilhado, e com raiva perguntou:

— Então, o que veio fazer aqui?

— Vim apenas lhe trazer uma notícia.

Altino, ainda em pé, ficou esperando a mulher falar. Joselina prosseguiu:

— Acho que você está encrencado.

— Do que está falando?

— Estou avisando para não passar na frente de dona Marina, pois, se ela o vir, vai matá-lo – respondeu gargalhando.

— Seja mais clara, por favor, pois não tenho tempo a perder com uma prostituta como você – disse Altino sem compreender aonde Joselina queria chegar.

— Quem é você para me chamar de prostituta? Seu miserável que não teve a honra nem de respeitar o próprio filho –, Joselina, naquele momento, fechou o cenho.

Altino passou do rubor a palidez e perguntou:

— O que você fez? – perguntou ele, empalidecendo.

— Por sua causa fui parar na cadeia, e agora chegou minha vez de me vingar. Fui até sua antiga casa e contei tudo à dona Marina sobre o que você fez com o seu filho quando ele tinha apenas seis anos. Você é um monstro e vai pagar por isso.

Altino, então, sentiu o chão sumir sob seus pés:

— Você não fez isso...

— Se não acredita em mim, vá até sua antiga casa – retrucou.

Altino começou a gritar impropérios para Joselina. A mulher, sorrindo, disse:

— Chegou sua vez de pagar pelo que você me fez.

O homem perdeu a paciência e avançou sobre Joselina. Ele não sabia, porém, que Ricardo estava do lado de fora esperando pela mulher. Ao ouvir os gritos de Joselina, Ricardo entrou rapidamente na pensão, começando uma briga. A dona da pensão escutou a celeuma e começou a gritar que não queria briga em sua casa. A briga se estendeu até a rua. Ricardo, que era mais forte que Altino, deu-lhe uma surra considerável. Joselina levou uma bofetada, mas sorria satisfeita enquanto assistia à briga.

Várias pessoas se aproximaram para separar os dois homens. Quando Altino conseguiu se desvencilhar de Ricardo, começou a gritar:

— Vou te matar, prostituta dos infernos!

— Você é homem para abusar de criança, assim como fez com seu filho, mas não é homem para matar ninguém! – gritou Joselina para uma das pessoas que tentavam separar a briga – Esse homem que vocês estão protegendo desgraçou a vida do próprio filho, quando a criança só tinha seis anos de idade. Ele não passa de um safado!

As pessoas, ao ouvirem os gritos de Joselina, olharam revoltadas para Altino. Uma delas disse:

— Deixem esse miserável apanhar, pois é isso o que ele merece!

Joselina rapidamente entrou no carro. Ricardo zarpou enquanto Altino, em frente à pensão, ameaçava aos berros:

— Vou matar você! Nem que isso seja a última coisa que eu faça em vida!

A dona da pensão, depois de ver a briga e as acusações, olhou de soslaio para Altino e, em tom sério, disse:

— Hoje não estou disposta a falar com o senhor. Mas, por favor, me procure amanhã pela manhã, pois temos muito o que conversar.

Altino olhou assustado para a mulher:

— Vou procurar a senhora pela manhã.

Altino entrou em seu quarto e começou a pensar em tudo que estava acontecendo. "Joselina não conhece o vespeiro em que mexeu. Vou acabar com o riso sarcástico do seu rosto." Altino relembrou o momento em que contou a ela sobre o que tinha feito e, por um momento, sentiu ódio de si mesmo. A noite passou sem que ele conseguisse conciliar o sono, pois, não bastasse a situação em que se encontrava, dona Teresa ainda queria falar com ele.

Às seis da manhã, ele saiu do quarto e foi encontrar dona Teresa, que se encontrava na cozinha passando o café.

— A senhora quer conversar comigo?

Teresa, sem nem mesmo olhar para ele, respondeu:

— Nunca houve escândalos em minha pensão. Foi lamentável o que aconteceu ontem.

— Prometo que isso não acontecerá mais.

— Tenho certeza que não. Peço que deixe minha pensão, dou-lhe uma semana para procurar outro lugar – disse enquanto continuava a passar o café.

Altino ficou lívido, afinal, para onde iria?

— Por favor, dona Teresa, não me peça isso. Não tenho para onde ir.

A mulher estava revoltada, não pela briga em sua pensão, mas por saber da maldade que Altino havia feito com o próprio filho. Ela, porém, nada disse a respeito.

— Dê-me uma chance – suplicou.

— O senhor deu chance a seu filho de se defender? – perguntou ela, que era uma mulher franca.

— Aquela mulher é louca. Ela inventou tudo aquilo só para me difamar – mentiu.

Teresa, com o olhar frio, respondeu:

— Ninguém é louco o suficiente de levantar uma acusação como esta e sustentá-la como essa moça fez. Portanto, não tente me persuadir, porque conheço um mentiroso de longe – respondeu Teresa com olhar frio. – Em minha pensão só há pessoas de bem, e infelizmente o senhor não é um homem de bem. O senhor tem até a próxima quinta-feira para sair. Peço para não se juntar a outros hóspedes na hora das refeições, pois o senhor não é um homem bem-visto, além disso, não quero comentários em minha pensão. Enquanto isso, o senhor poderá jantar na cozinha.

Altino, sem nada dizer, saiu e foi até a empresa onde trabalhava. Seus pensamentos estavam em um verdadeiro turbilhão, pois agora todos conheciam o seu segredo e, para piorar tudo, ele precisava arranjar outro lugar para morar. No trabalho, ficou o dia inteiro sem falar com ninguém.

CAPÍTULO

71

Marina tenta conversar com João

Marina, ao entrar em casa, percebeu que João ainda estava trancado em seu quarto. Preocupada, a mãe pensava no que diria ao filho. Afinal, por mais que dona Dalva tivesse dito que ela não era culpada, era assim que ela se sentia. Marina bateu no quarto do filho sem obter resposta. Ela abriu a porta e encontrou o menino deitado, com a cabeça coberta por um lençol. A mulher sentou-se na cama ao lado do filho e disse suavemente:

— Meu filho, precisamos conversar.

— Não tenho nada para falar.

— Você deveria ter me contado sobre o ocorrido, meu filho, eu jamais iria criticá-lo – disse com voz maternal.

João, ouvindo a voz suave da mãe, descobriu a cabeça. Estava com os olhos inchados de tanto chorar.

— Mamãe, como que eu poderia falar uma coisa dessas para a senhora? Senti vergonha, medo e, principalmente, ódio daquele homem.

— Agora entendo o ódio que sente por Altino, porque agora estou sentindo isso também – disse ela segurando as lágrimas. – Meu filho, sinceramente, não sei o que dizer. Imagino o quanto sofreu durante todos esses anos, guardando um segredo como este. Lembre-se de que estou a seu lado e lhe darei apoio em tudo que for preciso. Estou sofrendo com você. Você não é culpado pelo que aconteceu e não tem do que se envergonhar, pois logo me desquitarei daquele monstro, e nunca mais quero vê-lo em minha frente.

João desatou-se em lágrimas:

— Mãe, eu nunca fui feliz e talvez nunca seja, mas quero que saiba que a senhora é a melhor mãe do mundo.

Ao ouvir o desabafo do filho, Marina chorou e abraçou-o com força:

— Meu filho, você pode não ter sido feliz até agora, mas farei o possível e o impossível para que seja daqui em diante – disse. – Vamos comer um lanche? – Marina perguntou, esforçando-se para sorrir.

— Estou sem fome. Prefiro dormir.

Marina respeitou a vontade do filho e foi para o quarto, pois não estava com disposição para trabalhar e, sendo assim, tomou um calmante e deitou-se, pois já eram quase dez da noite.

No dia seguinte, João acordou cedo, antes mesmo de sua mãe levantar, e saiu com sua caixa de engraxar sapatos. Foi até a rodoviária e ficou andando a esmo, sem nem mesmo oferecer seus serviços.

Ele lembrou-se de Nico e começou a pensar no uso do álcool que o menino fazia. João ofereceu serviço a um senhor que estava sentado na sala de espera da rodoviária e o homem aceitou e, assim, ele começou a trabalhar. Naquele dia, João Pedro passou o dia trabalhando sem voltar para almoçar.

Ao chegar em casa, entregou uma parte do dinheiro para sua mãe e a outra guardou com ele. João percebeu que a mãe havia chorado e, fingindo não perceber, foi tomar banho. Depois, comeu um lanche e trancou-se em seu quarto.

Marina não podia olhar para o filho sem imaginar a tortura que o menino passara na ocasião da morte do avô. Ela sentia ódio de Altino, porém, nada disse a João, evitando que ele se lembrasse da figura paterna.

As aulas no curso secundário começaram, e João agora estudava em outra escola. Tudo era novidade. Ele gostou dos professores e, como sempre, sentou-se na primeira carteira a fim de prestar atenção na explicação dos professores. O rapaz continuou sendo introspectivo, falava pouco e se esforçava para ser um bom aluno.

CAPÍTULO

72

Sem mobília

Depois de uma semana, Altino finalmente saiu da pensão de dona Teresa, que ficava perto da empresa de ônibus em que trabalhava, e foi morar em uma pequena casa alugada em um bairro mais afastado. Como ele não tinha mobília, decidiu ir à casa de Marina pedir ajuda para que pudesse morar sozinho.

— O que você está fazendo aqui, seu monstro? Já não basta o mal que nos fez? – Marina gritou ao vê-lo.

— Marina, errei com nosso filho. No momento estou precisando de ajuda, estou morando em uma casa, mas não tenho mobília – disse cabisbaixo.

— Se você não tem mobília o problema é seu. Tudo nesta casa foi comprado com muito sacrifício de noites e noites nessa máquina de costura. Agora, vá embora, pois eu o odeio com todas as fibras do meu coração, e peço que não me procure novamente. Sofri calada por muito tempo até finalmente chegar o momento de nos separarmos. Já desquitamos, então, vá embora, seu monstro! O fato de você ter me surrado tantas vezes sem merecer doeu bem menos do que o mal que causou a meu filho.

— Onde está João? Preciso conversar com ele – perguntou Altino.

— Você nunca mais vai ver meu filho! Ah! Posso lhe garantir que meu filho não é o maricas que você sempre disse, ele apenas não é canalha como você.

Altino pôde sentir o ódio nas palavras de Marina e, sem dizer mais nenhuma palavra, saiu da casa sem olhar para trás.

CAPÍTULO

73

Mudanças

João estava cansado de engraxar sapatos. Então, decidiu procurar trabalho em uma sapataria no centro da cidade. Oscar era o nome do dono da sapataria, que logo gostou de João, dando-lhe trabalho mesmo sem o rapaz ter experiência alguma no ramo. O rapaz voltou para casa feliz e logo contou que havia encontrado um trabalho com salário fixo, deixando-a orgulhosa. E, assim, ele trabalhava durante o dia e estudava à noite.

O colégio era diferente durante a noite, pois os professores não conseguiam manter a mesma disciplina que era costumeira no período diurno. João continuou sendo um aluno esforçado e, quando conheceu Eli, passou a deixar de ser introspectivo.

Eli era um rapaz alto que já tinha reprovado duas vezes o primeiro ano do curso secundário e não trabalhava. Ele gostava mesmo era de tocar violão. Toda sexta-feira Eli faltava às aulas e ficava na frente do colégio tocando violão e bebendo.

Como gostava de violão, João começou a deixar de entrar na escola, ficando com Eli do lado de fora, mas voltava para casa no mesmo horário, para que a mãe não desconfiasse que ele estava matando aulas. João tinha uma bela voz, e cantava várias canções enquanto Eli tocava violão. Logo os dois se tornaram inseparáveis, mesmo quando estavam em sala de aula. João deixou a primeira carteira e foi sentar-se no fundo da sala, atrás de Eli. O rapaz era divertido e fazia brincadeiras o tempo todo, e João gostava do jeito dele. Porém, as notas de João foram caindo consideravelmente, e ele já não mostrava mais os boletins para a mãe, que pouco sabia sobre a vida do filho.

Nas tardes de domingo, João ia à casa de Eli e começou a aprender a tocar violão. Ele tinha facilidade para aprender, então, em pouco tempo já estava tocando várias músicas.

Eli aprendera a tocar violão com um senhor chamado Romualdo. Ele não aprendeu a ler partituras, apenas as cifras. Depois de muito estudo, Eli se tornou um exímio violonista. Bastava ouvir uma música que ele tocava imediatamente, o que deixava João ainda mais encantado.

O ano passou rapidamente. Os dois rapazes passaram de ano.

Marina gostou de saber que o filho finalmente arranjou um amigo, apenas não sabia que Eli era dado à bebida. Gostava de tocar em bares, por isso, várias pessoas se juntavam para pagar bebidas a ele.

O rapaz tocava muito bem, e João era dotado de uma bela voz, assim, todos os sábados os dois iam aos bares para tocar violão e cantar. Foi nessa época que João começou a beber. Para que sua mãe não descobrisse isso, trancava-se em seu quarto ao voltar para casa.

Marina, que costurava o dia inteiro, não aguentava esperar o filho chegar de madrugada. Ela começou a estranhar as atitudes do filho e passou a perguntar onde ele estava, mas o rapaz apenas dizia:

— Mãe, estava me divertindo. Tenho dezesseis anos e sou como todo mundo: gosto de me divertir, não faço nada de errado e, além do mais, só toco violão e canto em companhia de Eli.

A mulher acreditava no filho, afinal, ele nunca fora dado a mentiras. Com o tempo, porém, o comportamento de João foi mudando. Ele já não estudava como antes, e até suas atitudes no trabalho mudaram a tal ponto que Oscar o demitiu. Inicialmente, Marina não soube o porquê da demissão. Só depois ficou sabendo que o motivo foi João ter chegado atrasado e bêbado ao trabalho.

Quando chamava o filho para lhe aconselhar, o rapaz respondia irritado:

— Mãe, quando era para a senhora ter cuidado de mim, a senhora não o fez. Agora, que sou praticamente adulto a senhora quer comandar minha vida?

Então, João passou a ficar trancado o dia inteiro em seu quarto, saindo apenas para ir ao colégio.

Certo dia, Marina fora até o armazém do seu Salim e encontrou dona Veridiana, mãe de Carolina, uma mocinha que estudava na mesma classe de João. A mulher, depois dos cumprimentos, perguntou:

— Que mal lhe pergunte, por que João não está indo mais ao colégio?

— Como? – perguntou a outra sem compreender.

— Não está indo, Carolina disse que faz quase um mês que João não aparece no colégio, o que é uma pena, pois ele sempre foi tido com bom aluno – disse dona Veridiana, que gostava de uma boa fofoca.

— Impossível! João sai para ir ao colégio todas as noites – Marina estava lívida.

— É como diz o ditado: "A mãe é sempre a última a saber o que está acontecendo com os filhos..." – comentou maliciosamente a outra.

Rapidamente, Marina comprou algumas coisas e saiu. Ao chegar, entrou feito um furacão no quarto do filho.

— João, por que você está faltando às aulas? – disse aos gritos.

— Mãe, me deixa dormir – respondeu ele ainda sonolento.

— Levanta! Você está passando dos limites! – gritou Marina puxando o cobertor.

João, irritado, sentou-se na cama e disse com desdém:

— O que a senhora quer saber?

— Por que você está faltando as aulas?

— Mãe, não sou mais aquele idiota que a senhora criou – respondeu com deboche. – Agora sou um cara descolado e, para falar a verdade, não estou indo e não vou mais ao colégio, pois Eli e eu estamos montando uma banda de rock. Um dia a senhora vai ver o nome da nossa banda em todos os jornais e revistas, e vai ouvir as minhas músicas sendo tocada nas rádios.

— Meu filho, o que está acontecendo com você?

— Mãe, aquele João-bobo que a senhora criou não existe mais. Agora vou ser cantor de rock. Eli comprou duas guitarras e um baixo, só falta a bateria para, aí sim, formarmos uma banda daquelas.

Foi naquele momento que Marina sentiu um forte cheiro de álcool vindo de João e, aos berros, perguntou:

— Você está bebendo?

— Mãe, todo roqueiro bebe, e eu não sou diferente. Estamos quase na década de setenta, e a senhora ainda vem me perguntar se estou bebendo... – respondeu irritado. Em seguida, levantou-se e foi ao banheiro.

— O que está acontecendo com você, João? Você já não é mais o mesmo: chega tarde em casa, não dá satisfação do que está fazendo, vive com esse Eli, que não me parece uma boa companhia, e, além de tudo, me desrespeita visivelmente – gritou desesperada na porta.

Nesse instante João saiu com a toalha de rosto no ombro, dizendo:

— Cansei! Cansei de ser o bonzinho e infeliz. Agora vou correr atrás de minha felicidade.

— Meu filho, cuidado, pois nessa corrida você pode cair e se machucar – respondeu ela com os olhos marejados.

— Todo mundo se machuca um dia, e comigo não vai ser diferente. Por falar nisso, a primeira pessoa que me machucou foi o homem que dizia ser meu pai.

— Meu filho, você é homossexual? – perguntou Marina descontrolada.

— Não sou, pode ficar tranquila – respondeu aos berros, irritado com a pergunta. – Mas, se eu fosse, a culpa seria do seu ex-marido.

Naquele momento, Marina percebeu que João estava revoltado, talvez por tudo que havia passado.

"Preciso ter paciência com João. Meu filho está revoltado por causa do aconteceu. Brigar ou dar sermões nada vai adiantar"– pensou a mulher.

João mudou seu visual: deixou seus cabelos crescerem, vestia-se como um hippie e falava gírias sem parar. A mudança do filho causava dores profundas na alma de Marina, por outro lado, ela sentia que não devia falar nada, pois João já não era mais o menino que ela criou com tanto amor. Uma semana depois da discussão, João chegou em casa dizendo:

— Mãe, quero uma vitrola. Todos os meus amigos têm uma, e eu só tenho um rádio.

— Não posso comprar uma vitrola agora, meu filho. O que ganho mal dá para as despesas do mês.

João se irritava facilmente, e daquela vez não foi diferente:

— Se a senhora não quer comprar uma vitrola vou dar meu jeito.

— Que jeito?

João lançou um sorriso sarcástico para a mãe e saiu. Ele havia combinado de se encontrar com Eli para entrevistar dois rapazes para formar uma banda.

Eli estava esperando João com os dois rapazes.

— João, por que se atrasou tanto? – perguntou irritado. – Faz mais de uma hora que eles estão esperando.

— Por favor, não seja como minha mãe. Atrasar faz parte da vida.

Eli não gostou da resposta de João. Mesmo assim, apresentou os dois rapazes:

— Este é Manoel, mas o apelido é Neco.

Neco era um rapaz exageradamente magro com cabelos longos presos em um rabo de cavalo. João estendeu a mão para Neco e logo olhou para o outro rapaz, que tinha cabelos crespos e negros, e na testa usava uma bandana vermelha, a camisa era colorida, e a calça, verde, e nos pés, chinelos de couro. João gostou da roupa do rapaz e perguntou:

— Qual é seu nome, bicho?

— Meu nome de batismo é João Carlos, mas todos me chamam de Joca.

— Qual instrumento você toca, Joca?

— Toco bateria.

— Neco toca baixo – disse Eli, intrometendo-se na conversa.

João pensou por uns instantes quando disse:

— Meu nome é João, mas pode me chamar de Jôpe.

Eli não entendeu, pois nunca soubera que João tinha apelido, mas ficou quieto.

Logo os quatro rapazes estavam conversando sobre bandas e músicos famosos, como The Doors, The Rolling Stones, The Mamas and The Papas e, principalmente, de Jimi Hendrix, de quem João era fã.

— Gosto de muitas bandas, mas minha musa inspiradora é Janis Joplin. Ela é simplesmente a deusa do rock – disse Neco.

Os quatro combinaram ensaiar na garagem dos pais de Eli. Depois de os dois rapazes irem embora, Eli perguntou sorrindo:

— Que história é essa de Jôpe?

João se lembrou de Nico, e com saudades disse:

— Em minha infância conheci um rapaz conhecido como Nico. Ele, sim, sabia viver, mas tentou assaltar uma casa e se meteu em uma enrascada, acabou sendo morto pelo dono. Ele me chamava de Jôpe, mas naquela época eu era careta e não gostava do apelido, agora eu gosto.

— E agora, como eu lhe chamo?

— De Jôpe, é legal!

Eli riu do apelido de João e, assim, passou a chamá-lo pelo apelido dado por Nico.

No dia seguinte, os quatro rapazes foram até a casa de Eli e ensaiaram algumas músicas de The Doors. Eli gostava da música "Light my fire" e pediu para João cantá-la várias vezes seguidas. Ele não gostava de cantar a mesma música várias vezes, mas como a banda estava começando, João fez o que o amigo pediu.

Todos os dias, os quatro rapazes se reuniam para ensaiar de quatro a seis horas por dia. Depois dos ensaios, iam a um bar e lá ficavam até de madrugada. Certo dia, Neco se aproximou com um cigarro:

— Jôpe, já experimentou esse lance?

— Gosto de bebida, mas não gosto muito de cigarro – recusou sorrindo.

— Fuma este. Tenho certeza que de você não vai se arrepender.

— Vai nessa, Jôpe, que você não vai se arrepender – disse Eli, que conhecia aquele cigarro diferente.

João, não querendo ser diferente dos outros rapazes, acendeu o cigarro malfeito e, de repente, começou a sentir algo estranho. Sentiu sua boca secar, seu coração acelerar, sentia também que sua coordenação motora estava comprometida, pois seus movimentos ficaram difíceis. Além disso, ele mal podia ficar em pé.

Ele ouvia os outros rapazes falando, mas não conseguia se concentrar na conversa. Em sua cabeça, estava passando tudo que havia acontecido em sua vida, e o que lhe veio à mente foi o baile de sua formatura do oitavo ano. João sentiu como se tivesse perdido todos seus dentes e ficou olhando para um ponto indefinido sem falar nada.

— Essa é a primeira viagem de Jôpe, a primeira é sempre ruim, mas depois ele vai gostar – disse Neco.

Eli e os outros riam sem parar vendo o estado de João – eles beberam sem usar a droga. João falava com dificuldade:

— Meu Deus, quando isso vai passar?

Enquanto isso, os amigos continuavam rindo.

— Quando o efeito da loucura passar não poderemos levá-lo para casa. Por isso, ajudem-me a levá-lo para minha casa, assim ele chegará em casa amanhã, sem que sua mãe perceba algo.

João ficou sentado na calçada por mais de duas horas, até o efeito começar a passar. Quando estava passando, João perguntou:

— Quem de vocês me deu um soco na boca?

Todos os rapazes riram, e foi Neco quem respondeu:

— Você sentiu isso porque foi a primeira vez, mas em pouco mais de meia hora você estará bem.

Quando os sintomas passaram, João começou a sentir muito sono.

— Preciso ir para casa, pois minha mãe deve estar preocupada.

— Esqueça sua mãe, você é um roqueiro – disse Neco.

João insistiu em voltar para casa, mas Eli disse:

— Hoje você vai dormir em minha casa. Amanhã você volta para a sua.

João, sem se importar com sua mãe, aceitou. Assim, os quatros rapazes andaram em direção à casa de Eli.

Eli levou João a seu quarto e, puxando um colchão, o fez deitar. O rapaz rapidamente adormeceu.

CAPÍTULO

74

Deixando de ser um bom menino

Passava das duas da manhã e João ainda não havia chegado para o desespero de dona Marina. Naquela noite, sentiu uma pressão no peito, pensando que era pelo fato de o filho ainda não ter chegado em casa.
Desde que João começara a ser amigo de Eli, ele saía todas as noites, chegando altas horas da madrugada, e mal falava com a mãe. Marina começou a pensar no amigo do filho, e logo deduziu que o rapaz não era boa companhia, afinal, desde que aquela amizade começou, João mudou radicalmente seu comportamento. De rapaz caseiro, passou a ficar mais tempo na rua; o menino que sempre ouvira seus conselhos, agora mal conversava com ela. Isso tudo a deixava muito preocupada.
Marina tinha a imagem de Santo Expedito na sala, o santo das causas impossíveis, de quem era devota. Em desespero, ela se ajoelhou diante da imagem e pediu para que o filho chegasse bem. A mulher rezou um terço inteiro. Quando terminou, ela olhou para o relógio e percebeu que já passava das quatro horas da manhã, mas nada de João chegar. Ela estava em franco desespero. Andando de um lado para o outro, viu o dia amanhecer. Ela fez café com pensamentos ruins na cabeça, pois já não sabia mais o que fazer. Então, decidiu conversar com Elisa. Esta, ao saber do breve desaparecimento de João, ficou desesperada.
— Vamos à delegacia, pois precisamos informar as autoridades sobre o desaparecimento de João – disse Elisa.

— Vou me trocar e voltarei em seguida – disse a outra olhando para a roupa que vestia.

Marina estava se arrumando quando ouviu a porta bater. Foi correndo foi até a sala.

— Onde você esteve a noite toda? Estava me arrumando para ir à delegacia.

— Pare de me tratar feito criança. Já sou um homem e tenho o direito de ir e vir, respeite isso! – gritou João, irritado.

Indignada, Marina perdeu a paciência. Aproximou-se de João e deu-lhe uma sonora bofetada. O rapaz olhou com ódio para a mãe dizendo:

— A senhora nunca fez isso antes. Agora, saiba que sempre passarei as noites fora de casa e, por favor, não faça escândalos.

Marina chorava copiosamente, enquanto o filho se trancou no quarto e dormiu quase o dia inteiro. Ela já não sabia mais o que fazer e, conversando com Elisa, desabafou:

— Não sei o que está havendo com João, parou de estudar, chega bêbado, e agora só fala nessa maldita banda de rock.

— Marina, tenha paciência com João, ele está passando por uma fase difícil, ainda mais depois de tudo que sofreu – disse Elisa em tom conciliador. – Esta é uma fase que logo passará, ele vai completar dezessete anos no próximo mês e pensa que já é um homem.

— Bem que diz o ditado: "Filho criado, trabalho dobrado" – suspirou a outra com lágrimas nos olhos.

Elisa, apesar de tentar consolar a amiga, também estava preocupada com João. Ao vê-la sair, Elisa logo percebeu o quanto a amiga emagreceu, pois suas roupas estavam largas em seu corpo.

João acordou perto das quatro horas da tarde e encontrou a mãe costurando. Sem dizer uma única palavra, foi até a cozinha comer alguma coisa. Marina parou o que estava fazendo para perguntar:

— Meu filho, quer que eu esquente a comida para você?

João, sem olhar para a mãe, fingiu não ouvir nada, para desespero de Marina.

— Meu filho, há tempos você vem me desrespeitando. Não me arrependi do que fiz, só espero que me respeite de hoje em diante – continuou dizendo, mesmo sendo ignorada pelo filho.

— Por que deveria respeitá-la? O que fez para merecer meu respeito? Deixou-me sozinho com aquele canalha que arruinou minha vida – retrucou o rapaz secamente.

Marina, com lágrimas nos olhos, respondeu:

— Meu filho, não tive culpa do que lhe aconteceu. Até porque jamais imaginei que seu pai seria capaz de um ato vil como aquele.

— Aquele homem não é meu pai!

Marina mais uma vez sentiu-se culpada e, chorando, voltou a se sentar à máquina.

João comeu sem esquentar a comida, e depois foi tomar banho. Em seguida, voltou ao seu quarto, deitou-se e se pôs a pensar na vida. Em meio a tantas transformações comportamentais, ele pensou: "Por que fui fumar aquele cigarro que Neco me ofereceu? Não entendo por que meus pensamentos ficaram tão acentuados, e ao mesmo tempo fiquei tão alienado a tudo que estava acontecendo à minha volta. Nunca deveria ter feito o que fiz. Talvez Neco não seja tão legal assim...". João estava encarando sua consciência, e logo deduziu que o que fizera estava errado. Ele decidiu que naquela noite não se encontraria com os rapazes. Quando passava das nove da noite, porém, a voz de Eli se fez ecoar no portão. Marina, então, foi até a porta e, de cenho fechado, disse:

— O que você quer com João?

Eli, que estava acompanhado de outros três rapazes, respondeu:

— Nós só queremos conversar com ele.

João escutou a mãe conversando com seus amigos, foi até a porta e, sorrindo, disse:

— E aí, brother? O que manda?

Marina, que nunca tinha visto João falar daquela maneira, pela primeira vez olhou para o filho como se visse um desconhecido.

— Jôpe, nós vamos dançar. Tá a fim de ir também? – convidou Eli.

Marina estava escandalizada com a maneira de os rapazes conversarem, mas limitou-se a ficar calada. Eli continuou:

— Aonde vamos tem muitos brotinhos...

— Desculpe, brother, mas hoje não vai dar. Tô terrivelmente cansado e a fim de dormir – respondeu depois de perceber o olhar de decepção da mãe.

Neco, que até o momento estava calado, disse:

— O que é isso, cara?! Hoje você não vai ficar lelé da cuca. Não temos mais chibaba[1].

— Bicho, hoje não tô a fim de sair. Tô cansado e prefiro ficar em casa – insistiu, querendo que os amigos fossem embora.

Marina gostou do que ouviu, mas ficou pensando no que aqueles rapazes estavam falando. Ela entrou em casa sem se despedir deles, pois a conversa estava lhe causando náuseas, e ficou esperando João entrar.

Quando ele entrou, viu que a mãe estava sentada no sofá de cenho fechado. Ela sabia que o rapaz ia se trancar no quarto, então, perguntou:

---

[1] Gíria dos anos 1960 para designar maconha.

— João, explique por que esses rapazes o chamam de "Jôpe". E que história é essa de chibaba? De que brotinhos eles estavam falando?

— Mãe, esses caras são lelés da cuca. A senhora vai dar importância para o que eles falam? – respondeu ele sorrindo.

— Por que "Jôpe"? – insistiu sem se convencer com a resposta simplista do filho.

Suspirando fundo, João respondeu:

— "Jôpe" é meu apelido, só isso. É "Jô" de João e "pe" de Pedro, tá satisfeita agora?

— Não terminamos a conversa, senta aí! – disse Marina, ao ver que o filho pretendia ir para o quarto. – Que história é essa de chibaba?

— Não sei, já falei que os bichos são lelés da cuca. Não vejo motivo para se preocupar – mentiu, tentando se desviar do assunto.

João foi se levantando, enquanto Marina chorava:

— Sinto que perdi meu filho.

— A senhora nunca me teve – disse ele com um sorriso sarcástico. – Sempre fui calado e preso ao meu mundo, e agora que estou me abrindo para a vida a senhora vive chorando? Por favor, deixe-me viver.

Sem querer continuar a conversa, João foi até seu quarto e se deitou, deixando a mãe chorando sozinha na sala.

João entrou no quarto irritado com os amigos. "Poxa! Que mancada dos caras. Onde já se viu falar em chibaba perto de minha mãé? Ainda bem que ela é careta e não sabe do que se trata." Não querendo mais pensar no assunto, tentou dormir, pois sentia-se terrivelmente cansado.

Marina não conseguiu continuar com seu trabalho, então, decidiu tomar banho e dormir. Lembrou-se de que naquele dia ela não havia comido nada, e por isso comeu uma maçã.

CAPÍTULO 75

Chibaba

No dia seguinte, João acordou e não quis tomar café. Ao olhar para a mãe, percebera que ela havia chorado à noite.

— Meu filho, desde que você começou a ter amizade com Eli e essa turma, seu comportamento tem sido deplorável. Antes você era meu companheiro e amigo, agora mal sei da sua vida. Está acontecendo algo que eu precise saber?

— Não! Minha vida nunca esteve melhor, pois durante minha vida inteira estive sozinho, pensando no que aquele safado fez para mim. E, agora que encontrei uns caras legais, a senhora vem me perguntar se tenho alguma coisa para contar? Estou me divertindo e, quando estou com os caras, sou eu mesmo, sem precisar fingir ser outra. A senhora conheceu o João Pedro bonzinho, bom filho, bom aluno, bom vizinho, mas tudo aquilo era uma farsa. Agora estou bem sem ter a necessidade de usar máscaras. Os caras me aceitam como sou, além disso, nunca me chamaram de maricas, como aquele desgraçado me chamou a vida inteira.

— Compreendo sua revolta, meu filho, mas saiba que um dia ela vai se voltar contra você e, para falar a verdade, tenho medo que se machuque – disse Marina tentando contemporizar a situação.

— Não se preocupe, mãe. Agora estou bem, já não penso mais no passado. Eu me divirto quando estou com os caras. E ainda temos uma banda que fará muito sucesso.

— Meu filho, tudo isso é ilusão. A juventude está descontrolada. Drogas estão sendo usadas indiscriminadamente.

— Mãe, os jovens da nossa geração estão cansados de ser oprimidos por esse maldito regime militar. Veja quantos dos nossos artistas estão sendo acusados de crimes políticos e sendo exilados do país – João contra-argumentou. – A senhora acha isso certo? Para conseguir sobreviver a esse sistema, só usando drogas para se desligar deste país opressor que isto aqui se tornou. Não gosto de política, e muito menos de dar minha cara a tapa como fazem muitos jovens que acabam desaparecendo, ou seja, sendo mortos por esse regime assassino que está no poder. Não uso drogas, mas não sou contra quem usa. E também não saio às ruas desafiando o poder, eu só quero fazer meu rock em paz.

Marina, percebendo que não tinha como continuar aquela conversa com o filho, disse:

— O mundo é como uma areia movediça: se não prestarmos atenção no que fazemos, acabamos afundando e, quando nos damos conta, estaremos totalmente imersos nessa grande sujeira. Não vejo Eli e os outros como boas companhias para você. Por que não estreita os laços com Mateus, o filho de dona Nicete? Aquele sim é um bom rapaz: trabalha, estuda, ajuda os pais e ainda é religioso.

— O quê? A senhora quer que eu me torne careta como aquele bobalhão? – gargalhou o rapaz.

— São os espertalhões que geralmente arrumam confusão – disse Marina, lançando um olhar triste para o filho.

João saiu e, virando para trás, disse:

— Não me espere para almoçar, hoje vamos ensaiar o dia inteiro.

Ela olhou para o filho e percebeu o quanto ele havia emagrecido desde que fizera amizade com Eli.

João chegou à garagem. Todos esperavam-no.

— Poxa, cara, você está sempre atrasado! – reclamou Eli.

— Estou um pouco atrasado, então, vamos ensaiar.

João era o vocalista da banda, e só cantava músicas em inglês. De repente, Neco parou de tocar.

— Não acha que está na hora de fazermos nossas próprias canções? – perguntou irritado. – Por que imitamos Jim Morrison, Janis Joplin e outros? Por que não procuramos fazer a banda ao nosso estilo? Vejam o exemplo de Keith Richards: além de músico, ele é um excelente compositor. Vamos fazer o nosso rock, mas no nosso estilo, sem imitar alguém.

— Ninguém aqui é compositor. Onde encontraremos um? – perguntou Eli depois de pensar por alguns instantes.

— Neco tem razão, não faremos sucesso imitando bandas famosas. Posso compor algumas músicas e trazer para vocês avaliarem – propôs João, gostando da ideia de Neco.

— Você? Por favor, não me faça rir. Pensa que é fácil assim compor uma canção? – gargalhou o outro ruidosamente.

João respondeu à altura:

— Toco bem violão, conheço notas musicais e, além disso, posso compor uma letra legal.

— Legal! Agora temos um compositor na banda – respondeu Eli com sarcasmo.

— Amanhã mesmo trarei uma canção – disse João, sentindo-se desafiado.

Joca disse sorrindo:

— Desde que não seja brega, por mim, tudo bem.

— Vou embora! – João disse com raiva. – Vou fazer uma canção bacana e amanhã ensaiaremos.

João saiu da garagem irritado e voltou para casa sem pensar em nada. Marina ficou feliz ao ver o filho àquela hora em casa.

— Você não tinha ensaio com a banda?

— Preciso compor uma música para amanhã. Espero que não se importe caso fique ouvindo eu tocar violão o dia inteiro.

Marina olhou seriamente para o filho quando disse:

— Meu filho, você precisa arranjar um trabalho. As costuras diminuíram consideravelmente, e nós estamos com muitas dívidas.

— Não posso fazer nada! Estou trabalhando. Só peço que tenha um pouco de paciência até fazermos nossas apresentações. Aí o dinheiro vai aparecer.

— Mas, meu filho, nós já estaremos passando fome até isso acontecer.

João trancou-se no quarto. "É dinheiro que ela quer, é dinheiro que ela terá." Naquele momento, ele pegou um caderno e o violão e começou a escrever e tocar. O rapaz ficou a tarde inteira tocando violão, mas as palavras da mãe não lhe saíam da cabeça. Por um momento, sentiu pena da mãe e, pensando nisso, decidiu dar um jeito para ajudá-la nos assuntos financeiros. João tentou, sem sucesso, compor alguma música.

Passava das nove da noite quando ele se encontrou com os rapazes da banda. Eli foi logo perguntando:

— Jôpe, o que há com você? Está com uma cara...

— Eu sempre trabalhei e ajudei minha mãe, mas de uns tempos para cá, nada tenho feito para ajudá-la nas questões financeiras, preciso arranjar um emprego – respondeu olhando para o amigo.

— Qual é cara? Se arranjar emprego, nossa banda vai para o espaço – disse Neco.

João pensou por alguns instantes até finalmente dizer o que pensava:

— Essa banda não vai dar em nada. Eu não consegui compor a música, e também não estou a fim de ficar imitando bandas americanas.

— Mas você não foi para casa compor uma música para a banda? – indagou Eli gargalhando.

— O negócio não é tão simples quanto parece, pois a letra não pode ser careta. Além disso, dependendo do que falarmos nas letras, podemos ser presos por crimes políticos. Esqueceu de que estamos vivendo em um regime militar?

Os outros rapazes finalmente deram razão às palavras de João e decidiram:

— Vamos fazer apresentações com canções americanas, assim não arranjaremos encrencas.

João gostou da decisão unânime do grupo, porém, foi logo dizendo:

— Minha mãe está passando por problemas financeiros. Eu preciso trabalhar para ajudá-la.

— O que pretende fazer, Jôpe? – perguntou Neco.

— Acho que vou pedir o emprego de volta a seu Oscar, o dono da sapataria do Centro.

— Você acha que ele vai lhe dar emprego novamente? Esqueceu que você chegou bêbado no trabalho e caiu em cima das caixas de sapato? – questionou Joca.

João, naquele momento, sentiu-se envergonhado pela atitude de outrora.

— Olha, tenho uma chibaba aqui, só para você relaxar – ofereceu Neco.

— Não quero mais usar essa porcaria, eu me senti estranho e sonolento aquele dia – João recusou com firmeza.

Neco pegou um pedaço de papel, colocou a erva e, sorrindo, enrolou como se faz com cigarro de palha. Depois de acender, ofereceu para os outros, que tragaram sem nenhuma objeção.

— Pega aí cara, deixe de ser careta – Neco insistiu.

João, por não querer desapontar o falso amigo, pegou o cigarro e deu uma longa tragada. Os quatro ficaram fumando o mesmo cigarro por algum tempo. E, para João, daquela vez foi diferente. Depois de alguns minutos, todos os problemas de João desapareceram, ele sentiu-se eufórico e, pela primeira vez, feliz.

Logo os quatro rapazes começaram a rir sem parar. Viram um cachorro que passava e riram muito. João já não sabia, e nem queria saber, que horas eram, nem onde estava. A imagem de sua mãe sumira por completo de sua cabeça. Rindo imoderadamente, o rapaz se pôs de pé e começou a falar:

— Olha aí, cara, tô bêbado sem ter bebido.

E riu da própria falta de equilíbrio. Logo em seguida, os quatro ficaram em silêncio, cada um sentou-se na beira da calçada olhando para os raros carros que passavam. O coração de João parecia querer sair pela boca, por causa da taquicardia. Ele mesmo ria da situação.

Neco pegou outro papel e fez outro cigarro, agora com mais erva do que o anterior. Todos fumaram o cigarro. João, naquele momento, deitou na calçada e viu a lua crescente, e em sua mente outra lua se fez. De repente, em sua alucinação, viu as duas luas começarem a encostar uma na outra, e as estrelas faziam círculos em volta da lua. João, diante do cenário que se formava somente em sua cabeça, começou a rir novamente.

Ele se esqueceu de que estava com os outros rapazes e, naquele momento, entregou-se completamente à sua paranoia. Ele ficou deitado na calçada por mais algum tempo e, em seguida, começou a sentir um terrível mal-estar, uma angústia, um pânico.

— Os militares estão atrás de nós. Precisamos sair daqui — João dizia sozinho.

Por mais que ele tentasse se levantar, era impossível, pois suas pernas já não lhe obedeciam. Isso fez aumentar a sensação de pânico. Os demais continuaram a "viajar" sem se dar conta de que João não estava bem. Ele ficou ali sozinho, sem saber por quanto tempo. Somente quando o efeito da droga começou a passar, ele pôde perceber que era quase fim da madrugada. João sentia-se sonolento, tentava conversar com os outros rapazes, mas ninguém lhe respondia uma palavra sequer. Além do sono, João sentia fome, muita fome. Chegou a pensar em comer alguma coisa, mas não tinha dinheiro.

Cambaleando, conseguiu voltar para casa. Ao entrar, encontrou a mãe sentada no sofá à sua espera. Ignorando completamente sua presença, João foi até a cozinha e comeu o prato da janta que a mãe havia lhe deixado. Depois, comeu dois pães amanhecidos e bebeu uma garrafa de água.

— Por onde esteve, João? – perguntou Marina.

O rapaz nada respondia, apenas comia. Terminando de comer, foi para o quarto e dormiu. Marina, percebendo que o filho estava estranho, disse:

— Só me faltava essa, ver João chegar bêbado em casa. Ele está se comportando como um animal.

Marina foi ao quarto do filho e o encontrou deitado, já adormecido. Ele não tirara nem os sapatos, e tanto as roupas como o cabelo estavam visivelmente sujos. A mãe chorou ao ver o estado do filho. Ela foi deitar, mas o sono não vinha.

O que Marina não poderia supor era que seu filho estava usando drogas.

CAPÍTULO 76

Assassinato

Altino chegava ao trabalho no mesmo horário todos os dias. Ultimamente, ele percebeu que seus velhos companheiros o evitavam visivelmente. Vez por outra ouvia comentários do tipo:

— Altino, com esse jeito de bom homem, teve coragem de abusar do próprio filho...

A notícia sobre o abuso sexual correra como rastilho de pólvora aceso, e até mesmo Jorge, seu melhor amigo, o evitava. Jorge, que por diversas vezes tentara convencer Walter a permitir que Altino voltasse às ruas como motorista, nada mais falou ao gerente da empresa depois de descobrir o fato.

Na empresa, todos eram casados e tinham filhos, de modo que julgaram abominável a atitude de Altino. Até mesmo Tico passou a evitá-lo, dizendo que não tinha trabalho para ele. Por isso, Altino foi se sentindo cada vez mais sozinho, e o ódio por Joselina aumentava a cada dia. Ele começou a planejar uma maneira de se vingar da moça e fazê-la nunca mais agir com deboche para com ele. Ele pretendia saber onde Joselina estava morando.

Cansado do desprezo dos colegas de trabalho, pediu as contas.

— Perdi tudo em minha vida: família, emprego e dignidade. Por isso, posso fazer o que quiser, pois não tenho mais nada a perder neste mundo – dizia isso diversas vezes.

Como estava o tempo todo à toa, começou a andar pelos bairros para descobrir onde Joselina estava morando. Depois de um mês de procura, ele finalmente conseguiu, e descobriu também que Ricardo sempre viajava e deixava-a sozinha. Para que ninguém o visse pelas redondezas, usava um chapéu que escondesse seu rosto.

Certa tarde, ao voltar para casa, Altino deitou-se no colchão que ganhou de Jorge e se pôs a pensar em como se vingar de Joselina, causando-lhe muito sofrimento. Ele não notou, mas uma entidade sinistra estava a seu lado para lhe intuir maus pensamentos. "Vou à casa de Joselina quando aquele homem não estiver, e entrarei pelos fundos para pegá-la de surpresa."

Ricardo viajava sempre às terças-feiras e voltava às sextas. Tendo tempo livre, não foi difícil para Altino descobrir a rotina do casal.

Mas Joselina não sabia que Ricardo era casado e vendia drogas, razão pela qual nunca lhe faltava dinheiro. Ele mentia para as duas mulheres dizendo que precisava viajar a negócios e, assim, ficava com as duas. Joselina sentia sua falta, mas concordava porque era completamente apaixonada por Ricardo e, além disso, ele lhe trazia presentes caros toda semana.

Altino planejou a data em que invadiria a casa de Joselina, afinal, tinha contas a acertar com ela. Duas semanas se passaram desde que ele começara a traçar seu plano de vingança.

Naquela semana, Ricardo se aproximou de Joselina dizendo:

— Querida, vou viajar ainda hoje. Fui chamado pelo chefe e não posso faltar.

Ricardo estava mentindo flagrantemente. Ele iria voltar para casa, pois seu filho caçula estava doente e a esposa não tinha dinheiro para comprar os remédios. Joselina perguntou, beijando-o ternamente nos lábios:

— Se está indo hoje, na segunda-feira, por favor, volte na quinta-feira. Não consigo ficar longe de você.

— Fique tranquila, voltarei na quinta-feira, logo depois das sete da noite – respondeu sorrindo. Ele, embora fosse traficante e mulherengo, amava Joselina.

Joselina arrumou as roupas de Ricardo em uma mochila, e ele saiu logo em seguida.

Altino não sabia que naquela segunda-feira Joselina estaria sozinha, mas mesmo assim fez o que havia planejado.

A casa era cercada por muros altos, mas havia um terreno baldio nos fundos. Ele pulou o muro sem que ninguém o visse e, pé ante pé, chegou à porta da cozinha. A porta estava trancada, mas, com um chute, facilmente cedeu. Joselina estava dormindo quando Altino entrou no quarto segurando uma longa faca de açougueiro.

— Acorda, vagabunda! Temos algumas contas a acertar – gritou ele, sorrindo.

Joselina começou a gritar:

— Saia daqui agora, pois vou chamar a polícia!

Altino, sorrindo, pulou sobre o corpo de Joselina e tapando-lhe a boca, passou a dizer:

— Você acabou com a minha vida e com a minha reputação. Por sua culpa, fui mandado embora da pensão e perdi meu emprego. Você jogou meu nome na lama, vagabunda!

Joselina, temendo a faca que estava encostada em seu pescoço, permaneceu calada.

— Joselina, eu te amei feito um louco. Por sua causa minha família passou necessidade, deixei de dar ao meu filho o que ele precisava, fazendo minha esposa trabalhar para manter a casa – disse Altino, com um sorriso insano. – Todo o dinheiro que conseguia entregava em suas mãos, e qual foi a recompensa? Ser chamado de vagabundo e de tarado por criança. Você acabou com a minha vida e, não se dando por satisfeita, me desmoralizou na frente de todos na pensão.

Joselina, desvencilhando-se de Altino, gritou:

— E você? O que fez comigo? Me fez ir parar na cadeia. Agora estamos quites, não devemos nada um ao outro.

— Você está enganada, minha cara. Eu perdi muito mais que você. Embora você estivesse na cadeia, o infeliz não morreu, e você agora tem um nome limpo. E quanto a mim? Todos me olham como estuprador de criança. Você acabou com a minha família e com a minha vida. Agora, chegou a hora de pagar por isso.

Joselina correu para a cozinha e pegou uma faca de cortar carne.

— Já furei um, e para mim não será difícil furar outro, mas desta vez não vou errar. Vou mandá-lo para o inferno.

Tranquilamente, Altino se aproximou e, pegando-a firme pelo braço, fez que ela soltasse a faca.

— Sabe o que fiz ao meu filho naquela noite? – perguntou ele, sorrindo histericamente.

Joselina tentava se livrar de Altino de todas as maneiras, deu-lhe uma cotovelada no rosto, mas ele, agindo como um psicopata, nem sentiu o golpe.

— Vou mostrar a você o que fiz com o maricas do meu filho.

Naquele momento, Altino começou a rasgar a camisola de Joselina, deixando-a nua em poucos minutos.

— Agora você vai sofrer o que meu filho sofreu...

Com toda a sua força, Altino começou seviciar Joselina, humilhando-a de todas as maneiras. A mulher estava sentindo muito ódio por Altino e, enquanto estava sendo abusada sexualmente, pegou uma chave de fenda que estava sobre o balcão da cozinha, acertando-o no tórax, mas o instrumento não chegou a perfurar, pois as costelas o protegeram. Altino saciou seu desejo e depois, sem piedade, cortou a garganta de Joselina, deixando suas cordas vocais expostas.

O homem estava todo sujo de sangue, sabia que teria de sair da casa com todo cuidado, para que ninguém o visse. Decidiu, então, esperar a madrugada chegar para ir embora. Eram quatro da manhã quando Altino saiu da casa de Joselina. Sabendo que não poderia sair pela frente, pois alguém poderia vê-lo e relacioná-lo ao crime, pulou o muro, deixando suas pegadas, sem saber que seu sapato estava sujo de sangue.

CAPÍTULO

77

Cassiano

Joselina acordou sentindo uma dor aguda na garganta, sem saber o que lhe havia acontecido. Fazendo uma força hercúlea, ela se levantou e tentou gritar por socorro, mas sua voz não saia. Andou tropegamente pela casa e pensou: "Maldito! Ele não perde por esperar". Sentindo-se atordoada, Joselina deitou-se em sua cama, e logo adormeceu, sem notar que seu corpo estava estendido no chão da cozinha.

Ela acordou ao ouvir a vizinha lhe chamar para entregar o leite, e tentou gritar, sem sucesso. A mulher entrou e deixou uma garrafa de leite na porta, indo embora em seguida. "Dona Felícia nunca entrou aqui", pensou. Joselina tentou se levantar da cama, porém, sentia que todo o seu corpo doía, sendo a garganta o que doía mais. De repente, ela viu um homem se formar à sua frente:

— Bem-vinda ao mundo dos mortos! – disse o homem sorrindo.

"Quem é você?", pensou Joselina com medo.

O outro, então, respondeu:

— Sou Cassiano, lembra-se de mim?

Joselina, puxando pela memória, logo se lembrou de Cassiano. Ele fora seu namorado durante a adolescência, por não aceitar o fim do namoro, suicidou-se.

"Isso é um pesadelo, você está morto há muito tempo."

— Por amor a você dei fim à minha vida. Essa foi a pior escolha que eu poderia ter feito, mas sempre soube que um dia você estaria ao meu lado novamente.

"Isso é um pesadelo, preciso acordar."

— Há mais de vinte anos tenho vivido esse pesadelo. Agora chegou sua vez de vivê-lo também.

Joselina se lembrou do que Altino lhe fizera. "Estou ferida, chame um médico", disse em pensamento.

— Você não precisa de médico. Agora você vai precisar de mim.

Cassiano, sem piedade, pegou no braço de Joselina e levou-a para a cozinha. A revelação foi estarrecedora para a mulher. Ela viu seu corpo nu caído no chão da cozinha e sua garganta cortada. Ela estava chocada: "Aquela sou eu? Altino me matou?", perguntou em pensamento.

— Sim, Altino fez a você o que eu sempre tive vontade de fazer. Você sempre abusou de sua beleza para enfeitiçar os homens, mas agora chegou sua vez de pagar por todos os seus erros – respondeu ele. – Fui apaixonado por você, pretendia me casar, mas quando você percebeu que eu era pobre e não tinha muito a lhe oferecer, terminou o namoro sem se preocupar com meus sentimentos. Na verdade, eu não queria morrer, queria apenas lhe dar um susto e fazer você voltar para mim, mas o banco caiu sob meus pés, e a morte me veio sem piedade. Passei muitos anos sentindo ódio de você, mas, estando morto, não podia lhe fazer nada. Com o tempo, descobri que eu podia, por meio da sugestão, fazer alguém se vingar por mim, e foi isso que fiz: sugeri a Altino que tirasse sua vida, e ele assim o fez.

Joselina, sem poder falar, pensou:

"Isso não está acontecendo, estou viva."

— A morte não existe, o que existe é apenas a morte do corpo físico. Seu corpo morreu, mas você continua viva, assim como eu. Durante todo esse tempo estive vivo. Agora estamos juntos para sempre, e você pagará por todo o mal que me fez. Eu tinha uma vida inteira pela frente, e você conseguiu acabar com meus sonhos.

"Eu não fiz nada, quem colocou a corda no pescoço foi você."

— Cometi esse ato de loucura por amor, ou melhor, por uma ilusão de um menino de dezoito anos – continuou, sem se importar com o que Joselina dizia em pensamento. Ela, então, começou a chorar. – Chore bastante, pois agora você tem a eternidade para se lamentar do mal que fez a mim e a outros homens.

"Altino vai me pagar, vou reduzi-lo a pó", pensou Joselina ao se lembrar de Altino e dos momentos de violência que vivera.

— Você não vai fazer nada, pois agora você só tem a mim. Só eu posso te ajudar.

"O que você quer de mim?", perguntou ela telepaticamente.

Cassiano pensou por alguns instantes até responder:

— Quero que fique a meu lado para todo o sempre. Vou ajudá-la a se curar dos ferimentos, e logo você voltará a falar. Mas, depois, você vai me ajudar, pois tenho algumas pessoas de quem preciso me vingar.

Joselina, naquele momento, ouviu a porta se abrir e, para sua alegria, viu Ricardo chegar. Ele deixara o dinheiro com a esposa, voltando rapidamente para casa de Joselina. Ele entrou chamando pela mulher. Foi quando Cassiano disse:

— Não tente responder, pois ele não poderá vê-la e muito menos ouvi-la, você está morta.

CAPÍTULO 78

Pegadas

Ricardo entrou na cozinha, viu a triste cena e gritou chamando a vizinha. Logo a casa estava cheia de gente.
Assim que a polícia chegou, um policial perguntou a ele:
— Foi o senhor quem encontrou o corpo?
— Sim, senhor. Cheguei agora de viagem e a encontrei caída na cozinha.
Dois policiais e um detetive saíram pelos fundos e viram rapidamente a pegada de sangue no muro. O detetive mediu a pegada e observou o desenho da sola do sapato, aproximou-se de Ricardo, que estava desarvorado, e perguntou:
— Qual é o número de seus sapatos?
— Calço quarenta e dois, por quê?
O detetive Fernando levou Ricardo até o muro dos fundos:
— O assassino pulou o muro, mas não viu que seu sapato estava sujo de sangue. Pelo tamanho das pegadas, trata-se de um homem de estatura mediana, pois o número dos sapatos é trinta e nove, se não me engano.
Logo o rabecão chegou para levar o corpo de Joselina. Ricardo ficou conversando com os policiais. Então, Fernando perguntou:
— Sua namorada tinha atrito com alguém?
Ricardo pensou por alguns segundos, quando se lembrou do incidente com Altino. Contou tudo o que havia acontecido entre os dois com riqueza de detalhes.
— Você sabe onde mora esse Altino?

— Ele morava na pensão de dona Teresa, mas, depois do incidente, foi convidado a se retirar. Pelo que sabemos, ele alugou uma casa na periferia e mora sozinho.

O detetive pensou por alguns instantes:

— Vamos à delegacia, há um boletim de ocorrência de agressão em nome de um Altino. Vamos ver se é o mesmo homem.

Ricardo entrou em seu carro e seguiu a viatura até a delegacia. Chegando, encontrou o delegado Joel. Em poucas palavras, o detetive contou sobre a ocorrência e o nome da vítima. Joel entrou em sua sala e, abrindo o armário, pegou uma ficha que continha o nome da vítima. Ao ler, Joel perguntou à Ricardo:

— Joselina Lima da Silva?

— Sim – respondeu Ricardo.

Joel olhou para a foto de Joselina e disse com tristeza:

— Ela era uma bela mulher, mas quem com o ferro fere com o ferro acaba sendo ferido.

— O senhor acha que foi esse Caetano que fez isso a ela?

Doutor Joel, com sua experiência, respondeu:

— Não pode ter sido Caetano, pois ele mudou-se da cidade logo após o incidente.

Fernando contou tudo o que Ricardo lhe revelara sobre a discussão de Joselina com Altino, seu ex-amante. Então, o delegado pegou outra ficha e disse com tranquilidade:

— Aqui temos a ficha de um homem chamado Altino Souza Miranda, que foi trazido várias vezes para cá por embriaguez e algumas confusões.

— É esse mesmo! – respondeu Ricardo sem hesitar. – Ele não só agredia a esposa, mas também agredia o filho. O motivo da briga de Joselina com esse homem é porque ele abusou sexualmente do filho.

— Esse Altino é mau caráter – disse o delegado, depois de pensar por alguns instantes. – Onde já se viu abusar do próprio filho?

— Ele vai responder pelo crime que praticou contra o filho? – perguntou Ricardo, que não entendia de leis.

— Não podemos fazer nada com respeito a essa acusação – respondeu francamente o delegado Joel. – Primeiro, porque não há uma queixa formal, e segundo, porque faz muito tempo. Nós vamos averiguar, mas não podemos colocá-lo como suspeito antes de investigá-lo.

Ricardo saiu desolado da delegacia, pois saiu dali com mais dúvidas do que tinha quando entrou.

CAPÍTULO 79

A cena do crime

Joel ficou conversando com o investigador Fernando:
— Você isolou a cena do crime?
— Sim, delegado. Deixei um soldado de guarda para que ninguém entre na casa até a perícia chegar.
— Até onde sei – disse Joel com toda a sua experiência, – essa mulher só mantinha relacionamentos com homens casados para tirar vantagem do relacionamento, e pelo jeito não foram poucos os homens com quem se envolveu. Quantas polegadas tinha a pegada no muro?
— Não tive tempo para medi-la – respondeu Fernando.
Joel pegou seu paletó que estava no encosto da poltrona:
— Vamos fazer uma diligência, pois quero ver a cena do crime pessoalmente.
O delegado e o investigador entraram na viatura e rapidamente foram até a casa onde Joselina morava. Ao chegar, o delegado observou as roupas rasgadas na cozinha, uma chave de fenda suja de sangue na ponta e sangue por todos os lados.
— Antes de morrer, a mulher machucou seu agressor com uma chave de fenda. Agora, vamos mediar o rastro que o assassino deixou no muro.
A marca do rastro do sapato estava perfeita. Fernando mediu e foi logo dizendo:

— Doutor, são treze polegadas. Revertendo isso para a medida de calçados, podemos presumir que o número do sapato do agressor é trinta e nove.

— O namorado atual calça qual número?

— Já pensei nisso, doutor – respondeu Fernando, sorrindo. – Ele disse que calça quarenta e dois.

— Então, resta-nos averiguar esse Altino, que não parece boa coisa.

— Mas onde encontraremos esse infeliz?

— Vamos descobrir por meio de sua ex-esposa. Tenho o endereço dela – Joel respondeu sorrindo.

Joel mandou que o outro recolhesse as roupas rasgadas na cozinha junto com a chave de fenda. Sem dizer mais nada, os dois policiais se retiraram do local, deixando o soldado de guarda.

CAPÍTULO 80

Investigação

Marina estava desesperada, pois mais uma vez João não voltava para casa. Dessa vez, já estava chegando a hora do almoço, e o rapaz ainda não havia chegado. Elisa, ao ver o desespero de Marina, resolveu lhe fazer companhia, pois a amiga não tinha estrutura emocional para ficar sozinha. Desolada, Marina disse a Elisa:

— Um dia esse menino ainda vai me matar...

— Marina, quando menos esperar João estará entrando por essa porta – disse Elisa, tentando contemporizar a situação.

— Não entendo o que está havendo com João. Ele, que sempre foi um bom filho, agora está tão diferente, fala gírias que não entendo e, inclusive, atende pelo apelido de Jôpe, você acredita? – desabafou. – Ele não toma banho, vive com os cabelos desgrenhados. Além disso, se eu não brigar para que ele troque de roupas, ele fica vestindo a mesma roupa a semana inteira. Sonha com essa banda rock que está formando com Eli.

— Marina, por ser sua amiga, vou lhe dizer uma coisa – disse Elisa depois de pensar por alguns segundos.

— O que há? – perguntou a outra, olhando assustada para a amiga.

Elisa hesitou por alguns instantes até finalmente dizer:

— Certa noite, Balbino saiu para comprar cigarros e encontrou João e seus amigos, e um deles estava fumando um cigarro de maconha.

Marina quase caiu de costas ao saber:

— Meu filho usando drogas... Ah, isso é demais para uma mãe!

— Não diga nada a ele – continuou –, apenas observe seu comportamento. Mas, pelo que tudo indica, João está fazendo uso de tal substância, por isso tantas mudanças em tão pouco tempo.

Marina, que havia lido em uma revista sobre o comportamento dos jovens drogados, disse:

— Se continuar assim, João logo ficará definitivamente nas ruas. Eu não quero ver meu filho viver como um indigente – Marina começou a chorar desconsoladamente, quando Elisa lhe deu meio comprimido de calmante.

Elisa voltou para casa e mandou os filhos para a escola. Depois, passando das treze horas, retornou à casa de Marina, que ainda não havia tirado a camisola, para saber se João havia voltado. A casa estava deserta, havia louças na pia, e a velha máquina de costura estava desligada.

De repente, um carro parou em frente ao portão de Marina. Marina abriu a portinhola da frente e, ao ver a viatura, começou a tremer qual vara verde. Despreocupada com a aparência, ela abriu de uma vez a porta e foi logo perguntando:

— O que aconteceu com meu filho?

— Que eu saiba não aconteceu nada com seu filho – respondeu Fernando sem compreender. – Estamos aqui para saber o paradeiro do senhor Altino Souza Miranda.

— Não sei por onde anda aquele desgraçado! – respondeu sem compreender.

Fernando, percebendo que havia grande mágoa da parte da mulher, pediu para entrar. Marina deixou que o homem entrasse e foi falando tudo que havia acontecido no tempo em que era casada, e contou também que agora seu único filho estava revoltado pelo abuso sexual que sofrera na infância. Fernando notou que a mulher estava muito nervosa e perguntou:

— E seu filho, por onde anda?

— Meu filho saiu ontem à noite para se encontrar com os amigos e até agora não voltou. Ele mudou muito desde que esse segredo fora desvendado.

— E como a senhora ficou sabendo que seu filho foi abusado?

— Fiquei sabendo por meio de Joselina, a ex-amante do meu marido. Altino contou a ela o que havia feito, e ela veio me contar para se vingar dele – respondeu sem imaginar o que havia acontecido.

— E qual foi a reação dele ao saber que a senhora soube do fato?

— Não sei, doutor.

"Esse é um bom motivo para matar alguém...", pensou Fernando. E, em tom cordial, perguntou:

— Onde seu marido estava morando na ocasião?

— Em uma pensão no centro da cidade, próximo à empresa onde trabalha.

Marina estava conversando com Fernando quando João chegou. A mulher, ao ver o filho, não se importou com a presença do investigador e disse com raiva:

— Onde esteve?

João, estranhando o fato de a polícia estar em sua casa, foi logo dizendo:

— Mãe, não precisava chamar a polícia. Passei a noite com meus amigos, dormi na casa de Eli e ensaiamos até agora. Para que fazer tanto escândalo só porque não dormi em casa? Sou homem e tenho o direito de fazer o que bem entender da minha vida.

— Você não é um homem – respondeu a mulher, esquecendo-se da presença do investigador. – Você é ainda um menino. Olhe para você, está parecendo um mendigo!

Irritado, João entrou em seu quarto e bateu a porta com força. Elisa, que estava presente no momento, foi até o quarto de João para conversar. Enquanto isso, Fernando se despedia de Marina:

— Vou lhe dizer uma coisa: tudo indica que seu filho está usando drogas. Observe-o sem nada dizer. A juventude de hoje está se perdendo nas drogas.

Marina, ao ouvir as palavras do investigador entregou-se ao desespero e pôs-se a chorar compulsivamente.

Elisa, que estava no quarto com João, perguntou gentilmente:

— João, onde esteve?

— Estava com meus amigos, não fiz mal a ninguém. Não entendo por que ela chamou a polícia.

— Sua mãe não chamou a polícia, eles vieram aqui para saber do paradeiro de seu pai – disse Elisa percebendo que estava havendo um mal-entendido.

— Aposto que aquele desgraçado matou alguém... – comentou o rapaz, soltando uma imensa gargalhada.

— João, eu o conheço desde que tinha oito anos. Por isso, sinto-me um pouco sua mãe também – disse Elisa sem achar graça no comentário do rapaz. – Você está andando em más companhias. Isso está te levando para o fundo do poço. Para sermos boas pessoas, precisamos andar com pessoas que sejam melhores que nós, pois boas companhias são como uma árvore que dá bons frutos. As companhias ruins são como uma árvore ressequida que não dá frutos nem sombra. Veja o que está fazendo com a sua vida, sua decadência é visível, e quem o vê magro e sujo desse jeito pensa que você se perdeu na vida. Não duvido que logo você esteja envolvido com drogas, e aí será o seu fim. Comece a pensar no futuro, no que você fará de sua vida. Mas não se esqueça de que a vida é feita de escolhas, e o resultado depende muito do que escolher para você. Esses jovens dizem que são seus amigos. Eles são como folhas indo para onde o vento leva, mas não sabem o que fazer nem para onde ir. É isso que você quer para você? – dizia Elisa. – Há muito ouço um ditado muito certo que diz: "Diga-me com quem andas que te direi quem és". Esse ditado é verdadeiro, pois suas companhias mostram quem você é. Isso prova a existência da lei da afinidade, e se você se afina com eles, é porque você é como eles.

João tinha imenso respeito por Elisa, então, permaneceu calado. Ela continuou falando:

— Tenho aprendido muito com dona Dalva sobre como os espíritos desencarnados viciados agem sobre os encarnados. Isso pode parecer engraçado para você, mas infelizmente é a mais dura realidade. Primeiro, a pessoa começa a beber álcool para fugir de seus problemas, então, os desencarnados alcoólatras aproveitam-se desse momento de fraqueza para usufruir o teor alcoólico de que o encarnado está fazendo uso. Logo a pessoa acha que o álcool já não tem o mesmo efeito e passa a fazer uso de drogas, assim os outros desencarnados, que morreram na mais triste situação e começam a se aproveitar da fraqueza do encarnado para fazer o mesmo. Li que a maconha causa um forte efeito nas primeiras vezes em que se usa, mas depois a pessoa quer sentir aquela mesma euforia inicial, passando a usar drogas mais pesadas. É por isso que, não raro, muitos jovens morrem em decorrência de overdoses e passam a vampirizar os encarnados que estão no mesmo caminho. Vou lhe dizer uma verdade, e peço para que não me leve a mal: mude seu estilo de vida para que um dia você não seja um desencarnado viciado que precisa de um encarnado para saciar seu vício. Se continuar assim, o seu futuro não será dos melhores, pois nesta vida há dois caminhos: a cadeia, pois você sabe que é proibido o uso de entorpecentes, e o cemitério. Pense em sua mãe e no quanto ela sofre por você decair dia a dia sem ela poder fazer nada. Nunca se esqueça de que amigos verdadeiros nunca nos arrastam aos vícios.

Elisa levantou-se e rodopiando rapidamente nos calcanhares, saiu do quarto de João, deixando-o sozinho com seus pensamentos. O rapaz, que ouvira os conselhos de Elisa sem dizer uma palavra sequer, levantou-se e viu-se no espelho do guarda-roupa. Pela primeira vez ele percebeu que já não era o rapaz bonito de antes.

CAPÍTULO

81

Suspeito

Fernando foi até a pensão de dona Teresa para descobrir o paradeiro de Altino, e foi com frieza que ouviu a mulher dizer:

— Não sei onde ele está morando. Altino fez um escândalo aqui com uma moça que o acusava de ter abusado do próprio filho. Não querendo manchar a reputação de minha pensão, pedi para que fosse embora.

— Ele disse para onde iria?

— Ele só disse que tinha alugado uma casa no bairro perto da estrada, mas depois disso não falou mais nada.

— A senhora sabe se ele ainda está trabalhando na empresa de ônibus?

— Não. Ele pediu as contas pouco tempo depois do ocorrido aqui na pensão. Se quiser saber onde Altino está, basta ir ao boteco perto da empresa em que ele trabalhava, afinal, ele não sai de lá.

Fernando agradeceu a cooperação de dona Teresa e saiu rapidamente. Chegando ao boteco indicado, percebeu que o local estava vazio.

— O senhor conhece o Altino que trabalhava na empresa de ônibus?

Alfredo, homem forte e descendente de italianos, disse em tom alto:

— Altino sempre está por aqui, toma suas biritas e vai embora cambaleando.

— Ele costuma vir todos os dias?

— Não sei como ele ainda não chegou – respondeu o dono do bar com um largo sorriso. – Todos os dias, a uma horas dessas, ele já estaria aqui contando suas histórias.

Alfredo era um homem falante por natureza e, sem saber que Fernando era policial, continuou falando:

— Altino é um homem que gosta de contar vantagem e se passar por valentão. Na sexta-feira passada, estando ele completamente bêbado, disse que mataria a mulher que desgraçou a vida dele.

Fernando tomava um refrigerante e se interessou pelo assunto:

— O senhor acredita que ele faria isso? – perguntou.

— Altino é um homem covarde, isso é só papo.

Alfredo caiu na gargalhada, quando de repente Altino entrou no estabelecimento e, sem se dar conta que estava sendo vigiado, pediu uma dose de cachaça. Entornou-a rapidamente. Fernando permaneceu calado, como o dono do bar, enquanto olhava para Altino, que pediu outra dose de cachaça e mostrava-se inquieto. Fernando olhou para os pés de Altino e notou que ele não calçava um sapato maior que trinta e nove. E o outro entornou a segunda dose de cachaça, pedindo outra em seguida.

— Está nervoso porque brigou com a namorada? – perguntou Alfredo.

— Não! Mulher só traz problemas.

— Afoga a mágoa em mais uma dose que isso te fará bem.

Altino não estava para papo, mas Fernando sabia que estava na hora de conversar com aquele homem que estava demasiadamente nervoso.

— Altino, preciso conversar com você – disse aproximando-se e mostrando o distintivo.

Ao ver o distintivo do policial, Altino empalideceu por um segundo e perguntou:

— O que quer comigo?

— Quero saber se conhece uma mulher chamada Joselina Lima da Silva.

— Não conheço ninguém com esse nome – mentiu trêmulo.

— Pelas nossas informações, você manteve um longo relacionamento com ela. Depois, o amor virou ódio.

Altino, percebendo que não havia como mentir para o investigador, perguntou:

— Por que quer saber de Joselina? Há muito tempo não a vejo.

— Tem certeza de que faz muito tempo que não a vê? – perguntou o outro sutilmente.

Altino entornou outra dose da bebida e decidiu se calar para não falar mais nada.

— Você sabe que ela foi assassinada na noite de ontem? – disse Fernando, fixando o olhar em Altino.

O dono do bar ficou atônito com a notícia, e Altino perguntou com rispidez:

— E o que eu tenho com isso?

— Talvez o senhor não tenha nada a ver com isso, mas para a polícia qualquer informação é útil.

— Não sei de nada, e muito menos tenho algo para dizer a respeito disso – disse Altino olhando com raiva para o detetive.

Fernando logo percebeu que ele tinha muito mais a ver com o assunto do que dizia, pois em nenhum momento Altino perguntou como ela fora assassinada e muito menos se mostrou consternado com a morte da mulher que um dia jurou amar.

— Altino, peço para que me leve à sua casa, pois precisamos saber do seu paradeiro.

— Não vou levar ninguém à minha casa. Se mataram aquela vagabunda, foi benfeito, afinal, ela só se envolvia com homens casados. Certamente alguma mulher ciumenta fez o serviço.

— Será que não foi a sua ex-esposa, a dona Marina? – perguntou sorrindo.

— Não diga tolices! Marina seria incapaz de fazer mal a uma mosca.

Fernando suspirou fundo e disse:

— Mas Joselina brincou com fogo quando contou à sua ex-esposa que seu único filho foi abusado por você.

O dono do bar ruborizou com o rumo da conversa e ficou passando pano no balcão para ouvir o restante.

— Eu jamais faria mal ao meu próprio filho. Essa foi uma mentira flagrante daquela mulher sem escrúpulos.

— Você não acha que isso seria um bom motivo para querê-la morta? – perguntou sorrindo. – Afinal, ela destruiu sua imagem.

Altino, percebendo que deveria tomar cuidado com as palavras, respondeu:

— O único que tem direito de tirar a vida de alguém é Deus, pois Ele dá e pode tirar quando bem entender. Jamais faria tal coisa, mas confesso que ela merecia o que lhe aconteceu.

Fernando pediu outro refrigerante e prosseguiu:

— Qual é o numero de seu sapato?

Altino estranhou a mudança de assunto do investigador e disse:

— Calço trinta e nove, mas, dependendo do sapato, calço quarenta. Por quê?

— Por nada. Apenas uma curiosidade boba.

Altino pagou as doses de cachaça. Já ia saindo quando Fernando disse:

— Venha! Vou te levar embora.

Altino se recusou veementemente. O investigador, perdendo a paciência, ordenou:

— Se não quiser à sua casa, eu respeito. Mas sinto informar que você precisa ir à delegacia para prestar uma declaração sobre o que estava fazendo na noite de ontem.

Altino recusou-se a entrar na viatura, e foi naquele momento que Fernando disse:

— Se não quiser ir, vou precisar algemá-lo, pois você terá de comparecer à delegacia para conversar com o delegado.

Alfredo, que até o momento não havia se metido na conversa, disse com seu sotaque italiano:

— Altino, vá logo e preste essa bendita declaração! Quem não deve não teme.

Fernando gostou das palavras do italiano:

— Ouça seu amigo, ele tem toda razão – disse sorrindo.

— Vamos, pois tenho de voltar logo para casa e tratar do meu passarinho – disser depois de pensar por alguns instantes.

Altino entrou na viatura. Rapidamente Fernando zarpou do bar. Em pouco mais de quinze minutos, os dois estavam entrando na delegacia.

— Encontrou o sumido? – perguntou Joel com alegria.

Fernando riu sem nada dizer.

O delegado Joel levou Altino à sua sala com o escrivão Marcelo e, então, começou a interrogá-lo. Este negava veementemente o crime. O delegado pediu para ele tirar os sapatos, e tranquilamente olhou para a sola.

— Por favor, peço que espere aqui. Levaremos seu sapato, mas logo o traremos de volta. E, conforme for, você poderá voltar para casa.

Joel e Fernando saíram em diligência e rapidamente chegaram à casa de Joselina. Joel, delegado com mais de vinte anos de experiência, notou que o desenho na sola do sapato de Altino combinava perfeitamente com o desenho na parede.

— Treze polegadas! Justamente o número trinta e nove. O que o senhor acha disso, doutor?

— Esse homem está mais encrencado do que pode imaginar – respondeu Joel levando à mão a barba.

Fernando lembrou-se da chave de fenda e disse:

— Vamos fazer uma avaliação física. Caso ele esteja com algum ferimento, não teremos dúvidas de que ele é o autor do assassinato que vitimou Joselina.

Depois das constatações, os policiais voltaram rapidamente à delegacia e encontraram Altino sentado em frente à mesa do delegado.

— Você tem algum ferimento? – perguntou Joel.

— Não! Por que deveria ter?

— Tire as roupas – disse Fernando.

— Eu não vou tirar as roupas. Isso é arbitrário.

— Se quiser, poderá chamar seu advogado – retrucou Joel.

Altino pensou por alguns instantes e se lembrou de que não conhecia outro a não ser o advogado trabalhista da empresa onde trabalhou. Ligou para o advogado da empresa, e este lhe indicou outro advogado que poderia cuidar do caso. Depois de uma hora e meia, chegou o advogado de Altino, o doutor Paulo César.

O advogado foi inteirado de todos os fatos, inclusive da pegada no muro da casa de Joselina. Ele decidiu conversar com Altino em uma sala separada. A conversa durou quase duas horas. Naquele momento, o advogado não teve dúvidas de que Altino estava envolvido no assassinato da moça.

— Altino, sou seu representante legal, mas para isso será necessário que me conte toda a verdade, pois infelizmente há provas contra você – disse o advogado. E ele contou sobre a pegada no muro dos fundos. Altino continuou negando, o que deixou o advogado irritado, dando o assunto por encerrado. Ao ficarem novamente na presença do delegado, o advogado disse:

— Se não tem nada a temer, tire as roupas, afinal, aqui só há homens.

Altino se negou a fazê-lo, então, o delegado disse:

— Se não fizer por bem, terá de fazer por mal. A polícia tem um jeito próprio para fazer os culpados confessarem.

Altino sabia que se não falasse a verdade seria torturado até falar. Tirou a roupa lentamente, começando pela camisa, e logo os três homens viram um ferimento no tórax.

— Como se feriu? – perguntou Fernando.

Altino, não aguentando mais a pressão, contou a verdade e como praticara o crime. Fernando estava satisfeito, pois o crime de Joselina foi desvendado em menos de vinte e quatro horas.

Altino ficou preso. O doutor Paulo César recusou-se a defendê-lo e indicou um advogado do Estado. Altino pensou que tinha cometido um crime perfeito. Se não fosse a chave de fenda e a pegada no muro dos fundos, teria se safado das acusações.

CAPÍTULO 82

LSD

Marina estava desanimada, pois João piorava a cada dia. Havia muitas noites em que ele não voltava para casa, e muitas vezes passava o dia fora também.

Elisa foi a companheira de Marina naquele momento difícil, e sempre estava perto da amiga, no intuito de ajudá-la a suportar as provações da vida. João estava ainda pior, pois se tornara usuário inveterado de maconha e fumava livremente enquanto estava ensaiando, ou até mesmo durante a noite.

O rapaz, que emagrecera a olhos vistos, passou a usar roupas largas para disfarçar a magreza. Ele raramente tomava banho, sem se importar com a sua aparência. Neco e Joca agiam da mesma maneira. O mais controlado da turma era Eli, que fumava maconha com moderação.

Com o tempo, João percebeu que a maconha já não surtia o mesmo efeito. Não raro perguntava a Neco:

— Essa história de ficar fumando chibaba é coisa para criança. Preciso de alguma coisa mais potente.

Neco saiu e depois de três horas voltou:

— Se a chibaba não é mais como antes para você, experimente esta aqui.

João pegou dois grãos do tamanho de um grão de sal grosso na palma da mão e, sorrindo, perguntou:

— O que é isso?

— Isso é o que chamamos de ácido, o nome oficial é LSD. Todo mundo usa, e as viagens são garantidas – explicou Neco com eloquência.

Eli olhou desconfiado para aquela droga e disse a João:

— Jôpe, você não precisa disso. Vamos continuar só na erva, pois isso pode ser perigoso.

— Já usei o ácido e posso afirmar que é muito melhor que a chibaba, pois as viagens e as cores são muito melhores – garantiu Neco com um largo sorriso.

Havia LSD para todos do grupo, apenas Eli se recusou a tomar. Sorrindo, Neco disse uma frase muito conhecida:

— Drogue-se, sintonize-se e desligue-se desse mundo cheio de conflitos e paranoias. Querem que nós sejamos como eles. O pior de tudo é que eles querem que sigamos sua cartilha. O melhor que temos a fazer é nos desligar dessa paranoia toda e sermos felizes à nossa maneira.

João não deu ouvidos a Eli e tomou a droga que Neco havia trazido. João, Joca e Neco usaram a droga, mas de imediato nada aconteceu.

— Neco, por que nos enganou? Não estou sentindo nada – disse João.

— O ácido só começa a fazer efeito em uma hora. Então, espere que você fará uma boa viagem – respondeu sorrindo.

— Cara, como você vai tomando qualquer coisa que te oferecem? – perguntou Eli, assustado. – Isso pode ser perigoso. A erva é natural e não causa mal algum, mas essas drogas desconhecidas podem prejudicar a saúde.

— Eli, pensei que você fosse mais descolado – disse João, sorrindo. – Eu tomei o tal do ácido do Neco e, até agora, não estou sentindo nada.

Fazia quase uma hora que João havia ingerido o ácido. Foi quando, de repente, sentiu um calor quase que insuportável e tonturas. Seu corpo todo suava, sua visão ficou turva. O formigamento nos pés e mãos o incomodavam.

— Neco, acho que esse troço já está fazendo efeito – disse o rapaz – não estou me sentindo muito bem.

— Acalme-se, em pouco tempo você fará a viagem – respondeu Neco. – Tenho certeza de que será uma experiência única em sua vida.

Os quatro rapazes estavam na praça da matriz e ficaram olhando para o nada, Eli ficou esperando o que aconteceria depois. Ao contrário da maconha, o LSD não causa sono, deixando a pessoa consciente de tudo o que acontece à sua volta.

João, que estava sentado na grama da praça, logo começou a perceber que as luzes pareciam ficar mais fortes e mais brilhantes, e que as árvores estavam mudando de lugar o tempo todo. Ele pôde ver que das árvores saíam raios de luzes, que o deixaram extasiado, e que as pessoas andavam tão rápido na praça como em um filme que ainda não haviam feito.

João, sob o efeito da alucinação provocada pela droga, passou a sentir uma eufórica felicidade, sem motivo aparente. Tudo a seu redor parecia lindo, interessante e mágico. Ele viu uma grande luz descer do céu e se postar diante dele, e dessa luz vinha uma brisa suave que acalmava seu coração.

Eli, que ficou observando os três amigos sob o efeito da droga, logo percebeu que as pupilas dos três pareciam bolas de gude de tão dilatadas. Sendo assim, resolveu ir embora, pois já fazia mais de duas horas que os três só falavam coisas desconexas.

João não sentiu o tempo passar, e assim que as vistas foram melhorando, percebeu que a noite havia caído e que Eli já havia ido embora. Neco e Joca continuavam viajando.

— Estamos na era psicodélica, e esta é a forma de encontrar a felicidade – disse João sorrindo.

Logo os rapazes voltaram a si. Neco perguntou sorrindo:

— E aí? Gostou do ácido?

— O ácido é bem melhor que a chibaba.

Os três rapazes levantaram-se e foram cada qual para suas respectivas casas. O carinho que João estava sentindo por Neco e Joca naquele momento era indescritível. Ao chegar em casa, João não conversou com a mãe, que terminava a costura para uma freguesa, e foi diretamente para o seu quarto. Sem conseguir conter a tensão, Marina foi ao quarto do filho e o encontrou sentado na cama com um largo sorriso.

— Por que está rindo feito bobo?

— Estou feliz – respondeu João, sem se dar conta da preocupação que causava em sua mãe.

— Qual o motivo de tanta felicidade?

João ignorou a pergunta da mãe que, aos berros, disse:

— Vá tomar banho, lavar os cabelos e cortar essas unhas!

— A senhora não manda mais em mim. Agora sou dono do meu nariz e faço o que bem entender – respondeu irritado.

Marina, sem chorar, disse:

— Está bem, a partir de hoje não falarei mais nada para você, mas saiba que você está se destruindo. Tenho pena de ver um rapaz tão bonito jogar a juventude fora por causa do álcool e das drogas.

João, em tom provocador, respondeu:

— Mãe, a senhora é muito careta. Estamos na era do "sexo, drogas e rock 'n' roll". Não aguento mais tanta caretice, por isso será melhor não me falar nada. Estou a ponto de ir morar com meus amigos, pois eles me compreendem e me aceitam do jeito que sou.

O rapaz ainda estava sob o efeito da droga, que ia sumindo à medida que as horas passavam. Ele não conseguia dormir, e durante a noite sentiu vontade de viajar novamente, mas já era tarde e certamente ele não encontraria Neco. Já passava das cinco horas da manhã quando, finalmente, vencido pelo cansaço, João adormeceu.

CAPÍTULO 83

Causa e efeito

Elisa, que acompanhava todo o sofrimento de Marina com o filho, ia todos os dias à sua casa para lhe fazer companhia. Certa tarde, chegando à casa da amiga, foi logo dizendo:

— Você soube o que aconteceu com Altino?

— O que aconteceu com aquele infeliz? – perguntou a outra, ignorando completamente o fato.

Elisa hesitou por alguns instantes antes de responder:

— Altino está preso. Ele é o assassino daquela moça que veio lhe contar sobre os abusos que João sofrera.

— O que? Altino é um assassino? – disse estupefata.

— Sim, a notícia correu pela cidade feito rastilho de pólvora. Mas eu tinha certeza de que você não sabia.

— É como diz o ditado: "A justiça de Deus tarda mas não falha" – disse, sentindo ódio por Altino. - Ele não respondeu pelo mal que causou ao filho, mas não escapou da mão pesada de Deus.

— Embora muitas pessoas acreditem que Deus é responsável pela nossa bem-aventurança ou pela nossa desgraça, isso não é verdade – respondeu Elisa com suavidade na voz. - Nossa vida é regida por uma sucessão de acontecimentos, nos quais por vezes há diversas situações desagradáveis, fazendo-nos pensar que somos vítimas da vida e que o destino sorri para uns e é implacável para com outros. No universo, tudo está relacionado por meio de uma sequência de ações que desencadeiam os resultados. Deus é Infinitamente Bom e Justo, portanto, não causaria mal a uns e traria bem-aventurança a outros. Devemos compreender que existe uma lei chamada de causa e efeito, ou seja, para cada ação haverá sempre uma reação correspondente.

Marina, sem compreender o que a amiga estava querendo dizer, perguntou:

— Mas o que isso quer dizer?

— Que cada um de nós é responsável pelo que acontece em nossas vidas, sejam coisas boas ou ruins. Não existe o que se chama de vítima das circunstâncias. Talvez para algumas falte o entendimento necessário para saber o motivo de determinadas coisas ocorrerem. Se formos intimamente honestos, descobriremos que a maioria das mazelas que nos ocorrem é a resposta a alguma ação que praticamos – respondeu Elisa. - Devemos ter duas coisas em mente: primeiro, que não existe efeito sem causa e, segundo, que nada nos acontece por acaso. Todas as nossas ações são submetidas às leis de Deus, das quais nós não conseguimos fugir, por mais insignificantes que possam parecer. Portanto, somos responsáveis pela nossa felicidade ou desgraça futura, tudo está em nossas mãos, dependendo, principalmente, de como agimos. Somos semeadores de nossa felicidade ou infelicidade, pois para cada plantio haverá sempre uma colheita correspondente. Ninguém pode plantar milho e colher feijão, da mesma forma que quem pratica o mal não poderá colher o bem. Então, devemos aceitar que o homem é o construtor de seu próprio destino e que nada acontece por acaso ou por castigo divino.

Marina observou a expressão de Elisa e, naquele momento, pôde perceber que falava com serenidade.

— Onde aprendeu essas coisas?

— Estou frequentando a Casa Espírita com dona Dalva. Estou tendo aulas todas as segundas-feiras. Tenho aprendido muitas coisas que têm tornado meu dia a dia mais fácil de suportar. Por que não nos acompanha em uma reunião?

Marina, que era católica fervorosa, respondeu:

— Não posso, pois continuo indo à igreja todos os domingos e faço novenas para a melhora de João.

Elisa sorrindo respondeu:

— A vida é como um rio que corre incessante para o mar. Um dia, quando sentir falta de maiores esclarecimentos, o convite continuará de pé. Quando chegar o momento certo, você aprenderá sobre os mecanismos da vida.

Ela fitou Elisa e, por um momento, sentiu paz, mas retomou o outro assunto:

— Por que Altino matou a moça?

— Talvez tenha feito para se vingar – supôs Elisa sem saber dos detalhes. – Afinal, foi ela quem te contou sobre o sofrimento de João.

Marina, ao ouvir falar no filho, disse:

— Não sei mais o que fazer com João. Já chorei, implorei, briguei, e de nada adiantou. Agora ele passa dias e dias fora de casa, e quando volta tranca-se em seu quarto e às vezes dorme o dia inteiro. Não sei mais o que fazer para ajudá-lo, mas às vezes parece que ele está surdo, porque não me ouve, e quando ouve, diz que sou careta.

— Devemos fazer preces por João e pedir a Deus que o ajude a reencontrar o bom senso – disse a outra com expressão séria.

Marina, naquele momento, começou a chorar. Inicialmente, gostara de saber que Altino estava preso, mas, depois da conversa que tivera com Elisa, sentiu pena daquele homem que sempre fora duro e valente com ela e com o filho. Elisa conversou sobre outros assuntos, até decidir voltar para casa, pois logo as crianças chegariam do colégio que ficava próximo à sua casa.

CAPÍTULO

84

Cocaína

João estava terrivelmente magro, e a cada dia se afundava ainda mais no uso das drogas. A banda logo acabou, pois Eli não concordava com o uso indiscriminado de drogas em sua casa e, por isso, afastou-se dos três jovens.

Neco, Joca e João se tornaram inseparáveis, andavam a esmo pelas ruas, sempre procurando por alguém que pudesse vender drogas. Certo dia, Neco disse a um vendedor:

— Queria comprar coca, mas estou sem dinheiro. Você poderia me vender e, assim que eu conseguir alguém, eu te pago?

— Não vendo fiado – disse o traficante olhando para o estado de Neco.

João, naquele momento, entrou em desespero, afinal, onde conseguiriam dinheiro para comprar ácido? Foi quando Neco disse:

— Tem uma casa muito bonita no centro da cidade. Se conseguirmos entrar sem que nos vejam, poderemos roubar alguma coisa de valor, vender e comprar o que precisamos.

João não concordou, pois logo se lembrou de Nico e de como o rapaz morreu ao tentar roubar a casa de um policial reformado. Ele estava visivelmente nervoso, pois sabia que só se acalmaria quando tomasse o ácido. Neco, olhando para o amigo, disse:

— Vá para casa. Joca e eu daremos um jeito de comprar o material. Iremos até sua casa assim que conseguirmos.

João voltou para casa no cair da noite. Havia três dias que não aparecia lá.

Marina, vendo a decadência do filho, chorou escondida e, como prometera, não disse nada a ele. Com o passar do tempo, o bom menino de outrora se tornara irascível.

João andava em seu quarto de um lado para o outro, esperando Neco. A noite caiu, Marina preparou o jantar, mas João se recusou a comer. Depois de comer, a mulher limpou a cozinha e, cansada, foi se deitar. João sabia que sua mãe havia ido dormir, e decidiu ficar na frente de casa esperando por Neco.

Já passava de uma hora da manhã quando João teve a ideia de ir à casa de Elisa, pois ele sabia que a bicicleta de Balbino ficava fora. Sem pensar nas consequências, o rapaz entrou sorrateiramente na casa de Elisa. Leão, o cão da casa, já o conhecia, e por isso nem latiu. João pegou a bicicleta e saiu em direção ao centro da cidade. Pedalou por alguns becos da cidade à procura de algum vendedor, porém, sem êxito.

Ele pedalava e, ao mesmo tempo que sentia o cansaço tomar conta de seu ser, sabia que precisava conseguir a droga naquela mesma noite, pois o desespero da abstinência estava consumindo-o.

O LSD já não era suficiente para João. Ele ouviu falar em cocaína pela primeira vez em uma conversa com Neco, que disse ter experimentado. João experimentou cocaína pela primeira vez com dezoito anos, e a euforia que sentiu foi maior que a da maconha e a do LSD. João começou a cheirar cocaína, e Neco sempre avisava:

— Não injete cocaína na veia, pois ela é muito perigosa.

Com o passar do tempo, João sentiu a necessidade de aumentar a euforia. Dessa forma, habituou-se a inalar a droga junto com o uso abusivo do álcool.

Naquela noite, andou de bicicleta pela cidade e, cansado de procurar, foi até a cidade vizinha para encontrar algum vendedor. Não encontrando, João decidiu esconder a bicicleta no mato para procurar um vendedor no dia seguinte. Ele estava inquieto, e por isso resolveu não voltar para casa.

Dois dias se passaram desde que João roubara a bicicleta de Balbino. Embora para muitos não houvesse dúvidas de que fora João, ninguém poderia provar que era ele o autor do roubo. Naquele dia, o rapaz encontrou com Neco sentado em uma calçada e, irado, perguntou:

— Você conseguiu a coca naquela noite?

Neco mentiu:

— Não consegui dinheiro – mentiu. – Fiquei em um bar tomando conhaque para esquecer.

João não acreditou na resposta, e também não comentou que havia roubado uma bicicleta para comprar a droga. Ele ficou conversando com Neco, quando Joca chegou com as pupilas dilatadas. João logo percebeu que Joca havia usado cocaína, e por isso gritou:

— Joca, por que não trouxe uma dose para nós?

— Nesse mundo em que leão come leão, cada um se vira como pode – respondeu o outro, eufórico.

— O que fez para comprar a coca? – perguntou Neco.

— Roubei o relógio de minha mãe, mas o relojoeiro pagou pouco e só deu para comprar uma dose.

João ficou colérico. Foi Neco quem o impediu de bater em Joca, que estava totalmente drogado.

CAPÍTULO 85

Sugestões diabólicas

Joselina compreendeu o que lhe havia acontecido e sempre estava em companhia de Cassiano, que não lhe dava trégua. Depois do desencarne, o ódio por aquele que tirara sua vida aumentou significativamente e, por isso, saber que ele estava preso isso não a deixava aliviada. Ela também descobriu que Ricardo era casado, que tinha dois filhos e que a mercadoria que dizia vender era droga. Apesar de saber que Ricardo era casado, Joselina não conseguia ter raiva dele, pois foi o único homem que ela realmente amou em vida.

Cassiano sentiu ciúmes ao saber que Joselina nutria um sentimento especial por Ricardo e, então, começou a persegui-lo. Joselina não gostava da sua atitude, mas era totalmente dependente de Cassiano, pois ele a levara para um local onde sua garganta foi curada, possibilitando-lhe voltar a falar.

Por ter ciúmes, Cassiano fez a polícia descobrir que ele era traficante. Ricardo foi torturado e preso. Isso deixou Joselina indignada:

— Você não deveria ter feito isso! Ricardo sempre foi um bom homem e me tratou com respeito.

— Está sentindo pena do amado? – perguntou o outro ironicamente.

Joselina sentia ódio por Cassiano, mas também se sentia impotente, pois ele tinha mais tempo como desencarnado do que ela e sabia de muitas coisas que ela almejava conhecer. Os dois andavam a esmo pela cidade. Ora estavam no bar, usufruindo o teor alcoólico de algum alcoólatra, ora se juntavam a um grupo de drogados para esquecer suas misérias.

Certo dia, Joselina estava pensando em Altino quando teve uma ideia diabólica. Ela sentia que precisava se vingar de Altino, que, antes de acabar com sua vida, a humilhara de todas as maneiras.

— Preciso de sua ajuda – disse sorrindo a Cassiano.

— O que pretende fazer? – perguntou o outro.

— Quero ver Altino sofrer o mesmo que eu sofri quando ele entrou na minha casa.

— O que ganho com isso?

— Você só pensa em tirar vantagem de tudo, isso me enoja – respondeu irritada.

— Está bem – concordou Cassiano depois de pensar por alguns instantes. – Mas, para que possamos fazer alguma coisa, precisamos ficar junto de Altino na cadeia.

— Leve-me até Altino.

Cassiano pegou na mão de Joselina. Rapidamente os dois se juntaram a Altino, que estava com dois presos na mesma cela. Joselina sentiu tanto ódio ao vê-lo que imediatamente avançou sobre ele, esmurrando-o. Altino começou a se sentir mal, e logo os dois presos chamaram o guarda. Ele sentia fortes dores de cabeça e começou a cambalear. Joselina, percebendo o que podia fazer, vez por outra, batia em Altino somente para vê-lo passar mal.

— Como pode ser tão idiota? – Cassiano disse sorrindo. – Descarregar seu ódio só vai fazê-lo passar mal, mas depois ele voltará ao normal.

— Então, como posso me vingar desse infeliz?– perguntou ela depois de pensar naquilo que Cassiano dissera.

— O que ele fez foi realmente odioso, mas do que você sente mais raiva?

— Senti ódio por ele ter me violado sexualmente daquela maneira animalesca – respondeu sem pensar.

— Por que não o faz sentir na pele o que ele fez a você? – sugeriu Cassiano.

— Mas como?

— Observe e aprenda.

Cassiano se aproximou de Galdino e ficou ouvindo seus pensamentos por algum tempo. Galdino fora preso por roubo e homicídio, mas tinha também o hábito de estuprar mulheres, apesar de esse não ser o motivo pelo qual estava preso. Ele assassinou uma das mulheres que violentara e a cena do crime não lhe saía do pensamento. Ao descobrir quem era Galdino, Cassiano disse:

— Precisamos acentuar sua sexualidade para que ele violente Altino.

— Mas o Florêncio vai contar ao delegado o que Galdino fez.

— Não se preocupe, pois faremos Florêncio participar da ação.

— Mas como faremos isso? – perguntou Joselina, sem compreender.

— Vamos fazer Galdino e Florêncio pensarem demasiadamente em sexo. Como na prisão não há mulheres, eles se arranjarão como podem.

Galdino não gostava de Altino, pois achava-o arrogante e mentiroso. Florêncio havia sido preso por assassinar uma senhora de setenta e nove anos para assaltá-la.

— Altino tem como companheiros de cela pessoas como ele, portanto será fácil intuir-lhes pensamentos eróticos para depois vermos os resultados – disse Cassiano. – Se os dois participarem, negarão que fizeram alguma coisa, e assim Altino os servirá durante um bom tempo.

— Eu o quero morto! Não foi isso que ele me fez?

— Não seja idiota! Permanecendo em seu corpo físico, será mais fácil incutir em Altino o sofrimento que merece.

— Tem razão! Não podemos deixar que Galdino e Florêncio o matem – respondeu ela depois de pensar por alguns instantes.

E, assim, as duas entidades malévolas passaram a acompanhar o dia a dia de Altino na prisão. Durante a manhã, era permitido ficar no pátio para tomar sol, e depois do almoço ele era recolhido à cela, de onde só sairia no dia seguinte. Joselina e Cassiano ficaram por quase duas semanas incutindo pensamentos eróticos em Galdino, que era o mais suscetível, e logo o marginal passou a ver Altino com outros olhos. Depois, chegou a vez de Florêncio, que se rendera às sugestões dadas por Joselina e Cassiano.

Em uma noite chuvosa, Altino estava deitado em sua cama quando Galdino se aproximou dizendo:

— Tenho medo de trovões. Posso me deitar com você?

— De maneira alguma! – respondeu o outro irritado. – Tape os ouvidos para não ouvir os trovões.

Galdino, naquele momento, encostou a mão em Altino, que imediatamente se defendeu.

Ele estava se comportando feito louco, foi quando Florêncio acordou e viu a briga.

— O que está havendo? – perguntou.

— Esse maricas está tentando-me bolinar – respondeu Altino.

Florêncio, influenciado por Cassiano, disse:

— Sabe que não é uma má ideia! Estamos a tanto tempo sem mulher... Quem sabe nós podemos nos entender.

Galdino olhou para Florêncio e os dois pegaram Altino. Taparam sua boca com o lençol e, sem hesitar, os dois saciaram suas necessidades físicas. Altino chorava copiosamente e disse:

— Amanhã mesmo vou chamar meu advogado e contarei o que vocês me fizeram.

— Se fizer isso, será um homem morto! – disse Galdino sorrindo. – Eu já matei antes e não hesitarei em fazer isso novamente.

As lágrimas rolavam pelo rosto de Altino, que sentia sua masculinidade humilhada. Joselina sorria e dançava ao ver os dois homens estuprando Altino.

— Sua dívida comigo está aumentando, terminamos nossa tarefa. Agora, vamos embora – disse Cassiano.

— Quero que Altino continue a ser abusado sexualmente, afinal, não foi isso que ele fez a mim e a seu filho?

— Não quero ficar neste lugar horrível somente para ver Altino ser violentado todas as noites – respondeu o outro irritado.

— Mas eu quero. E precisamos arranjar uma maneira de ele não contar a ninguém o que lhe aconteceu.

Cassiano aproximou-se de Altino e logo descobriu que ele não contaria a ninguém sobre o ocorrido, pois estava com vergonha e medo de que as pessoas pensassem que ele era a mariquinha de Galdino e Florêncio.

Depois do ocorrido, Altino pediu diversas vezes para que o tirassem daquela cela, pois ele não estava se dando bem com os companheiros, mas a carceragem não deu ouvidos aos pedidos de Altino e, assim, o abuso se tornou frequente. Altino, que não aguentava mais aquela situação, decidiu matar os dois.

Joselina se divertia com o sofrimento de Altino. Com o passar do tempo, porém, aquilo já não lhe dava o mesmo prazer de antes.

— Vamos deixá-lo em paz, pois ele já sofreu bastante. Finalmente ele pôde sentir na pele o que senti em meus últimos momentos de vida.

Cassiano concordou plenamente, e juntos deixaram a cela. Os dois saíram de perto de Altino e continuaram a andar a esmo pela cidade.

Altino emagreceu consideravelmente, pois não comia e não dormia, temendo que os dois homens viessem violentá-lo novamente. Depois de Cassiano e Joselina se afastarem, Galdino e Florêncio nunca mais violentaram Altino.

Embora isso nunca mais tenha ocorrido, Altino não conseguia perdoar os dois homens. Sentia-se brutalmente ferido em sua masculinidade, e isso só aumentava seu desejo de se vingar daqueles que um dia o usaram como uma mulher. Os dois conversavam sobre vários assuntos, mas nenhum deles conversava com Altino. Ambos, depois de as entidades se afastarem, passaram a sentir asco por Altino.

CAPÍTULO

86

Os astros morrem

Fazia dois meses que João saíra de casa. O rapaz não levara nada, nenhuma peça de roupa, nem pertences pessoais. Às vezes, passava na casa da mãe e dizia que estava tudo bem, o que não era verdade, pois ele estava exageradamente magro, e seus cabelos, ralos e sebosos, além disso, tinha várias erupções na pele e uma coriza não o deixava em paz.

João já não usava mais camisa de mangas curtas. Em seu braço havia marcas profundas, pois ele estava injetando a droga na veia, principalmente no braço esquerdo, afinal, o rapaz era destro. Os tremores eram constantes, fazendo-o segurar a mão por diversas vezes para disfarçar. Ele falava pouco, mas estava inquieto devido à falta da droga em seu organismo.

Certo dia, João decidiu visitar a mãe e aproveitou para ir à casa de dona Elisa para conversar, afinal ela era a única pessoa em quem confiava além de sua mãe. Elisa assustou-se ao ver o rapaz em ver tamanha decadência.

— João, você está usando drogas? – perguntou com lágrimas nos olhos.

— Comecei fumando maconha, que Neco me oferecia. Depois, a erva já não provocava a euforia esperada, e então passei a tomar LSD. O mundo ficava mais bonito sob o efeito dessa droga, até Nico me apresentar a cocaína – disse chorando. – No começo, era só felicidade, eu cheirava, mas os efeitos passavam rapidamente. Com o passar do tempo, já não sentia o mesmo prazer, até que certo dia passei a injetar.

Com lágrimas nos olhos, João arregaçou a manga da camisa e mostrou o braço esquerdo a Elisa. Ela se assustou ao ver o quanto o braço do rapaz estava fino.

— Agora, sinto tremores e falta da cocaína. Não sei o que fazer para me livrar desse vício.

— João, você não vai conseguir se livrar desse vício sozinho – disse a mulher, entre lágrimas. – Chegou o momento de aceitar ajuda.

Desiludido, João disse:

— Não há nada que possa fazer por mim. Sou como uma luz que está se apagando, e logo chegará meu fim, assim como aconteceu com Neco.

Elisa, que não conhecia Neco, perguntou:

— O que aconteceu com esse rapaz?

— Encontraram Neco caído no banheiro da rodoviária, sangrando pelo nariz – contou. – Levaram-no ao hospital, mas já era tarde demais, pois estava morto. Todos aqueles que se enveredam por esse caminho acabam mortos em guetos ou em algum banheiro sujo. Hoje me arrependo por não ter dado ouvidos à minha mãe quando ela me disse que aqueles rapazes não eram boas companhias. Porém, como sempre fui solitário, eu estava feliz por ter amigos, mas infelizmente eles não eram tão legais como eu pensava.

Elisa, que conhecera Eli, perguntou:

— Eli também morreu?

— Não! Eli foi o mais esperto de todos nós. Ele se afastou e voltou a estudar. Na semana passada o vi com uma namorada, mas ele fingiu que não me conhecia. Eu compreendi, afinal, minha imagem é assustadora.

— João, você nunca pensou no quanto sua mãe sofreria com suas atitudes? – perguntou chorando.

— Quando usamos drogas, não pensamos em ninguém, nem em nós mesmos. A droga é a coisa mais importante do mundo.

— E o que aconteceu com Joca?

— Joca continua a usar cocaína – respondeu sem hesitar. – Talvez ele esteja em um estado pior que o meu. Ele está com hepatite devido ao uso da droga, mas não se cuida e vive andando pelas ruas como se fosse um fantasma. Joca perdeu totalmente sua identidade. Ele diz que se tornou um espectro de homem, e fui obrigado a concordar com ele.

— Você também tem hepatite?

— Pelo que eu saiba, não... Mas nunca fui ao médico.

— Mas você só usa drogas?

— Não, todos os que cheiram também abusam do álcool, pois isso potencializa o poder da coca.

— Não vou permitir que volte às ruas – disse a vizinha depois de respirar fundo. – Quero que vá para casa, tome um banho, alimente-se, e amanhã mesmo vamos procurar um médico.

— Não me peça isso, pois não conseguirei obedecer. Eu preciso da droga para viver.

— Você não precisa da droga para viver, pois você nasceu sem esse vício e certamente vai se livrar dele – Elisa perdeu momentaneamente seu jeito manso quando disse aquilo. – Na quarta-feira, quero que vá à Casa Espírita comigo. O primeiro passo para se livrar do vício é mudar completamente as amizades. Depois, com ajuda espiritual, você vai se recuperar para a alegria de todos, e a minha também.

João ficou calado por alguns instantes até responder:

— Está bem, irei com você a essa Casa Espírita, pois no momento estou precisando de ajuda.

— Faça o que te falei.

João saiu da casa de Elisa com lágrimas nos olhos e rapidamente entrou em casa, indo diretamente ao banheiro. Tomou um longo banho, lavou os cabelos, cortou as unhas, esforçou-se para comer e depois se trancou em seu quarto para descansar. Marina ficou feliz ao ver a atitude do filho. Sendo assim, ela voltou a costurar, afinal, João estava seguro em casa.

Em seu quarto, João pensava: "Domingo é o melhor dia para encontrar traficantes nas ruas... Mas eu prometi a Elisa que iria na quarta-feira com ela a essa tal de Casa Espírita". João estava em franco desespero por causa da abstinência, e por isso ele saiu de casa naquele domingo, dizendo à mãe que voltaria cedo. Marina, ao ver o rapaz sair, desesperou-se, pois sabia que ele não voltaria.

João saiu andando apressado. Ao passar em frente à casa de Elisa, encontrou-a sentada na varanda com Balbino, tomando uma fresca, pois a noite estava quente. Elisa viu João passar em frente a sua casa e rapidamente chamou pelo rapaz. Ele não gostou de ser visto pela vizinha, mas foi educado e disse:

— Olá, dona Elisa! Eu não a vi.

— Estava conversando com Balbino na varanda. Como está calor, ficamos conversando somente com a luz da rua.

João esboçou um leve sorriso, quando Elisa perguntou:

— Onde está indo?

Elisa sabia que João estava indo ao gueto, mas fingiu ignorar o fato. O rapaz pensou por alguns instantes até responder:

— Estou indo comprar cigarros.

— Deixe-me ir com você, pois estou querendo sair um pouco, mas Balbino não está querendo caminhar, quer poupar energia para trabalhar amanhã.

João levou a mão ao bolso, que continha somente alguns trocados que roubara da mãe e sem ter como dizer não, deixou que ela o acompanhasse. Os dois chegaram ao bar, que ficava duas quadras depois da casa de Elisa. João comprou uma carteira de cigarros e voltou conversando com Elisa.

Elisa percebeu que o rapaz estava agitado e ignorando o fato, apenas disse:

— João, fique conosco, pois às vezes falta assunto para um casal que está junto há muito tempo.

João entrou na varanda e se juntou ao casal, e logo eles estavam relembrando a vitória do Brasil na Copa do Mundo, que ocorrera naquele mesmo ano de 1970. Enquanto conversavam, ele esqueceu-se da fissura pela droga e somente tarde da noite resolveu voltar para casa. Ao entrar, encontrou a mãe sentada no sofá ouvindo seu rádio de pilhas.

Sorrindo, Marina disse:

— Voltou cedo meu filho.

— Estava na casa de Elisa conversando.

Marina deixou escapar um suspiro de alívio:

— O que vai fazer?

— Vou dormir, estou cansado.

Marina viu o filho entrar em seu quarto, e somente depois disso desligou o rádio e foi a seu quarto, pois estava cansada. A mulher já não era nem a sombra do que fora um dia. Com apenas quarenta e cinco anos, ela aparentava ser mais velha.

João entrou em seu quarto, mas a falta da droga o deixava demasiadamente agitado, além da insônia, que não lhe dava tréguas. Ele logo se lembrou de que sua mãe deixava na cozinha uma caixa de Valium. Então, sorrateiramente, saiu do quarto. Na cozinha, abriu o armário lentamente, para que a mãe não ouvisse, pegou cinco comprimidos do remédio e tomou de uma vez. João voltou ao quarto e se deitou, olhando para o teto e pensando em como se livraria do vício. Logo o rapaz começou a se sentir tranquilo, o desespero foi sumindo e ele logo dormiu.

No dia seguinte, passava das dez horas da manhã quando João saiu do quarto.

— Acordou, belo adormecido...

João achou graça das palavras da mãe e, sorrindo, disse:

— Dormi como há muito tempo não dormia.

— Que bom, meu filho. Agora vá tomar café. Deixei a mesa posta para você.

O rapaz foi até a cozinha sem sentir fome, mas, para fazer a vontade da mãe, esforçou-se para comer. Depois do café, confessou:

— Mãe, ontem eu não estava conseguindo dormir e tomei Valium.

— Sentiu-se melhor depois de tomar o calmante?

— Sim, tanto que dormi como uma pedra – brincou ele.

— Então, vou providenciar outra receita.

— A senhora faria isso por mim? – perguntou.

— Meu filho, eu o amo tanto que por você sou capaz de dar minha vida – disse Marina, olhando com carinho para o filho.

Comovido, João se aproximou da mãe e a abraçou chorando. Marina sempre estava com o rádio ligado, pois, assim, não se sentia tão sozinha. De repente, o locutor passou a informar: "Hoje, o mundo do rock ficou mais triste, pois perdemos a rainha do rock, a cantora e compositora Janis Joplin. A cantora morreu com apenas vinte e sete anos, deixando milhares de fãs totalmente desorientados. Seu corpo foi encontrado pelo empresário John Cooke, no hotel onde ela estava hospedada. Segundo as últimas informações, a cantora teve uma overdose de heroína. Ainda não temos notícias sobre o funeral e o sepultamento. Voltaremos a falar sobre o assunto quando tivermos mais informações".

João, ao ouvir a notícia no rádio, ficou nervoso, afinal ele sabia que Janis Joplin fazia uso de drogas e, por um momento, sentiu que este poderia ser o seu fim também.

— A juventude de hoje está totalmente perdida, uma moça rica, famosa, bonita se enveredou no caminho das drogas e perdeu a vida – disse Marina sem pensar no filho. – Essa maldita droga ainda matará milhares de jovens.

Por alguns instantes, João ficou mudo diante da notícia.

— Não estou me sentindo muito bem, vou me deitar.

Marina não compreendeu a mudança repentina de humor do rapaz, porém, nada disse e voltou a costurar.

João deitou em sua cama enquanto pensava: "A droga está matando todo mundo. No mês passado morreu Jimi Hendrix, e agora, dia quatro de outubro, morreu Janis Joplin. Neco se foi, e logo será a minha vez". Com esses pensamentos, começou a se desesperar, dizendo que precisava se livrar do vício que acabaria matando-o. O rapaz chorou, não pela morte dos astros do rock e muito menos pela morte de Neco. Pela primeira vez, ele chorou a própria morte, que, em seu pensamento, era iminente.

O rapaz estava nervoso, então, pediu um comprimido de Valium à mãe. Marina, sem compreender o nervosismo do filho, mandou-o pegar o remédio no armário. João tomou cinco comprimidos de só vez. Depois de meia hora, começou a sentir-se mais calmo, e logo adormeceu.

CAPÍTULO

87

Viciado

João esforçou-se para se manter longe da cocaína até a quarta-feira, dia que havia prometido acompanhar Elisa até a Casa Espírita. Nesses dois dias, João tomara todo o Valium que a mãe tinha para conseguir se manter sóbrio. As erupções na pele de João davam ao rapaz um aspecto de ser mais velho do que realmente era. Preocupada, Marina foi até a casa da vizinha.

— Elisa, estou muito preocupada com João. Você acredita que em dois dias ele tomou uma caixa de Valium inteira? Não sei o que está acontecendo, mas ao saber da morte daquela cantora ele entrou em desespero.

— Marina, João está precisando de ajuda – disse preocupada.

Marina, querendo ignorar o fato de que o filho se afundava cada vez mais nas drogas, disse:

— Não entendo, por que João precisa de ajuda? O que ele está precisando, na verdade, é de um bom trabalho.

Elisa, então, relatou à amiga a conversa que tivera com João, e encerrou dizendo:

— João é um viciado e não conseguirá se livrar disso sozinho, precisamos arranjar uma maneira de ajudá-lo.

Marina desatou a chorar, pois jamais em sua vida imaginara que seu filho se tornaria um viciado, justo ele, que sempre fora um bom aluno e um bom filho. Ela chorava copiosamente quando desabafou:

— A culpa de João ser assim é de Altino, aquele miserável. Quero que ele apodreça na cadeia.

Elisa pensou por alguns instantes e respondeu:

— Jesus disse: "Não julguem para não serem julgados. Pois, da mesma maneira que julgarem, vocês serão julgados; e a medida que usarem também medirá vocês".

— Altino desgraçou a vida do meu filho – disse Marina, discordando da amiga. – Ele sempre foi muito solitário e, quando arranjou amigos, envolveu-se com más companhias.

— Não se esqueça, minha amiga, de que a vida é feita de escolhas. João fez suas próprias escolhas e se saiu mal. Compreendo que ele sofreu abuso quando criança, mas na adolescência ele poderia ter notado que Eli e os demais não eram boas companhias, assim ele os teria evitado. Portanto, se ele se juntou ao bando, é porque pensava da mesma maneira. Cada escolha tem uma consequência e, infelizmente, João fez a pior escolha possível. Mas agora não devemos criticá-lo, precisamos arranjar uma maneira para ajudá-lo a se livrar do problema.

— A droga mata. Tenho medo de essa maldita levar meu filho.

Elisa e Marina se abraçaram e começaram a chorar.

— Precisamos levar João ao médico, pois as erupções em sua pele estão horríveis. Ele precisa se tratar.

— Obrigada, Elisa, por tudo que tem feito por nós – disse a outra com lágrimas nos olhos.

— Vou marcar uma consulta com o doutor Fabrício. Ele é um excelente dermatologista – disse Elisa sorrindo.

— Faça isso, mas precisamos convencer João a ir ao médico.

Naquele mesmo dia, Elisa marcou uma consulta com o doutor Fabrício. João, porém, recusou-se a ir, pois sabia que o médico logo saberia que ele era um viciado.

Para segurar o filho em casa, Marina foi à farmácia, da qual era freguesa há muito tempo, e comprou cinco caixas de Valium. O farmacêutico vendeu os remédios, pois sabia que Marina usava esse medicamento.

João, que começara tomando cinco comprimidos, logo passou a tomar sete para conseguir dormir oito horas por noite.

CAPÍTULO 88

Na Casa Espírita

Naquela noite, João acompanhou Elisa à Casa Espírita, sentou-se timidamente e ficou prestando atenção em tudo. Viu o imenso quadro de Jesus que continha uma frase que jamais saiu de sua mente: "O silêncio é uma prece". João ficou sentado e um senhor convidou todos a o acompanharem em uma prece. O rapaz abaixou a cabeça, mas se manteve com os olhos abertos todo o tempo.

A palestra daquela noite iniciou-se, e o tema era "Os laços que unem as famílias". Então, o senhor com aspecto calmo começou a falar:

— Segundo a codificação dos espíritos, a família transcende às determinações do mundo material. De acordo com o *Evangelho segundo o espiritismo*, no capítulo quinze, item oito, há dois tipos de laços: os laços corporais que formam famílias, e os laços espirituais, que unem espíritos simpáticos em verdadeiro laço familiar. As famílias formadas pelos laços corporais estão ligadas pelo sangue, mas nem sempre há a afinidade que ligam os espíritos. Por esse motivo, vemos que a raiz da maioria dos problemas do indivíduo está sempre ligada à família, pois é nesse círculo que muitos espíritos se unem para aparar as arestas do passado. Porém, diante das dificuldades da jornada, acabam sucumbindo e agindo como verdadeiros inimigos entre si. Não devemos desanimar, pois nosso inimigo de hoje certamente será nosso amigo amanhã, se for colocada em prática a lei do amor que foi ensinada e encorajada pelo nosso Divino Mestre Jesus. O que fazer quando os problemas familiares não são superados?

O senhor prosseguiu a palestra:

— Quando compreendemos as verdades espirituais e passamos a ver o problema de um ângulo diferente, em vez de sentirmos ódio pelo familiar com quem não nos afinamos, passaremos a sentir amor fraterno, mesmo que este não seja correspondido, mas nunca devemos nos esquecer de que o ódio é pior para quem o sente do que para o objeto odiado. Se estamos em meio a uma família, é porque temos a necessidade de evoluir junto com espíritos que muitas vezes são antagônicos a nós. Como disse Allan Kardec em sua célere frase: "Nascer, morrer, renascer ainda e progredir sempre, tal é a lei". A reencarnação serve para unir espíritos que muitas vezes são antagônicos uns aos outros como família para que eles possam aparar as arestas do passado e, finalmente, viver numa união de amor fraternal.

O homem de aspecto sereno esboçou um sorriso e recitou um poema:

A família é sempre o ponto de encontro,
Que a reencarnação nos oferta,
Aproveitemos essa oportunidade,
Para aparar as arestas.
Evitando o ódio em nosso coração,
Devemos abrir as portas ao perdão.
Perdão é o remédio para sarar as feridas,
Para que possamos viver bem,
Com nossos inimigos de outras vidas.

João ficou encantado com as palavras finais da palestra e, pela primeira vez em sua vida, sentiu verdadeira paz. Depois da prece final, todos foram encaminhados aos passes. Ao fim da reunião pública, esboçando um sorriso, João disse a Elisa:

— Que homem sábio! Gostei muito das palavras finais. É fácil falar em perdão, o difícil é perdoar.

— Perdoar é muito mais difícil do que as pessoas imaginam. É muito simples dizer "te perdoo", mas o difícil é fechar as chagas que o ódio deixou em nosso coração. Por esse motivo, perdoar liberalmente é um ato de caridade, mas não devemos nos esquecer de que a caridade maior é para quem sente o ódio. Pois, como foi dito na palestra, a pessoa não vai carregar o fardo pesado e desnecessário do ódio, facilitando sua vida.

João estava com uma fisionomia tranquila. Faltava pouco para as dez e meia da noite quando o rapaz entrou em casa. Marina perguntou:

— E, então, meu filho, como foi na tal Casa Espírita?

— Mãe, os ensinamentos são maravilhosos. Muito se falou em amor e perdão, principalmente em relação aos membros da família. Uma pena que para mim seja tarde demais.

— Por que diz isso, meu filho? – perguntou ela sem compreender.

— Não vou mentir para a senhora, pois já fiz isso antes e me arrependi – disse João com sinceridade enquanto fitava a mãe. – Quero que compreenda que estou perdido e que para mim não há chance alguma de recuperação. Sou viciado em cocaína, e por isso tomo tantos remédios. Há muitas pessoas morrendo de overdose, e comigo não será diferente. Gostaria de mudar isso e deixar de usar drogas, mas, sinceramente, isso é muito mais forte que eu. Sei que Elisa quer me ajudar, mas já é tarde demais, não vou conseguir deixar de me drogar, por mais que tente. Um dia vão me encontrar morto em um gueto qualquer. Portanto, minha mãe, prepare-se, pois um dia não estarei mais aqui. Talvez seja melhor para a senhora me ver no cemitério do que passar noites insones me esperando.

Marina e João se abraçaram e choraram juntos pela realidade do filho. Marina chorou muito, chegando a molhar a camisa do filho, e em súplica pediu:

— Meu filho, te suplico: deixe de usar drogas, pelo amor de Deus.

— Mamãe, durante todos esses dias que estou em casa, confesso que não está sendo fácil. O desespero por abstinência me leva à loucura. Por isso tenho tomado remédio para aliviar a ansiedade, mas eles já não fazem mais o mesmo efeito. Não vou te iludir dizendo que vou me regenerar e voltar a ser o mesmo de antes, pois isso seria pura utopia. No estágio que me encontro, percebo que não há mais solução para meu caso. São tantos que morreram por overdose que já está se tornando corriqueiro. Quando choro ao saber que alguém morreu de overdose, na verdade estou chorando por mim, e lamentando profundamente por ter me envolvido com o vício e deixado de viver como deveria. Quando eu morrer, não quero que fique chorando por mim, pois a morte vai me livrar do vício e também do sofrimento.

Marina chorou ainda mais ao ouvir as palavras do filho, que encerrou a conversa dizendo:

— Não se culpe pelo que aconteceu comigo, pois aprendi que a vida é feita de escolhas. Eu fiz a escolha errada, e agora preciso arcar com as consequências. A senhora sempre foi uma excelente mãe, e eu a amo como sempre amei desde que era criança, por isso, nunca se culpe pelo que vier a me acontecer.

Marina chorou pungentemente ao ouvir as palavras do filho, pois para ela a conversa estava sendo quase uma despedida. João estava agitado e, então, disse:

— Preciso sair. Não me espere, pois não sei se voltarei para casa hoje. De qualquer forma, eu juro que amanhã estarei de volta.

A mulher, sem nada dizer, viu o filho sair e ficou chorando sozinha, pensando em qual seria o futuro dele.

João não tinha dinheiro, pois não teve coragem de pedir e muito menos de roubar o dinheiro da mãe para comprar a droga, mas lembrou-se da bicicleta que roubara de Balbino e que estava escondida no mato. João pegou a bicicleta e saiu pedalando pelo gueto. Logo o rapaz encontrou um traficante.

— Não tenho dinheiro, tenho apenas essa bicicleta – disse João.

O rapaz mal-encarado olhou para a bicicleta e respondeu:

— Dou dois gramas pela bicicleta.

Sem hesitar, João pegou dois pacotinhos e deixou a bicicleta com o vendedor. O rapaz pensou: "Não quero cheirar. Preciso arranjar uma seringa", e lembrou-se de que sua mãe tinha conta na farmácia, que costumava fechar à meia-noite. João comprou a seringa na conta da mãe e, depois de se picar, ficou sentado na praça olhando para o nada. Logo os tremores passaram e ele voltou a se sentir bem.

Quando o efeito da primeira dose estava passando, João precipitou-se em tomar a segunda, mas seu fígado ainda estava intoxicado pela primeira dose, e a segunda era ainda maior. Naquele momento, sentindo uma terrível taquicardia e muita falta de ar, o rapaz olhou para o lado procurando alguém para pedir ajuda, mas a praça estava vazia naquele horário.

João perdera a consciência e ficou ali estirado na grama da praça sem ter alguém que pudesse ajudá-lo.

CAPÍTULO 89

Desencarne

Naquela mesma noite, Marina sentiu um terrível mal-estar, pois as palavras de João não lhe saíam da cabeça. Por isso, a mulher decidiu tomar um comprido de Valium para dormir, pois sabia que o filho não voltaria para casa. O calmante, porém, não surtira o efeito desejado, e a pobre costureira passou a noite andando de um lado para o outro, no mais completo desespero e abandono. Foi assim que ela viu o dia clarear. Marina, sabendo que ainda era cedo para ir à casa de Elisa e tentando não pensar no pior, decidiu preparar o café, afinal, João prometera que voltaria no dia seguinte.

Passava das sete da manhã quando um policial batera em seu portão. Com o cabelo em desalinho, vestindo apenas uma camisola e o penhoar, Marina foi atender ao policial. Ela logo pensou que havia acontecido algo com Altino na cadeia, e então perguntou com olhos arregalados:

— O que aconteceu?

O policial olhou para a mulher e disse, cabisbaixo:

— A senhora é mãe de João Pedro Lopes Miranda?

— Sim! O que aconteceu ao meu filho? – perguntou a mulher chorando.

O policial, colocando-se no lugar daquela pobre mãe, foi logo dizendo:

— Seu filho foi encontrado inconsciente na praça, hoje às seis horas da manhã.

— Ele está bem?

— Infelizmente o encontramos sem vida – disse sem rodeios. – Seu corpo está no necrotério municipal.

João perdera seus documentos havia algum tempo, sendo assim, ele sempre deixava em um pedaço de papel no bolso da calça, no qual estava escrito seu nome completo, o nome da mãe e seu endereço.

Ao ouvir aquelas palavras, Marina começou a gritar desesperadamente. O policial dizia, sem saber o que fazer:

— Por favor, dona Marina, procure manter a calma. Compreendo que o momento é difícil, mas seu desespero não vai mudar o rumo das coisas.

Marina saiu correndo e gritando pelas ruas, indo direto à casa de Elisa. Ao saber dos fatos, Elisa chorou com Marina e, rapidamente, acordou seu filho mais velho, Daniel, para chamar Balbino no trabalho.

Marina desmaiou, e Elisa precisou levá-la ao sofá e fazê-la deitar. Balbino voltou correndo para a casa e presenciou o desespero de Elisa ao fazer Marina acordar. Ele rapidamente chamou um táxi e, com a esposa, levou a mulher descordada ao hospital.

Doutor Abílio chegava cedo ao hospital e, sem hesitar, deixou alguns pacientes e foi atender Marina. O médico, ao ter conhecimento do fato, prescreveu um calmante que fora injetado diretamente na veia da paciente. Preocupada, Elisa perguntou:

— Doutor, ela ficará internada?

— Não, esse calmante a fará ficar desperta, mas ela não sentirá a perda do filho com tanta intensidade.

Elisa ficou com Marina, que logo recobrou a consciência, levemente sedada. A mulher, ao se lembrar do fato, voltou a chorar:

— Elisa, minha boa amiga, diga que isso não é verdade e que meu João está vivo.

Elisa deixou que as lágrimas banhassem seu rosto. Marina voltou a chorar dizendo:

— Quero ver meu filho.

— Pode ir, mas prometa-me que vai tomar esse calmante que vou lhe passar – disse Doutor Abílio ao ver o estado de Marina.

A mulher nada respondeu. Foi Elisa quem disse:

— Eu me comprometo a fazê-la tomar o calmante, doutor.

O médico prescreveu o remédio e entregou a receita a Elisa. Balbino, preocupado com a vizinha de tantos anos, disse:

— Dona Marina, a senhora pode ficar tranquila, pois vou providenciar o funeral e o enterro de João.

Ao ouvir as palavras do vizinho, Marina voltou a chorar copiosamente.

— Elisa, por favor, diga que isso não é verdade. Diga que João está em casa me esperando... – disse, entre lágrimas e soluços.

Elisa, sem ter o que dizer naquele momento, não conseguiu disfarçar as lágrimas e abraçou a amiga com força.

— Dona Marina, onde estão os documentos de João? – perguntou Balbino.

Marina, sem saber que o filho havia perdido os documentos, disse:

— Certamente estavam com ele. Como a polícia iria saber meu nome e endereço?

Balbino, confiando nas palavras da mãe de João, dirigiu-se até o necrotério da cidade. Ao encontrar um senhor que trabalhava no local, perguntou:

— Gostaria de ver o corpo de um rapaz que foi encontrado morto hoje pela manhã, na praça. Ele é meu vizinho.

— Esse rapaz estava doente?

— Não que eu saiba – respondeu Balbino escondendo o fato de João ser toxicômano.

O homem permitiu que Balbino entrasse no necrotério. Ao entrar, viu o corpo de João sobre uma pedra fria. Balbino olhou para o rosto de João e, colocando a mão em seu rosto, lembrou-se de quando ele ainda era um menino e foi chamá-lo para ajudar sua mãe que estava apanhando do marido. "Pobre João, sofreu tanto em vida. Espero que tenha um pouco de paz na morte", pensou.

Balbino olhou João por um tempo, quando perguntou ao zelador do necrotério:

— Onde estão seus documentos?

— Não havia nenhum documento com ele – disse o homem secamente. – Pelo que fiquei sabendo, havia somente um papel com o nome dele, o da mãe e o endereço escritos à mão.

— O que o senhor acha que pode ter acontecido? – perguntou depois de pensar por alguns segundos.

— Ao lado do corpo havia uma seringa. Se ele não estava doente, talvez ele fosse usuário de drogas.

— O que ainda falta para liberar o corpo do rapaz?

— Estamos esperando o médico legista chegar. Até lá, o corpo não poderá sair daqui.

Balbino voltou para casa e encontrou Marina e Elisa.

— João não estava portando documentos. Pelo que fiquei sabendo, ele trazia no bolso da calça o nome dele, o da senhora e o endereço escritos à mão.

— João deve ter perdido os documentos – disse Marina chorando.

Balbino logo pediu a certidão de nascimento para providenciar o funeral e o enterro do rapaz.

CAPÍTULO 90

A frieza de Altino

Altino estava tomando banho de sol quando foi chamado por um policial, que foi direto ao assunto e disse:
— Vim lhe avisar que seu filho faleceu.
— Faleceu como? – perguntou friamente ao ouvir a notícia.
— Não tenho certeza, mas parece que foi uma overdose de cocaína.
— Aquele maricas não suportou a ideia de ser diferente e se suicidou. Bom descanso para ele.
O policial ficou revoltado com a postura do pai e repreendeu:
— Se seu filho chegou a esse ponto, a culpa cabe a você, não acha? E, até onde sei, o maricas não era exatamente ele... – disse lançando um sorriso maroto ao preso, pois o policial sabia dos abusos que Altino havia sofrido na cela.
Ao se lembrar do que acontecera, ele sentiu vontade de cuspir no rosto do policial, mas sabia que, se o fizesse, seria lançado na solitária. O policial, com a mão no cinturão, riu e se retirou sem dizer uma palavra.
Altino, ao ficar sozinho pensou: "João morto... O que posso fazer? Ele já se foi, sorte dele". E, sem pensar no assunto, voltou a se sentar no mesmo local em que estava enquanto tomava sol.

CAPÍTULO
91

A despedida de João

O médico legista fez a autopsia no corpo de João e o liberou em seguida. Balbino tomou todas as providências para o funeral, que ocorreu na casa de Marina, pois ela fizera questão de que o filho voltasse para casa pela última vez. A mãe não saiu de perto do caixão em momento algum. Ela olhava para o rosto do filho e perguntava:

— Meu filho, por que você me abandonou? – chorava copiosamente, arrancando lágrimas de quem estava presente.

Marina alisava os cabelos do filho, passava a mão em seu rosto e beijava-lhe a testa chorando. João, depois de morto, não parecia que completaria vinte anos, pois sua aparência era a de um homem com mais de trinta anos. Elisa ficou na cozinha fazendo chá de erva-cidreira para Marina, que a princípio recusava, mas depois de muita insistência acabou tomando-o junto com um comprimido de tranquilizante.

Balbino foi o único que viu o corpo de João sem roupa no necrotério, e, por um momento, ficou chocado com o estado do corpo do rapaz. Estava excessivamente magro, com manchas arroxeadas pelo corpo, inclusive no braço, por causa de tantas agulhas que injetaram o veneno que acabaria com sua vida. Ele nunca contou a Marina o quanto João estava debilitado, pois queria poupar-lhe um pouco do sofrimento.

Durante a tarde, a casa de Marina estava cheia de pessoas que vieram ver de perto o fim de João. Durante a noite muitas pessoas foram embora, ficando somente Balbino, Elisa, Eucineia, a vizinha da frente, e seu Douglas. Depois, cada qual foi para sua respectiva casa para descansar a fim de acompanhar o enterro no dia seguinte.

Ao perceber que a maioria das pessoas havia ido embora, Elisa ficou na sala para amparar a amiga, que estava sofrendo com a perda de seu único filho. Marina, ao levar a mão à testa de João, olhou chorando para Elisa e disse:

— João sempre foi um menino lindo, veja o que as drogas fizeram com ele. Perdeu toda a beleza, juventude e, principalmente, a vida. Meu Deus, o que será de mim sem a presença do meu filho? Prefiro morrer a ficar sem ele, pois ele é minha vida.

Elisa chorou abraçada à amiga, enquanto Balbino observava a cena em um canto da sala.

Mesmo tomando vários tranquilizantes, Marina se recusava a dormir, dizendo:

— Não quero dormir. Vou passar a última noite com meu filho.

Elisa tinha motivos de sobra para se preocupar com Marina, afinal, ela não sabia como a pobre mãe reagiria ao se ver obrigada a se despedir de João, seu único filho. A noite passou rapidamente, e somente depois das sete horas da manhã todos que foram descansar voltaram para o velório. O enterro fora marcado para as dez horas, mas o corpo começou a transpirar. Balbino ficou preocupado e se aproximou de Elisa, dizendo:

— É melhor nós adiantarmos o horário do enterro. Veja, o corpo está transpirando.

Elisa concordou com o marido e, chamando Marina ao quarto, disse a ela:

— Marina, o corpo está transpirando muito. Talvez seja preciso apressar a hora do enterro.

Marina sentiu o aço frio de um punhal lhe traspassar o peito e disse:

— Mas o horário não é às dez horas da manhã?

— O corpo de João não vai aguentar até as dez horas, pois o calor está insuportável – respondeu Elisa pacientemente.

Marina estava robotizada, ao contrário do que Elisa pensava, e disse:

— Faça o que precisa ser feito. Eu ficarei com meu filho nesses últimos momentos.

Elisa conversou com Balbino que, rapidamente, foi até o cemitério para avisar que o corpo seria enterrado às nove horas. Por um momento, Marina se acalmou, mas, quando chegou a hora de fechar o caixão e levar o corpo do filho ao cemitério, a pobre mãe entrou em verdadeiro desespero. Ela gritava:

— Por favor, não levem meu filho embora! Ele é a única coisa que tenho.

As irmãs de Marina chegaram cedo para se despedir do sobrinho e confortar a irmã que estava desesperada. Joana chorava copiosamente, pois gostava muito do sobrinho, e dizia abraçada a Marina:

— Tenha fé, minha irmã. Deus vai te amparar neste momento de dor.

O caixão foi saindo. Uma pequena multidão estava esperando do lado de fora da casa. Logo que o caixão saiu, as pessoas seguiram-no em silêncio até o cemitério.

Marina ia na frente, amparada por Elisa e as irmãs. Assim que chegaram ao cemitério, o caixão foi aberto e Marina se lançou sobre o filho:

— Meu filho, não me deixe! Você é meu bebê! – gritava.

Todos que estavam no cemitério se emocionaram com o desespero daquela mulher que estava com o coração aos pedaços por perder seu único filho. A mulher agarrou o rosto de João e continuou gritando a plenos pulmões:

— Deus, me leve junto com meu filho! Agora não tenho mais razão para viver.

O coveiro esperou que todos se despedissem do falecido até fechar o caixão. Ao ver o caixão sendo fechado, Marina desesperou-se de tal maneira que desmaiou. Balbino carregou-a até o carro. Ao acordar, Marina percebeu que estava no carro e, desesperada, começou a gritar:

— Não quero deixar meu filho neste lugar! Ele precisa de mim!

Ela quis sair, mas foi impedida por Balbino:

— Mantenha a calma, dona Marina. O caixão já foi colocado no jazigo da família.

Incrédula, Marina saiu do carro. Chegando em frente ao jazigo, viu o coveiro fechando a gaveta com tijolos. Ela ajoelhou e pediu aos coveiros para ver o filho pela última vez, mas os homens, que estavam apenas realizando seu trabalho, não permitiram que o caixão fosse retirado da gaveta. Marina chorou, lamentou e até se voltou contra Deus, mas Elisa ficou ao seu lado todo o tempo.

Joana e Vera pediram a Elisa que cuidasse da irmã, pois elas iriam na frente para desmontar o quarto de João, assim, a irmã sofreria menos. Elisa, determinada, disse:

— Não façam isso! Deixe que Marina decida o que fazer com os pertences do filho. Se fizerem isso, ela se sentirá traída.

Marina foi levada de carro para casa e, ao chegar, dirigiu-se diretamente ao quarto do filho. Deitou-se na cama e ficou ali sentindo o cheiro do rapaz que ainda estava no travesseiro.

CAPÍTULO

92

Conforto para a alma

Durante os primeiros dias desde o falecimento de João, a casa de Marina estava cheia de gente. Todas as suas irmãs, seu único irmão e Elisa fizeram-lhe companhia. Porém, depois de três dias, cada irmã foi arranjando uma desculpa para voltar para casa e ao final de cinco dias, restavam apenas Elisa e Balbino na casa.

Elisa limpava a casa e fazia as refeições de Marina, mas ela relutava em se alimentar, e durante a noite, ao chegar do trabalho, Balbino ficava com a esposa fazendo companhia à pobre mulher.

Preocupada com a primeira semana sem João, Marina lembrou-se de que precisava rezar uma missa de sétimo dia em favor da alma do filho. Elisa foi até a igreja e marcou a missa para as sete e meia da noite. Naquela noite, a igreja não estava tão cheia, mas Marina se sentiu melhor ao saber que a alma do filho estava sendo encomendada a Deus.

Naquela noite, ela insistiu para ficar sozinha, pois não queria dar trabalho para os vizinhos. Balbino, temendo que Marina pudesse atentar contra sua própria vida, escondeu todas as facas e todos os remédios da casa. Foi ao quintal procurando por alguma corda, constatando que não havia mais nada que Marina pudesse usar contra si própria, e resolveu ir para casa descansar.

Ao se ver sozinha, Marina lembrou-se do nascimento do filho, dos primeiros passos, da primeira palavra que ele dissera, do sorriso feliz de uma criança inocente, e também da mudança drástica depois de seu sexto aniversário. Ela chorou e, depois de rezar um terço, deitou-se na cama do filho, adormecendo em seguida. O sono foi agitado, mas sem sonhos, fazendo-a acordar cansada no dia seguinte.

Elisa chegou à casa de Marina quando faltavam poucos minutos para as seis da manhã e a encontrou dormindo no quarto do filho. Elisa naquela noite não dormiu, pois estava preocupada com Marina, e diversas vezes pediu a Deus que enviasse bons espíritos para auxiliá-la naquele momento de dor. Ao ver que a amiga ainda dormia, Elisa fez café e arrumou a mesa em silêncio para que Marina pudesse descansar ao máximo. Depois de tudo pronto, Elisa voltou ao quarto. Marina continuava dormindo, e Elisa viu a fotografia de João caída ao lado esquerdo da cama. Ela chorou, pois sabia o quanto a amiga estava sofrendo. Lembrou-se de uma prece que dona Dalva sempre fazia, então, rezou a prece de Cáritas em voz alta. Elisa, naquele momento, pensou em trazer Dalva até a casa de Marina, sabendo que os pensamentos elevados atrairiam bons espíritos que a socorreriam naquele momento de dor e desesperança. Elisa sentiu-se melhor e, ao terminar a prece, limpou a casa para que Marina pudesse se sentir um pouco melhor quando acordasse.

Já eram quase onze horas quando Marina acordou e, ao lembrar do filho que não voltaria mais, começou a gritar chamando por ele. Elisa correu até o quarto e, abraçando a amiga, disse:

— Não posso dizer que compreendo o que sente, pois se o dissesse estaria mentindo, mas posso imaginar a dor que está sentindo. Venha tomar café. Já limpei a casa, lavei as roupas e logo começarei a fazer o almoço.

— Não se preocupe, Elisa, eu posso fazer isso – disse Marina, chorando.

— Você não vem comigo até a cozinha? – perguntou Elisa.

Marina levantou-se e foi até a cozinha, mas não quis comer, pois a imagem do filho no caixão não saía de seu pensamento. Marina pediu licença e voltou ao quarto de João.

— Vou ficar no quarto do meu filho, lá eu o sinto perto de mim.

Elisa deixou-a deitada na cama que outrora fora de João e disse:

— Vou para casa, pois preciso mandar os meninos para a escola, mas assim que terminar meus afazeres eu volto, tudo bem?

— Obrigada, amiga, por tudo o que está fazendo por mim – disse Marina olhando para Elisa com carinho.

Elisa sorriu e voltou a abraçar Marina, deixando-a sozinha em seguida.

Faltava pouco para as quatro da tarde quando Elisa voltou. Porém, não estava sozinha, ela estava acompanhada de Dalva, sua amiga. Marina ficou feliz ao ver Dalva, pois simpatizara com ela desde o primeiro momento em que a viu. A mulher começou a lastimar a perda do filho, enquanto Dalva a ouvia atentamente. Ora Marina chorava, ora ria com as boas lembranças do filho.

— Como vocês espíritas encaram a morte? – perguntou Marina depois de se acalmar.

— Para muitas pessoas, a morte é o fim de tudo, o ponto final, a separação eterna, onde jamais se encontrarão com aqueles que se foram – respondeu Dalva depois de pensar por alguns instantes. – Nós, que procuramos conhecer um pouco sobre as verdades do Espírito, porém, entendemos que a morte é apenas a destruição do corpo físico, e este é um fenômeno absolutamente natural, pois todos sabemos que um dia partiremos deste mundo. A morte não é o fim, tampouco o ponto final, mas antes, a morte é o recomeço para uma nova vida. Todos somos espíritos imortais que, ao abandonar o corpo físico, continuamos vivendo como espíritos, pois antes de sermos carne já vivíamos como espíritos. A morte é apenas uma transição, ou seja, a mudança de uma vida material para a vida espiritual, que, aliás, é a verdadeira vida. Nós, como espíritos, estamos em constante processo de crescimento e renovação, e é por meio da morte que esse processo de renovação se inicia. A morte é apenas uma separação temporária e, no momento certo, todos estarão reunidos novamente. É lógico que toda separação causa uma imensa dor, tanto para os que vão quanto para os que ainda permanecem no corpo físico.

Marina ouvia atentamente as palavras de Dalva quando perguntou:

— Por que a morte causa dor para os que vão?

Dalva, percebendo o interesse da outra, prosseguiu:

— Pense comigo: quem fica separa-se apenas do ente querido que partiu, mas pense por outro lado. Quem se foi se separou de todos aqueles que ama, portanto, sofre também. É compreensível seu sofrimento, pois a saudade e a vontade de ter por perto mais uma vez aquele que se foi é perfeitamente natural. Mas saber que a vida continua e que João também continua vivo em outra dimensão da vida vai lhe dar forças para suportar essa separação. Ter a plena convicção de que a pessoa continua viva e que um dia a reencontraremos não só nos dá esperança, mas nos consola em momentos de dor profunda como esta.

Marina, ao ouvir as palavras de Dalva, sentiu como se um bálsamo tranquilizasse seu coração.

— Em termos práticos, dona Marina, o dicionário diz que a morte é o fim da vida, a destruição e outras coisas mais. Porém, para aquele que confia na bondade e na justiça de Deus, a morte nada mais é que uma mudança, uma transição. Portanto, a morte no sentido pleno da palavra não existe, o que existe é o fim do corpo físico a mudança do espírito para o mundo espiritual.

As palavras de Dalva serviram de consolo para Marina, e ela voltou a perguntar:

— Mas quando poderei ver meu filho novamente?

— O rei Salomão disse certa vez: "Para tudo há um tempo determinado, sim, há um tempo para todo assunto debaixo dos céus: tempo para nascer e tempo para morrer, tempo para plantar e tempo para colher o que se plantou, tempo para matar e tempo para curar, tempo para derrubar e tempo para construir, tempo para chorar e tempo para rir"... – respondeu a outra. – Portanto, não se preocupe com isso agora. Apenas guarde em seu coração a certeza de que um dia você voltará a vê-lo, e dessa vez ele não estará decaído pelas drogas como estava em vida, será o mesmo rapaz bonito que era antes de se envolver com entorpecentes. Acredite, a senhora se separou de seu filho, mas isso não pôs fim ao amor que um sente pelo outro. Enquanto esse tempo não chega, pense em seu filho com amor, enviando-lhe boas vibrações por meio de seus pensamentos. A vida é um rio incessante que corre para o mar. Podemos considerar esse rio o planeta onde vivemos, cheio de dor e sofrimento, que serve para nossa evolução; e o mar é a beleza da vida espiritual, onde há somente paz e felicidade.

— Obrigada, amiga, por trazer dona Dalva até minha casa – disse Marina pegando na mão de Elisa. – Para mim tudo estava perdido, mas agora percebo que eu estava enganada e que meu filho apenas se apartou de mim por uns tempos.

Dalva ficou feliz ao perceber que Marina havia compreendido suas palavras e disse:

— O que acha de fazermos uma prece?

Naquele momento, Marina lembrou-se de que não havia feito nenhuma prece em favor de seu filho e concordou sem hesitar. Dalva estendeu a mão para Elisa e Marina e, juntas, fizeram a seguinte prece:

— Concedei-me, Senhor, a serenidade necessária para aceitar as coisas que posso não mudar, a coragem para mudar aquelas que estão ao meu alcance e a sabedoria para distinguir uma da outra. Vivendo um dia de cada vez, aceitando que as dificuldades constituem o caminho da paz, aceitando com resignação o que o próprio Jesus aceitou este mundo tal como ele é, e não como queria que fosse, confiando em Sua Justiça, oh, Senhor, e ajudando-me para que eu tenha forças para entregar-me a Vossa Santa Vontade. Para que eu seja razoavelmente feliz nesta vida e supremamente feliz na próxima vida que há de vir.

Depois da prece, Marina sentiu seu coração serenar:

— Estou sentindo uma paz como há muito não sentia...

Elisa ficou feliz ao ver que que a conversa com Dalva fez bem à amiga e disse:

— O que acham de comer bolo com café? Fiz um bolo de manhã, mas Marina nem experimentou.

Marina sentou-se à mesa, e as três juntas comeram o bolo, conversando sobre outros assuntos.

CAPÍTULO 93

No Vale de Lágrimas

João acordou em um lugar escuro, ouvindo somente gritos histéricos de pessoas que mal podia ver. Ele olhou para os lados, tentando identificar o local onde estava, mas a única coisa que notou era que o lugar era extremamente fétido e que havia muita lama. João sentou-se e procurou alguém que conhecesse para pedir ajuda. Vez por outra ele ouvia gritos, mas como estava demasiadamente confuso, não conseguia distinguir de onde vinham. O rapaz sentia dores abdominais terríveis do lado direito, e seu nariz não parava de sangrar. "Preciso de ajuda, estou gravemente doente." João levou a mão ao lado direito do abdome, exatamente na altura do fígado, e a dor acompanhada pelo mal-estar não lhe dava tréguas.

— Que lugar é esse? Onde estou? Por que vim parar em lugar tão horrível? – perguntou em voz alta.

Porém, quanto mais perguntas João fazia, menos respostas recebia, o que o levou ao desespero. Além do cheiro nauseabundo e da luz tênue daquele lugar, João não deixou de sentir medo, afinal, estava em um lugar estranho onde não se via ninguém.

De repente, ouviu alguém dizer:

— Por que se matou, pivete?

João virou-se para o lado e viu a figura de um homem magro e alto, que estava tão sujo quanto malcheiroso. O rapaz encolheu-se e, trêmulo, respondeu:

— Eu não me matei! Que lugar é este?

O homem abriu um largo sorriso irônico quando disse:

— Este é o lugar para onde todos aqueles que desistem da vida vão após a morte.

João não compreendeu o que o homem quis dizer e viu-o afastar-se. Ele vestia uma longa capa que chegava a cobrir suas pernas. "Esse cara é louco! Dizer que eu me suicidei, que loucura..." Então, por um momento, João lembrou-se de que estava tomando uma dose de cocaína, e com um sorriso disse:

— Estou numa "viagem" ruim, logo isso vai passar. A loucura ainda não tinha terminado e eu já apliquei outra dose em seguida. Neco sempre dizia para não fazer isso... Pobre Neco, dizia o que devia ser feito, mas ele mesmo não o fez. Se ele assim o fizesse, não teria morrido.

João, naquele momento, mudou seus pensamentos, pensando que se tratava de uma paranoia ruim, afinal, ele pensava que ainda estava sob o efeito da droga. A dor e a falta de ar vez por outra apareciam com força, e ele, então, ficava deitado, esperando melhorar. Depois de uma leve crise, João voltou a pensar no homem que dissera que aquele lugar era para pessoas que estavam mortas. Por um momento achou graça disso. E assim prometeu a si mesmo: "Vou deixar de usar cocaína, isso está me fazendo mal. Acho que estou até ficando louco".

João ficou por um tempo sentado no mesmo lugar e, mais uma vez, disse:

— Nunca o efeito da coca durou tanto tempo...

E, assim, o rapaz perdeu a noção de tempo e espaço, pois para ele só havia o local onde estava sentado. João dormia, acordava e continuava no mesmo local. Pela primeira vez, pensou em sua mãe: "Preciso voltar para casa. Mamãe deve estar desesperada com a minha ausência". João, além da dor que sentia do lado direito do abdome, vez por outra sentia o sangue sair de seu nariz. "O que está acontecendo? Devo estar ficando louco." João, pensando em sua mãe e prestando atenção na dor que estava sentindo, novamente viu o homem que vestia uma longa capa. Dessa vez ele disse:

— Você acha que está chapado? Não se iluda, você está morto como todos aqueles que estão aqui. Você abusou do uso de drogas e morreu, ou seja, você está mortinho da Silva. Então, não pense que essa loucura vai passar. Essa loucura vai durar para sempre.

— Você se matou? – perguntou João, fingindo acreditar no que o homem dizia.

— Fiz essa bobagem e hoje me arrependo muito. Eu tinha uma vida bacana, estudava e era bonito. Isso até conhecer uma gatinha e ficar gamado por ela. Começamos a namorar, e para mim tudo era felicidade. Até que um dia ela chegou dizendo que não estava mais amarrada em mim. Aí eu pirei. Coloquei uma corda no pescoço e pluft! Morri. Agora, estou neste lugar horrível.

Aprendi como sair daqui e, às vezes, saio para ver as coisas na Terra. Depois de muitos anos ela foi assassinada, e agora tenho-a em minhas mãos, ela faz tudo que quero.

— Você ainda gosta dela?

— Não! Antes eu a culpava pela minha desgraça, mas depois de um tempo percebi que ela não tinha culpa, eu que fui um fraco. Às vezes sinto pena dela, outras vezes, não, e assim vou levando minha vida nesse marasmo.

Curioso, João perguntou:

— Qual é o nome da moça por quem você se apaixonou?

— O nome dela é Joselina.

— Joselina? Mas ela não era amante de meu pai? – disse boquiaberto.

Ao saber que João conhecia Joselina, o outro sentou-se a seu lado dizendo:

— Qual é seu nome?

— João.

O homem se apresentou como Cassiano e disse:

— Joselina contou à sua mãe sobre o que seu pai fizera a você.

João lembrou-se do incidente e voltou a sentir raiva de seu pai, que continuava preso. Cassiano continuou:

— Não sinta ódio, pois suas dores voltarão sempre que sentir ódio de alguém. Joselina se vingou de seu pai na cadeia.

Interessado, João perguntou:

— Mas como ela pôde fazer isso?

Cassiano sorriu e contou tudo o que eles haviam feito com Altino na cadeia. João disse sorrindo:

— Benfeito! Ele sempre foi o valentão e o dono da razão, maltratando a mim e a minha mãe.

Cassiano advertiu:

— Não sinta raiva, pois sua dor vai aumentar – advertiu. – Portanto, ouça os fatos e ignore-os como se isso não tivesse acontecido com você.

João, aproveitando a luz tênue do lugar, perguntou:

— Onde estamos?

— Aqui é onde se reúnem os suicidas. O chamado Vale de Lágrimas.

— Mas eu não me suicidei – disse João depois de pensar por alguns instantes.

— Se não tivesse se suicidado não estaria aqui, certamente estaria em outro lugar – sorriu o outro.

João decidiu se calar por alguns instantes, e repentinamente Cassiano se levantou e saiu andando a esmo pelo local. Ao pensar em tudo o que seu pai havia feito com ele quando ainda era criança, João sentiu seu ódio voltar, então, as dores abdominais se acentuaram, e ele ficou rolando e gemendo pelo lamaçal por algumas horas, até a dor desaparecer lentamente.

— Se Cassiano estiver certo, ou seja, se eu realmente estiver morto, como estará minha mãe? Ela, que sempre se preocupou exageradamente comigo... – então, João começou a chorar, sentindo falta da mãe.

Ele ouvia pessoas brigando, outras dizendo impropérios e, por mais que se esforçasse para ver, apensa via vultos que andavam pela escuridão. Ao se dar conta de que estava sozinho e de que nada poderia ser feito, pensou em sua infância: quando sua mãe fazia barquinhos de papel para ele brincar nas enxurradas, nos bolinhos de chuva que ela fazia quando ele pedia, no esforço em juntar retalhos de tecidos para fazer roupas para ele, nas canções que ela cantava para ele dormir e nas muitas vezes em que ela disse que o amava. Com essas lembranças, João chorou, e pela primeira vez disse em voz alta:

— Minha mãe foi a única pessoa que realmente me amou.

João logo se lembrou de sua professora Ana Lúcia e de como ela tentara ajudá-lo, nos livros de poesia que ela emprestava... Foi naquele momento que ele percebeu que não se sentia mal quando tinha bons pensamentos.

Certa vez, estando João sentindo as pernas adormecidas por ter ficado tanto tempo no mesmo lugar, resolveu andar pelo lugar, porém, o que viu foi aterrorizante: sob a luz tênue do lugar, viu pessoas mergulhadas na lama, umas sobre as outras querendo sair e encostar-se ao barranco.

A lama era pegajosa, e os rostos ficavam completamente encobertos.

João sentia fome, frio, mas o pior de tudo aquilo era que ele ainda sentia a falta da cocaína. "Se estou morto, porque ainda quero me picar? Se estou morto, já não sou mais um drogado." Ele sentia o tremor tomar conta de seu corpo e o mesmo desespero causado pela abstinência.

— Eu daria tudo por um grama de coca... Só ela pode acabar com todos esses sintomas.

João esticou as pernas e caminhou. Olhava horrorizado para todos os lados quando, sem querer, esbarrou em um dos moradores do Vale. Pediu desculpas, mas ouviu alguém dizer rispidamente:

— Você não olha para onde anda, cara?

João logo reconheceu a voz de Neco e, fixando o olhar, perguntou:

— Neco, é você?

O rapaz olhou para João dizendo:

— Jôpe, não acredito que estamos na mesma situação.

Foi então que João teve a certeza de que realmente estava morto. Neco chamou-o para se sentar em um canto e começou a falar:

— Caí numa cilada! Querendo aumentar a viagem, apliquei outra dose. Só me lembro de passar mal, depois disso, acordei aqui neste lugar horrível.

— Encontraram você caído no gueto – contou João. – Quando fiquei sabendo o que havia acontecido com você, não tive dúvidas de que isso aconteceria comigo também.

João relatou como aconteceu e o que sentiu quando acordou naquele lugar.

— Quando caímos na cilada da cocaína, não imaginávamos que faríamos uma viagem sem volta – disse Neco com expressão triste.

— Você sente falta da coca?

Neco resumiu suas dores dizendo:

— Pior do que a falta da cocaína é quando olhamos para trás e nos sentamos no banco dos réus de nossa própria consciência. Hoje, ao lembrar de como foi minha vida, vejo que fiz muitas coisas erradas, mas agora é tarde demais.

João deixou que lágrimas escorressem pelo seu rosto quando disse:

— O que sente estando neste lugar?

— Sinto frio e uma vontade imensa de me picar novamente.

— Estamos no mesmo barco, e agora não há ninguém para nos resgatar.

Neco falava e gesticulava muito. Naquele momento, João percebeu que o rapaz não estava em seu juízo perfeito. Em diversos momentos parecia que ele estava falando sozinho. João deixou Neco sentado na encosta e voltou ao mesmo lugar onde acordara, pois lá ninguém iria perturbá-lo.

Então, ele começou a pensar nos conselhos de sua mãe, nas visitas que fazia a Elisa, na primeira e última ida à Casa Espírita. Foi quando repentinamente João viu uma luz muito forte a lhe ofuscar. Levando a mão aos olhos, ele ficou observando duas figuras iluminadas se aproximarem de um vulto que, no clarão, viu que se tratava de uma pessoa, e as figuras iluminadas deram-se as mãos em volta da pessoa e logo desapareceram. "Para onde levaram o infeliz?"

João não sabia quando era dia ou noite, pois a escuridão era algo inerente ao lugar, e ficou pensando no que havia visto. A figura do pai veio à sua mente, e assim as dores atrozes voltaram e logo ele se lembrou do que Cassiano disse. Então, mudou os pensamentos lembrando-se da figura materna que tanto amava, e foi naquele momento que as dores foram se acalmando. "Há quanto tempo estou nesse lugar? Parece que estou aqui há séculos, que sofrimento..."

Pela primeira vez desde que chegara, pensou em Deus. Tentou pensar em uma oração, mas não se lembrava de nenhuma. Embora ele tivesse ido de vez quando à igreja, nunca prestava atenção nas rezas. João finalmente começou a pensar: "Quando era criança, minha mãe sempre falava em Deus, mas, se ele existe, porque não vê o sofrimento de seus filhos?". Finalmente, João chegou à conclusão de que Deus era apenas uma invenção na qual as pessoas insistiam em acreditar para fugir do sofrimento. Com esses pensamentos, o rapaz mais uma vez sentiu dores horríveis, e seu nariz voltou a sangrar. Ele tentou pensar em Deus, mas a única imagem que lhe vinha à cabeça era de Jesus Cristo preso na cruz.

E, assim, o tempo foi passando, entre a melancolia e as dores. Certo dia, cansado, João, que estava deitado no lodo, disse:

— Deus, sei que existe, pois, se não existisse, a vida acabaria na morte, portanto, rogo-Te para que prestes atenção em mim, que já não sei há quanto tempo estou sofrendo neste lugar. Perdoe-me, Deus, por tudo que fiz de errado, por não ouvir os conselhos de minha mãe, por ir à igreja somente para agradá-la e sem pensar realmente no que o Senhor ensinava. Perdoe-me, Deus, por eu ter agido como um louco, entregando-me às drogas. Mas, se não puderes me ajudar, vou compreender que estou pagando um alto preço por tudo o que fiz em vida.

Naquele momento, João começou a chorar, e em poucos instantes uma forte luz surgiu à sua volta. Ele fechou os olhos, pois a luz lhe ofuscava a vista. Então, uma voz bondosa disse:

— João, Deus ouviu as suas preces e nos enviou para te ajudar.

— Vocês me levarão para enfrentar o juízo final? – perguntou amendrontado.

— Você quer ser ajudado? – perguntou sorrindo a entidade, que era uma figura masculina.

— Preciso de ajuda e quero ser ajudado – respondeu o rapaz, ajoelhando-se.

— Vamos levá-lo à padiola, pois você não tem condições de ficar em pé.

Logo duas entidades colocaram João sobre uma padiola e rapidamente o levaram para um lugar que parecia um hospital. João não sentiu o trajeto e, ao ver luzes, perguntou:

— Isso é um hospital?

— De certa forma, sim. Aqui você receberá os cuidados que necessita e, depois, quando estiver plenamente restabelecido, será levado a uma das Moradas do Pai.

João não compreendeu, mas ficou satisfeito por estar em um lugar limpo e iluminado. Assim que as vistas de João se acostumaram à luz, ele lembrou-se da figura daquele senhor com cabelos grisalhos.

— O senhor é o médico que disse para mim que minha mãe ficaria bem, enquanto esteve internada.

— Sou eu mesmo – respondeu sorrindo. – Chamo-me Olavo e sempre estive ao seu lado.

João pensou por alguns instantes antes de perguntar:

— O senhor já estava morto naquela época?

— Meu filho, sempre estive tão vivo quanto você. Mas naquela ocasião eu já estava desencarnado e só você me viu.

O rapaz ficou maravilhado por saber que o médico que havia visto no hospital enquanto sua mãe estava internada era um espírito. Logo os tremores de João começaram, e disse:

— Doutor Olavo, estou precisando da coca. Essa tremedeira só passa depois de eu me picar.

— Feche os olhos e pense em um lugar agradável – disse o outro.

João obedeceu e se pôs a pensar na beira do rio, onde sempre fazia piqueniques com sua mãe e suas tias. Olavo espalmou as mãos sobre João, que estava deitado sobre a padiola, e ele imediatamente sentiu um sono incontrolável. João adormeceu em um sono tranquilo e sem sonhos. Olavo, que se responsabilizara pelo rapaz, ficou ao seu lado durante boa parte do tempo. Quando João acordou, virou-se para Olavo e perguntou:

— Dormi por quantas horas?

— Você dormiu por dois dias, mas, me diga, como se sente? – respondeu o outro sorrindo.

Pela primeira vez João sentiu fome e, com seu habitual constrangimento, respondeu à pergunta:

— Acho que estou com fome.

Olavo disse que voltaria em instantes e saiu. Enquanto isso, João ficou olhando para o quarto onde se encontrava. Ele pensou: "Gostaria muito que mamãe viesse me visitar". Não demorou e Olavo voltou com um prato de sopa, e João foi logo dizendo:

— Desculpe, doutor Olavo, mas eu não gosto de sopa.

— Tome essa sopa e agradeça a Deus, pois ela vai te sustentar por algum tempo.

— Mas onde está a colher?

— Vire de uma vez e logo se sentirá melhor.

João obedeceu e gostou do sabor, em seguida, recostou-se em seu travesseiro e, pela primeira vez, perguntou:

— Doutor, que lugar é aquele onde o senhor me encontrou?

— Nós chamamos aquele lugar de Vale de Lágrimas, pois lá só se encontram pessoas que desistiram da vida física – Olavo respondeu com seriedade.

— Mas eu não me suicidei, apenas apliquei a cocaína para me sentir melhor – disse sem compreender.

— Agora é hora de se recompor – disse Olavo, encerrando a conversa. – Depois, você terá as respostas que procura.

João olhou agradecido para aquele senhor de cabelos grisalhos e disse:

— Obrigado por me salvar, doutor.

— Não agradeça a mim, antes o faça a Deus, pois nada acontece sem Sua permissão.

— O que devo fazer quando sentir falta da droga? – perguntou o rapaz depois de pensar por alguns instantes

— Não se preocupe, pois você está em um Centro de Regeneração. Compreenda que não somente seu corpo estava viciado, mas seu espírito também. Você passará por um tratamento e logo se livrará desse vício que tem ceifado muitas vidas.

— Compreendo que o senhor tenha mais pacientes para cuidar, portanto, não se preocupe comigo, vou ficar bem – disse sentindo plena confiança em Olavo.

— Não tenho dúvidas quanto a isso, meu filho. Volte a dormir, pois quando acordar, você estará se sentindo ainda melhor.

— Mas não estou com sono.

— Feche os olhos – disse Olavo sorrindo. Então, ele novamente espalmou as mãos sobre o corpo de João. O rapaz não viu que da palma das mãos e do tórax de Olavo saía uma luz verde clara. E, sem perceber, logo voltou a adormecer.

CAPÍTULO

94

Juntos após a morte

Cassiano aproximou-se de Joselina dizendo:
— João foi resgatado pelos Iluminados. Agora, cabe a nós pensarmos no que faremos de nossa vida daqui em diante.
— Não tenho a mínima ideia do que fazer – respondeu Joselina desanimada. – Só tenho a certeza de uma coisa: estou cansada de levar uma vida miserável como esta.
— Por que não pede ajuda para os Iluminados? – perguntou o outro penalizado.
— Porque não quero me separar de você – respondeu ela, fixando o olhar em Cassiano – Cometi muitos erros na vida e me deixei levar pela sedução do dinheiro. Tive a oportunidade de ser feliz quando estávamos juntos, mas, por ser pobre, eu pensava que merecia ter mais, e foi assim que me perdi. Perdi minha essência, dignidade, respeito próprio e moral. Passei a me deitar com qualquer homem que pudesse me sustentar. A vida é feita de escolhas, e eu fiz a pior delas. Quando conheci Ricardo, pensei que estava apaixonada, mas na verdade eu estava me enganando, pois ele se tornou escravo de meus caprichos, e era disso que eu gostava nele. Cassiano, a morte me ensinou uma grande lição.
— Que lição? – perguntou ele curioso.
— Aprendi que nós podemos nos apaixonar várias vezes durante a vida. Mas amar, apenas uma vez. Por isso, digo que fiz a escolha errada, deixei o amor de lado e me apeguei somente a pessoas que poderiam me proporcionar

conforto. Na vida, tudo não passa de uma ilusão. Pensamos na felicidade, corremos atrás dela e, quando chegamos aonde estamos, aprendemos que a felicidade é algo transitório. Gostaria de voltar aos meus dezesseis anos e fazer tudo diferente.

Cassiano olhou surpreso para Joselina e disse:

— Quando você terminou o namoro, entrei em desespero, pois não conseguia imaginar viver sem você. Confesso que não pretendia realmente tirar minha vida, pensei apenas em fazer uma chantagem emocional para que voltasse para mim, mas o banco caiu e acabei falecendo. Passei muito tempo te odiando e, quando aprendi a sair do Vale quando bem entendia, comecei a te perseguir. Assim, eu observava vários homens saírem de sua casa, e aquilo me deixava com ainda mais raiva. Quando você se envolveu com aquele senhor chamado Juscelino, senti aversão por você e dizia: "Como ela pode se envolver com um homem que tem idade para ser o pai dela?". Mas, no decorrer do tempo, vi que ele montou uma casa para você, te deu joias, dinheiro, e você comprava tudo o que queria, então percebi que tudo não passava de interesse.

Arrependida, Joselina admitiu:

— A verdade, Cassiano, é que me tornei uma mulher oportunista, e isso me trouxe muitas dores.

Ele ficou calado por alguns instantes até perguntar:

— Por que se envolveu com Altino, um homem sem caráter e cruel?

Joselina sentiu imensa tristeza ao se lembrar de Altino e disse:

— Altino era um homem ardente e apaixonado. A ilusão de estar sendo amada me prendeu a ele. Sempre soube que era pobre e que não podia manter meu padrão de vida, mas me deixei levar pela volúpia. Ele não tinha muito a me oferecer materialmente, mas me enganei quando achei que o prazer era fundamental na vida de uma mulher.

Cassiano voltou a perguntar:

— Se Altino te oferecia o prazer que você queria, por que o traiu com tantos homens?

— Eu precisava de dinheiro, e isso Altino não tinha para me oferecer – respondeu Joselina com olhar perdido em um ponto.

— Como se sentiu quando ele te contou que havia abusado do próprio filho?

Joselina respondeu insipidamente:

— Para falar a verdade, não senti nada. Eu apenas sabia que tinha algo contra ele, caso me fizesse alguma coisa no futuro. Para falar a verdade, eu sempre soube que Altino era um cafajeste, e era isso o que me atraía nele. Foi por isso quis saber dos detalhes, pois sabia que esse fato seria uma arma contra ele em um momento oportuno.

— Quando se lembra do passado e do que fez com sua vida, como se sente?

A mulher, com tristeza, respondeu:

— Sinto imensa tristeza – respondeu. – A minha ambição foi tanta que acabei me perdendo. Se não fosse a morte, não me daria conta disso.

Cassiano ficou calado por alguns instantes quando viu as lágrimas escorrerem pelo rosto de Joselina.

— O que sente por Altino hoje?

— Sinto uma mistura de sentimentos, como ódio e aversão – disse sem pensar na resposta. – E você? Por que não pediu ajuda aos Iluminados? – perguntou Joselina olhando friamente para Cassiano.

— Porque eu sentia ódio de você e queria me vingar. Vi a oportunidade quando Altino passou a sentir ciúme e, depois, o incentivei a fazer tudo o que ele fez.

— Você intuiu Altino a me matar? – perguntou assustada.

Cassiano abaixou a cabeça e desabafou:

— Sim, pois eu queria você do meu lado para que sofresse como eu estava sofrendo. Porém, quando tudo aconteceu, eu não me senti feliz. Passei muito tempo acreditando que só teria paz quando me vingasse de você por tudo que tinha feito a mim. Mas eu estava enganado, pois a vingança é algo que só traz dor e aumenta nosso sofrimento.

— Quando Altino estava me violentando, antes de matar, você estava presente?

— Estava, mas não o inspirei a violentá-la, isso ele fez por ser um homem mau. Eu apenas queria que ele tirasse sua vida, para que assim você ficasse presa a mim, pois quando eu a odiava, só pensava em vingança. Depois, quando a vi a maneira cruel como foi morta, confesso que me arrependi por ter me aproximado de Altino. Ele tem uma pedra no lugar de coração. Quando percebi o seu sofrimento ao morrer, sinceramente me arrependi. Foi por esse motivo que a levei para se curar com José, o preto velho, no terreiro onde trabalha. Ele curou sua garganta, possibilitando que voltasse a falar usando os lábios. Não fiz isso porque sou bonzinho, mas porque minha consciência me acusava dia e noite. Foi por arrependimento que cuidei de você e a ajudei a se vingar de Altino.

Joselina chorou copiosamente, pois foi naquele momento que ela percebeu que Cassiano tinha um bom coração. Ele apenas tinha se deixado arrastar pelas teias do ódio.

— Joselina, peça ajuda aos Iluminados. Esqueça o passado e procure ser uma pessoa diferente a partir de agora.

Joselina voltou a pensar em Altino e disse:

— Ainda não posso, pois minha vingança ainda não terminou.

— Esqueça essa vingança. Você já se vingou de Altino, e hoje ele sofre amargamente na cadeia. A dignidade e a liberdade é tudo o que um homem tem. Hoje, ele não tem nenhuma das duas coisas.

Joselina, imbuída pelo ódio, disse:

— Cassiano, você é um bom sujeito. Procure ajuda, pois eu ainda tenho muito o que me divertir com Altino.

Cassiano percebeu naquele momento que sempre amara Joselina, e então disse:

— Vou com você.

— Vou planejar outra maneira para fazer Altino sofrer um pouco mais – disse ela sorrindo.

Cassiano não concordava com a maneira de pensar de Joselina, mas ele queria estar ao seu lado e acabou fazendo o que ela queria.

CAPÍTULO

95

Um desejo de Marina

O tempo passou e já fazia seis anos que João havia desencarnado. Para Marina, porém, era como se tudo tivesse ocorrido no dia anterior. Desde que João partira, ela começou a frequentar a Casa Espírita junto com Elisa e Dalva. Foi com os conhecimentos aprendidos que ela teve forças para superar a perda de seu único filho.

Marina fez questão de manter o quarto de João tal qual ele deixara. No começo, ela ia ao quarto do filho todos os dias para chorar sua ausência, mas, com o passar do tempo, essas idas foram se espaçando, até que um dia ela trancou a porta e não entrou mais.

Ela havia se tornado uma mulher velha, em todos os aspectos. Seus cabelos branquearam e ela já não cuidava mais da aparência. Elisa sempre dizia para Marina doar as roupas do filho, mas ela sempre recusava essa ideia. Certo dia, em uma conversa informal, Balbino sugeriu:

— Dona Marina, por que a senhora não vende essa casa e compra uma menor? Enquanto ficar aqui, a senhora não vai se desvencilhar do passado.

Marina, ao pensar no quarto de João, disse:

— Não posso vender a casa, pois foi aqui onde vivi com meu filho.

O vizinho continuou:

— Mas foi nessa casa também que a senhora sofreu com Altino e sua tirania. Não acha que está na hora de recomeçar uma nova vida?

Marina, com os olhos úmidos, respondeu:

— Aonde quer que eu vá, as mágoas me acompanharão.

Balbino pensou por alguns instantes quando desistiu de tentar convencê-la mudar de casa. Assim, os dias foram passando, mas nem Balbino nem Elisa a tocavam no assunto sobre uma possível mudança de casa.

Marina, por sua vez, já não costurava como antes. Depois da morte do filho, ela passou a ter problemas de saúde, como diabetes e problemas cardíacos. Além disso, ela nunca mais recuperara o peso, tornando-se uma mulher magérrima e envelhecida.

Elisa acostumou-se a passar todas as tardes com a amiga para que ela não se sentisse tão só. A tristeza no olhar de Marina, porém, era algo perceptível até mesmo para as pessoas que mal a conheciam.

Ela a todo tempo estava às voltas com Dalva, que sempre tinha uma palavra de encorajamento, quando a mulher estava extremamente triste. Marina não faltava à reuniões públicas na Casa Espírita e, como tinha seu jeito peculiar de ser, não foi difícil conquistar todos os trabalhadores, os quais vez ou outra apareciam em sua casa.

Desde que João partiu, ela nunca ficara um dia sequer sozinha. Elisa e Balbino não a deixavam, pois sabiam que a solidão era um espaço para ela relembrar do passado e sofrer. Aos domingos, era comum Albertina e Josefina, duas trabalhadoras da casa, irem almoçar com Marina. Logo depois do almoço, Elisa e Balbino chegavam e se juntavam às três mulheres e ficavam conversando por longas horas.

No início, Marina chorava todos os dias pela morte do filho. Mas, com o passar do tempo, a mulher se entretinha com suas costuras e seus trabalhos na Casa Espírita, e as lágrimas foram se espaçando para dar lugar à saudade do filho amado. Porém, havia duas datas nas quais Marina ficava terrivelmente triste. Uma delas era a do nascimento de João, e a outra era a da morte do rapaz, que partira antes de fazer vinte anos.

Nas horas vagas em que estava sozinha, Marina se entregava ao estudo do *Livro dos espíritos*. Quando tinha alguma dúvida, conversava durante longas horas com Elisa e Dalva. Pensar que um dia reencontraria João enchia seu coração de esperança.

Certo dia, Marina chegou logo pela manhã à casa da vizinha:

— Pela primeira vez, em todos esses anos, sonhei com João. Ele estava bonito e seu rosto era sereno. Ele me disse algo, mas não consigo me lembrar. Acordei feliz e com um único pensamento: quero ir à Uberaba, onde reside Chico Xavier, pois tenho certeza de que receberei alguma mensagem.

— Marina, você está tão presa à memória de João que um simples sonho passa a ter significado para você – comentou Elisa depois de pensar por alguns instantes.

— Tenho certeza de que se eu for à Uberaba terei uma mensagem de meu filho — disse a outra sem se importar com as palavras de Elisa.

— Você sempre pensou que eu comecei a ir à Casa Espírita por ter perdido meu filho. Confesso que foi exatamente por isso, mas, dois anos depois da morte de João, ocorreu um fato que me marcou muito.

— Que fato é esse? – perguntou Elisa olhando assustada para a amiga.

— Sempre que Dalva falava sobre reencarnação, confesso que eu não acreditava, afinal, sempre fui católica convicta e sempre tive o hábito de ler a bíblia. Já li a bíblia três vezes, do Gêneses ao Apocalipse, compreendo algumas coisas, e outras, não muito. O que me deixou abismada aconteceu em uma das vezes em que comecei a reler a bíblia. Lendo novamente o livro de Gêneses, no capítulo quatro, tive a confirmação sobre a existência da reencarnação.

Elisa estava boquiaberta:

— Mas o que está escrito?

Marina, em poucas palavras, explicou:

— O livro de Gêneses, no capítulo quatro, menciona que Adão e Eva tiveram dois filhos, Caim e Abel. Como mencionam as escrituras, por inveja, Caim matou o irmão, sendo banido a uma terra distante chamada Node. Lá, Caim desposou uma mulher e teve seu primeiro filho, Enoque.

Elisa, sem compreender o que Marina estava querendo dizer, perguntou:

— Sim, mas o que isso tem a ver com a reencarnação?

— Pense comigo – continuou Marina, lançando um sorriso vencedor. – Se havia somente três pessoas na face da Terra, pois Abel já estava morto, como Caim arranjaria sua esposa? Continuando a leitura, no capítulo cinco, o livro de Gêneses fala sobre a genealogia de Adão, que teve outro filho, chamado Seth. Mais adiante, lê-se que Adão teve outros filhos e filhas. Mas, se Caim foi banido para a terra de Node e lá desposou uma mulher, aumentando a descendência edênica, isso prova que havia mais pessoas sobre a Terra. Isso comprova que mais espíritos já estavam reencarnados para aumentar a descendência de Caim.

— Compreendo... – disse Elisa, aproximando-se do que Marina estava querendo dizer.

— Somente assim se explica por que muitos espíritos galgaram muitos degraus da evolução, chegando a ser chamados de espíritos puros, ou melhor, perfeitos. Estamos em constante evolução. Assim sendo, cheguei à conclusão de que a Terra já era habitada muito antes da chamada era de Adão e Eva.

— Marina, há lógica em tudo que está falando. Vou começar a ler a bíblia também – disse Elisa sentindo orgulho da amiga.

— Preciso ir a Uberaba, pois quero conhecer Chico Xavier e, se Deus permitir, receberei uma mensagem de meu filho – disse a outra, voltando ao assunto.

Elisa não concordou com o fato, e disse:

— O que acha de conversarmos com Dalva?

Marina concordou. Então, marcaram para ir à casa da amiga logo depois das cinco da tarde.

CAPÍTULO 96

Chegada à Colônia

João ficou no Centro de Recuperação do Vale até ter condições de continuar o tratamento na Colônia. Olavo ia visitá-lo todos os dias. Nos dois primeiros meses, João dormiu quase que ininterruptamente, mas, à medida que ia melhorando, começou a ficar mais tempo em vigília. Certo dia, Olavo foi lhe visitar e disse:

— Está na hora de você deixar o Centro de Recuperação, pois há mais espíritos precisando de uma vaga no local.

João esboçou um sorriso triste, mas concordou com Olavo. Ele caminhava pelas dependências do Centro de Recuperação pensando muito no passado e em sua pobre mãe. Olavo, percebendo que o rapaz estava triste, ignorou o fato e disse:

— Por enquanto, você ficará em outro Centro de Recuperação, mas, como já está melhor, talvez possa ajudar em algum trabalho.

João nada disse. Pegou nas mãos de Olavo e, então, sentiu-se planando sobre lindas paisagens. Não demorou e logo os dois chegaram à frente de um imenso portão, que logo se abriu.

— Seja bem-vindo à nossa Colônia – disse Olavo com um sorriso.

João permaneceu calado, observando tudo com atenção enquanto andava. Ele viu pássaros belíssimos sobrevoarem o local, pessoas alegres indo e vindo, e um grande lago onde havia algumas pessoas em volta. João, sem fazer pergunta alguma, continuou observando, andou por uma alameda, onde havia alguns prédios.

— Aqui há prédios? – perguntou.

— Esses prédios são locais onde se tomam decisões importantes sobre o bom funcionamento do lugar onde vivemos.

João, olhando para um lindo jardim, percebeu que havia flores com cores tão vivas que era impossível imaginá-las na Terra. O rapaz olhava para tudo encantado e perguntou:

— Estou no céu?

— Jesus não disse que na Casa do Pai há muitas Moradas? Esta é apenas uma delas.

Olavo caminhava tranquilamente com João quando chegaram a um prédio térreo, e havia uma grande porta que dava acesso ao interior do prédio.

— Que lugar é esse?

— Este é o Posto de Recuperação da Colônia – respondeu Olavo com tranquilidade. – É para cá que vêm aqueles que são socorridos imediatamente após o desencarne.

João permaneceu em silêncio e notou quando um senhor veio ao encontro dos dois perguntando:

— Este é o rapaz, meu bom amigo?

— Sim, este é João. Ele desencarnou há alguns anos e foi socorrido no Vale de Lágrimas.

— Seja bem-vindo, João. Meu nome é Eliziel. Como você se sente?

Eliziel estava com um sorriso largo no rosto e disse, antes de o rapaz responder:

— Venha até minha sala. Gosto de conversar com as pessoas que vêm dos Centros de Recuperação das zonas inferiores.

— João, agora vou te deixar em boas mãos, pois preciso continuar meu trabalho – disse Olavo. – Virei mais tarde para saber como você está.

João sorriu para Olavo e concordou sem nada dizer. Eliziel estendeu a mão para que o rapaz se acomodasse na cadeira em frente à sua. João obedeceu. Eliziel conhecia o motivo pelo qual João havia ficado durante certo tempo no Vale, mas ele queria ouvir isso do próprio rapaz. Sorrindo, perguntou:

— João, o que o levou a ficar por um tempo no Vale de Lágrimas?

João, envergonhado, respondeu:

— Fui um drogado e acabei morrendo de overdose. Todos dizem que eu me suicidei, mas isso não é verdade. Eu apenas queria me livrar do efeito que a abstinência causa.

— Continua a sentir falta da droga? – perguntou serenamente.

— Não como antes. Mas não vou mentir, ainda sinto falta da droga. Enquanto estive no Centro de Recuperação, procurei me distrair ajudando os outros recém-chegados, às vezes eu conseguia me controlar, outras vezes, não. E, quando isso acontecia, geralmente eu pedia ajuda à irmã Durvalina.

— E o que ela fazia?

— Ela espalmava a mão sobre mim, e logo eu sentia sono. Então, eu acordava me sentindo melhor.

— Quer falar alguma coisa sobre sua vida na Terra? – Eliziel sugeriu com seu jeito paternal.

João sentiu-se constrangido, mas resolveu agir com sinceridade:

— Para ser sincero, eu não quero falar, mas sinto que preciso, e por isso vou fazê-lo.

Então, João contou tudo: como nascera, como era sua mãe, como fora sua infância e início da adolescência; depois, relatou como acabara se envolvendo com as drogas. Não escondeu o fato de ter sido abusado sexualmente pelo seu pai e como isso o levou a odiá-lo. João relembrava de fatos passados e chorava e, depois de se acalmar, retomava o relato.

Eliziel ouvia com paciência o desabafo de João e, com suavidade na voz, perguntou:

— Você acha que seu pai foi culpado por tudo o que lhe aconteceu?

João pensou por alguns instantes antes de responder:

— Sem dúvida alguma ele foi o culpado. Antes de ele ter feito o que fez, eu era uma criança normal, mas depois eu me fechei em meu mundo, temendo as pessoas, principalmente os adultos. A única pessoa em quem eu confiava era minha mãe. Foi por culpa de meu pai que eu acabei me envolvendo com más companhias e caí na cilada das drogas.

Eliziel ouvia tudo com atenção e, percebendo que João terminou de contar tudo o que havia acontecido em sua vida terrena, passou a dizer:

— Meu filho, sua experiência na Terra não foi das melhores. Você passou por diversas provações, mas isso não lhe dá o direito de se posicionar como vítima das circunstâncias. Altino é um espírito desequilibrado, a bem da verdade, e fez coisas que não devia, mas quem somos nós para julgá-lo?

— O senhor está dizendo que eu estou me passando por vítima? – perguntou o rapaz com os olhos arregalados.

— A maneira como você culpa seu pai pelo mau que sofreu o faz passar por vítima das circunstâncias. Isso, porém, não lhe dava o direito de tirar a própria vida.

João, naquele momento, irritou-se, porém, limitou-se a dizer:

— Quantas vezes precisarei falar que eu não me suicidei? Foi um acidente.

Eliziel, com calma, passou a dizer:

— Muitos jovens estão desencarnando dessa maneira. Concordo que a maioria não quer morrer, mas acabam morrendo devido ao abuso das drogas e do álcool. Mas, antes que isso lhe acontecesse, já havia passado pela sua mente que você poderia ser mais uma vítima das drogas?

João abaixou a cabeça respondendo afirmativamente.

— Meu filho, suicida não é só aquele que coloca uma corda em volta do pescoço ou aquele que aponta uma arma contra a própria cabeça e atira. Há dois tipos de suicídio: o consciente, ou seja, aquele no qual a pessoa atenta contra a própria vida propositadamente para fugir de uma situação; e o suicídio inconsciente, ou seja, aquele que a pessoa sabe que pode acontecer, mas ainda assim o faz. Jesus disse que deveríamos orar e vigiar, mas os encarnados ficam tão envolvidos nas preocupações do dia a dia que acabam se esquecendo dessa máxima, tornando-se moralmente invigilantes, geralmente movidos pela ignorância, pois na maioria das vezes nem sabem que existe essa máxima. Sem saber que há espíritos desencarnados ao seu lado, deixam-se arrastar pelo mundo dos vícios. O conhecimento espiritual tem como finalidade ajudar os encarnados a melhorar um pouco a cada dia, ou seja, ser hoje melhor do que ontem, e amanhã melhor do que hoje. Mas muitos encarnados se deixam levar pelo mundo dos vícios, das drogas, do sexo, da glutonaria... Enfim, a uma sorte de vícios que podem levá-los ao suicídio inconsciente, criando verdadeiras algemas com espíritos de baixo padrão vibratório. Uma pessoa se torna vulnerável diante do vício, pois, quando este se instala, a pessoa perde completamente a vontade própria. E foi isso que aconteceu no seu caso: você não queria morrer, mas sabia que algo poderia acontecer com você se continuasse a usar drogas.

João pensou por alguns instantes até dizer:

— O senhor tem razão. Quando Neco e algumas personalidades famosas morreram, eu não chorei por eles. Para ser sincero, chorei por mim, pois sabia que aquilo aconteceria comigo também se eu não parasse de me drogar.

— Inconscientemente, você sabia que poderia morrer em algum momento, por isso você se tornou responsável pela própria morte.

Eliziel ficou alguns minutos em silêncio até voltar a falar:

— Além disso, você se envolveu com más companhias, e seu pai nada teve que ver com suas escolhas.

— Desde que meu pai fez aquilo comigo, tornei-me solitário, pois me achava diferente dos outros meninos, então, me isolei em meu próprio mundo – disse João, tentando se justificar.

— O próprio rei Salomão, que foi considerado o homem mais sábio do seu tempo, disse: "Quem se isola procura seu próprio desejo egoísta e estourará contra toda sabedoria prática". Isso significa que quem se isola é egoísta, pois não quer compartilhar suas experiências com ninguém e age como melhor lhe aprouver, ou seja, agindo como um estúpido – disse Eliziel em tom paternal. – Você se isolou de todos, porém, encontrou pessoas com as quais você se sentia bem, mas, ao deixar de perceber que não eram boas companhias, você contrariou a sabedoria. Um companheiro tanto pode elevar um homem como pode derrubá-lo e infelizmente você escolheu como companheiros pessoas que te levaram para o lado oposto ao bem. Não estou dizendo que seu pai é inocente, talvez a atitude dele tenha contribuído para sua derrocada, mas lembre-se de que cada um é fruto de suas próprias escolhas.

João, naquele momento, pensou em seu pai, e pela primeira vez não sentiu raiva, pois o que Eliziel acabara de lhe dizer era uma grande verdade.

— A vida é feita de escolhas, e infelizmente eu não soube fazer a escolha certa.

— Você não soube fazer a escolha certa porque os companheiros que você arranjou não eram as pessoas mais indicadas para ajudá-lo em sua caminhada.

— Fiz tudo errado! – disse João em prantos. – Não pensei em minha mãe, que tanto me amou.

Eliziel levantou-se e, alisando os cabelos de João, consolou-o:

— Não se lamente, pois sempre há tempo para recomeçar. No momento, você precisa pensar em sua recuperação, tanto emocional quanto psíquica.

— O senhor acredita em minha recuperação? – perguntou enquanto olhava para Ezequiel.

— Não tenho dúvidas de que você vai se recuperar. Penso em como se sentirá depois, pois esse processo é sempre transformador.

João não compreendeu as últimas frases de Eliziel e perguntou:

— O que farei aqui?

— Primeiro, você conhecerá as dependências e saberá como tudo funciona. Depois, vamos lhe apresentar a alguns companheiros de trabalho. Mais tarde, mostrarei onde você vai dormir. O resto será com você.

Eliziel, curioso, perguntou a João:

— João, você desencarnou muito cedo. Mas agora te pergunto: por que você entrou para o mundo das drogas?

João pensou em uma resposta satisfatória, e então passou a dizer:

— Eu sempre buscava uma "viagem legal" para encontrar a chamada "felicidade e paz interior", uma vez que a vida em minha casa era muito difícil, mesmo morando só com minha mãe. Eu sempre a via costurando para me manter, e isso me fazia mal. Sem contar as lembranças do que eu havia sofrido na infância, tudo isso era esquecido quando eu estava viajando. Não se pensa em família, não se pensa na desgraça que pode ser sua vida, não se pensa em nada a não ser no bem-estar que você está sentindo.

— É uma pena que muitos desencarnes já tenham acontecido, e que muitos ainda estão por acontecer, por causa da droga. Que Deus possa trazer iluminação aos jovens para que eles não caiam mais em uma cilada como essa.

João notou a sinceridade nas palavras de Eliziel, e disse:

— Vamos começar minha "viagem"?

Eliziel riu das palavras do rapaz e acrescentou:

— Vamos lá, pois muito trabalho nos espera.

CAPÍTULO 97

Sobre o umbral

Os dias se passaram, e Marina não desistia da ideia de ir até o grande médium Chico Xavier à procura de notícias do filho. Elisa era totalmente contra, pois acreditava que, se Marina recebesse tal comunicação, retrocederia e voltaria ao estado depressivo. Com essa preocupação em mente, Elisa finalmente decidiu ir até a casa de Dalva para conversar sobre o assunto. Ao chegar à casa da amiga, disse:

— Dalva, estou preocupada com Marina. Ela sonhou com João Pedro, mas não lembra do conteúdo e, por isso, quer ir até Uberaba na esperança de receber uma mensagem psicografada de João Pedro, por intermédio de Chico Xavier. Particularmente, acho isso uma temeridade.

— Por que seria uma temeridade Marina querer saber notícias do filho? – indagou Dalva, olhando assustada para Elisa.

Elisa embaraçou-se para responder e, depois de muito pensar, falou:

— Segundo fiquei sabendo, não é sempre que uma mãe desesperada recebe notícias de um filho que partiu. Isso poderia lhe trazer ainda mais angústia.

— Isso é verdade – disse Dalva depois de pensar por alguns instantes. – Porém, ela não está errada por querer notícias de seu filho. Se ela não receber uma mensagem na primeira vez, deverá persistir até conseguir.

— Sabemos em que condições João partiu. Já parou para pensar que talvez ele não tenha recebido ajuda? Estou aqui para ajudá-la a dissuadi-la de tal ideia – confessou Elisa preocupada.

— O melhor que temos a fazer é uma prece em intenção de João. Vamos confiar na espiritualidade.

— Quando uma pessoa morre nas condições de João, quanto tempo leva até que receba ajuda?

— Há muito tempo li um livro intitulado *Nosso Lar*, do espírito André Luís, cujo desencarne foi motivado pelos excessos que cometia. André Luís ficou durante oito ou nove anos no umbral, e somente depois recebeu ajuda.

Elisa, com seus parcos conhecimentos, perguntou:

— Não faz oito anos que João Pedro partiu. Por isso acho cedo Marina procurar por Chico Xavier agora, pois, certamente, ela sofrerá uma imensa decepção.

— Não pense que todos que vão para o umbral ficam oito ou nove anos. Cada caso é um caso, então, não podemos estabelecer padrões. Muito dependerá do seu mérito e do seu grau evolutivo. Portanto, não tema, pois Deus não erra. Se Marina quer ir até Uberaba na esperança de receber uma mensagem de João por intermédio de Chico Xavier, deixe-a ir. Ou melhor, apoie-a em tudo o que ela precisar, afinal, Marina está munida de fé. Não se esqueça de que a fé é capaz de transpor montanhas. Mas, antes que ela vá, devemos nos reunir todos os dias, exceto às quartas-feiras, para fazermos preces por João.

Elisa sentiu-se confortada com as palavras de Dalva, e então perguntou:

— Posso convidar Marina a vir às reuniões?

— Certamente sim, pois isso vai ajudá-la a manter a fé e, enquanto isso, nossos irmãos espirituais poderão nos ajudar.

Elisa sorriu aliviada e logo mudou de assunto, falando sobre coisas triviais.

CAPÍTULO

98

Como São Tomé

Naquela mesma noite, Elisa deu a notícia a Marina, que ficou extremamente feliz com a possibilidade de pedir ajuda aos amigos espirituais para obter notícias de seu filho.

A reunião começou na noite seguinte. Balbino, para não deixar as duas mulheres andando sozinhas pela cidade, resolveu acompanhá-las, embora ele mesmo não acreditasse na doutrina espírita.

Na primeira reunião, Dalva colocou água em pequenos copos e, depois, fez uma sentida prece para pedir orientação espiritual sobre o que Marina deveria fazer. Uma semana se passou e as reuniões continuaram. Balbino, porém, disse:

— Não acredito em nada disso! Marina vai gastar dinheiro e tempo atrás de uma comunicação que nunca virá.

— Balbino, não seja incrédulo! – disse Elisa, irritada.

— Sou como são Tomé que precisa ver para crer... – confessou e voltou a rir.

A esposa fitou-o com seriedade e disse:

— Para os incrédulos, é preciso ver para crer, mas, para os que têm fé, é justamente o contrário, precisam crer para ver. Marina é uma mulher de fé, e isso é o que fará toda a diferença.

Balbino gargalhou dizendo:

— Quando morava na Bahia, minha mãe ia sempre ao terreiro. Certa vez, eu estava com ela quando um tal espírito veio e disse que meu pai iria voltar e que minha mãe ficaria rica. Minha mãe saiu do terreiro felicíssima naquela noite. Ela esperou a vida toda que meu pai voltasse, mas isso nunca aconteceu. Pelo que fiquei sabendo, ele havia constituído outra família e já tinha dois filhos com outra mulher. Para encerrar, minha mãe morreu na mais completa miséria. Por isso, eu não acredito em nada referente aos espíritos.

Elisa, que não sabia desse episódio da vida do marido, permaneceu calada, pois não tinha o que responder.

As reuniões continuaram e Marina não faltou a nenhuma delas. Balbino ia e respeitava o local, mas ria em seu íntimo: "Não acredito que estou perdendo o jogo de futebol na televisão para vir até aqui". E, assim, o tempo foi passando, as reuniões já perduravam por mais de dois meses, sem que nada de especial acontecesse.

CAPÍTULO 99

O mensageiro

João estava se recuperando dos vícios por meio de tratamento energético. Estando em boa saúde, ele começou a auxiliar aqueles que vinham das zonas inferiores com o mesmo problema. João ajudava Rebeca, uma trabalhadora do Centro de Recuperação, em seus afazeres diários, visitando e esclarecendo aqueles que já estavam em condições de compreender o que havia acontecido. Olavo vez por outra aparecia e sempre ficava longas horas conversando com João, feliz em ver como o rapaz estava sendo útil.

Certa noite, andando por uma larga alameda, João viu um prédio e perguntou:

— Que lugar é esse?

— Esse prédio é o Centro das Comunicações – respondeu Olavo calmamente. – É aqui que nós, desencarnados, enviamos mensagens a nossos entes queridos encarnados.

— Mas isso é possível? – perguntou o outro entusiasmado.

— Certamente, pois na Terra há muitos medianeiros capacitados a receber mensagens e transmiti-las a seus parentes encarnados.

— Posso mandar uma mensagem para minha mãe?

Olavo pensou por alguns instantes e perguntou:

— O que escreveria para sua mãe?

João Pedro já não era mais o rapaz introspectivo de outrora, ele aprendeu a falar o que pensava e, principalmente, o que sentia. E, então, disse:

— Sempre penso em minha mãe e no quanto ela deve ter sofrido com meu desencarne. Gostaria de dizer a ela tantas coisas que nunca falei.

— Como o quê?

— Que eu a amo. Nunca lhe disse o quanto eu a amo, e, sempre que me lembro dela sentada àquela máquina para me sustentar, sinto remorso.

Olavo respondeu seriamente:

— Sempre é tempo para dizer isso a alguém que ama. Vou conversar com o irmão Geraldo, o responsável pelas comunicações, e veremos o que pode ser feito.

João olhou para as estrelas e disse em alta voz:

— Obrigado, Meu Deus, por mais essa oportunidade.

Naquele momento, uma moça loura de cabelos compridos e aspecto jovem aproximou-se deles. Olavo cumprimentou-a dizendo:

— Que a paz de Deus esteja convosco, Margarida.

A moça devolveu o cumprimento e, em seguida, perguntou:

— Quem é esse rapaz?

Olavo desculpou-se por não apresentar João e, sorrindo, disse:

— Margarida, este é João Pedro, um jovem desencarnado que está conhecendo a colônia.

João estendeu a mão timidamente para a moça que lançava a ele um olhar escrutinador. Olavo continuou com as apresentações:

— Esta é nossa irmã Margarida. Ela trabalha nas zonas inferiores e é historiadora nas horas vagas.

Margarida, sorrindo, disse:

— Não sou historiadora, sou colecionadora de histórias. Cada irmão tem sua história para contar, alguns com mais cicatrizes, e outros, com menos.

— Por que coleciona histórias? – perguntou o rapaz intrigado.

E ela respondeu:

— Porque um dia quero que os encarnados conheçam essas histórias de vida e, com elas, aprendam sobre as verdades espirituais.

— E como fará isso?

— Ainda não sei. Mas Deus, em Sua Infinita Bondade e Misericórdia, vai me ajudar nesse sentido.

— Quantas histórias já tem?

Margarida pensou por alguns instantes até dizer sorrindo:

— Já entrevistei uns cem irmãos, mas só coloquei uma no papel.

— E você não vai se esquecer delas?

— Não tenho como esquecer, pois sempre faço anotações.

— Nossa irmã aspira ser escritora – disse Olavo sorrindo.

Margarida sentiu-se embaraçada e disse:

— Talvez não passem de projetos.

— O que faz em nossa colônia? – perguntou Olavo.

— Estou aqui para visitar uma amiga, mas amanhã pela manhã pretendo voltar ao trabalho.

— Então, venha passear conosco – convidou Olavo.

Os três continuaram andando pela longa alameda, e João disse com entusiasmo:

— Quero enviar uma carta à minha mãe.

— Talvez seja possível – respondeu Olavo depois de pensar por alguns instantes. – Você está trabalhando e já está equilibrado o suficiente para fazê-lo.

Margarida fitou o rapaz quando perguntou:

— Por que desencarnou tão cedo?

— Me envolvi com más companhias – respondeu João embaraçado, dando o assunto por encerrado, pois não queria relembrar o passado.

Margarida respeitou o silêncio do rapaz e começou a falar sobre o trabalho que estava desempenhando nas zonas inferiores. Logo se despediu dos dois, tomando sentindo contrário.

— Por que não contou a ela o que realmente aconteceu? – perguntou Olavo olhando carinhosamente para João.

— Tive vergonha... Afinal, não me orgulho nem um pouco de meu passado.

Olavo mudou de assunto:

— Vamos retornar, pois ainda tenho muito trabalho a realizar.

— Você não vai descansar?

Olavo explicou com simplicidade:

— Quando nos desprendemos dos efeitos da matéria, não sentimos necessidade de descanso, de alimentação ou de qualquer coisa ligada à matéria.

— Ainda não cheguei a esse ponto e, para falar a verdade, estou com sono – disse João sem entender direito as palavras de Olavo.

— Um dia você chega lá...

Olavo deixou João em frente ao Centro de Recuperação, onde ficava seu quarto, e logo se retirou para dar continuidade ao seu trabalho. No dia seguinte, pela manhã, Olavo procurou por João e o encontrou dando água a um recém-chegado das zonas inferiores.

— Que a paz de Deus esteja convosco, João – disse Olavo sorrindo.

O rapaz respondeu aos cumprimentos e em seguida perguntou:

— O que faz aqui?

— Sou portador de boas notícias.

João não se lembrava da conversa que tivera na noite anterior e, então, Olavo passou a dizer:

— Estive com o irmão Geraldo, e ele disse que você está apto a mandar uma mensagem à sua mãe.

— Mas como farei isso? – perguntou o outro entusiasmado.

— Primeiro, você deverá escrever uma carta à sua mãe, mas pense bem no que vai escrever, e depois me entregue. Assim que analisarmos o conteúdo, saberemos se será enviada ou não. Aliás, pelo que fiquei sabendo, sua mãe está ansiosa para receber uma mensagem sua.

— Será que ela vai acreditar que a carta é de fato minha?

— Fale sobre o amor que sente por ela, como foi seu desencarne, mas não diga onde ficou por uns tempos, pois isso iria fazê-la sofrer. Relembre de alguns fatos do passado, e ela certamente acreditará que a carta é sua.

— Mas quem irá transmitir tal carta?

Olavo, sem pensar, respondeu:

— Em Minas Gerais, mais precisamente na cidade de Uberaba, há um mensageiro muito conhecido. Milhares de pessoas o procuram na esperança de ter uma mensagem de um ente querido que partiu.

— Quem é esse mensageiro?

— O nome dele é Chico Xavier. Um homem simples e de coração puro que dedica seu tempo a ajudar todos que dele precisarem.

— Já ouvi falar nesse Chico, mas nunca me interessei pelo assunto.

— Agora, chega de conversa. Escreva a carta à noite, pois virei buscá-la pela manhã. Depois, o irmão Geraldo estudará o caso.

— Não tenho papel nem lápis para escrever.

— Ao chegar ao seu quarto, sobre a mesa do lado esquerdo de sua cama, haverá papel e lápis. Fique tranquilo.

Naquele dia, João trabalhou feliz, afinal, poderia escrever uma carta para sua mãe. Já fazia alguns dias em que ele vinha ouvindo as preces da mãe em seu coração, e isso o fazia dormir feliz, mas ele não contou essa experiência a ninguém. O dia passou rápido. João, chegando a seu quarto, logo viu papéis e lápis sobre a mesa. Eufórico, o rapaz levou um lápis aos lábios e começou a escrever.

No dia seguinte, João estava com a carta esperando por Olavo, mas como estava ansioso, sentia que Olavo não iria aparecer. Ao vê-lo conversando com Eliziel, o rapaz ficou feliz. Olavo se aproximou e, depois dos cumprimentos, perguntou:

— E, então, escreveu a carta?

— Sim, aqui está!

Olavo pegou a missiva sem abrir. João estranhou e perguntou:

— Não vai ler o que está escrito?

— Por que haveria de ler? A carta não é endereçada a mim.

João sentiu-se desapontado, mas permaneceu calado.

— Não é porque escreveu a carta que será entregue, pois primeiro será analisada e talvez isso leve alguns dias – advertiu.

João, naquele momento, sentiu todo seu entusiasmo cair sobre terra, e respondeu:

— Se não for dessa vez, terei paciência. Tenho fé em Deus que um dia enviarei uma carta à minha mãe.

E assim o rapaz voltou ao trabalho, evitando pensar em seu desapontamento.

CAPÍTULO

100

Balbino perde a paciência

Enquanto isso, as reuniões na casa de Dalva continuavam. Balbino já estava se cansando de sair todas as noites, mas sempre acompanhava a esposa para não deixá-la sair sozinha. Ele sempre ia mal-humorado, pois sua vontade era ficar em casa. Certa noite, ao chegarem à casa, Balbino perguntou a Dalva:

— Quando isso vai acabar? Estou cansado de vir todas as noites e não ver nada diferente.

— Tenha paciência... – respondeu sorrindo. – As coisas não acontecem quando queremos, mas quando Deus quer.

— Então, Deus nunca quer... – retrucou o outro mal-humorado.

Dalva ignorou as palavras de Balbino, enquanto Elisa deu uma cotovelada no marido para que ficasse quieto.

A reunião começou com a prece inicial. Depois de Dalva ler e comentar sobre o tema, todos tomaram água, inclusive Balbino. Naquele momento, Dalva permaneceu em silêncio por alguns instantes, causando espanto em todos. Ela olhava fixamente para a frente quando começou a dizer:

— Marina, como você sabe, tenho a capacidade de ouvir os espíritos. Acabo de ser informada que você deve procurar Chico Xavier.

Marina abraçou Elisa, que estava a seu lado.

— Quando melhor lhe aprouver – continuou Dalva, repetindo a voz do irmão que estava logo atrás. Ela não sabia, mas o irmão era Olavo, o grande amigo de João.

— Amanhã mesmo vou ver quanto dinheiro tenho para comprar logo a passagem – disse Marina, que ficou feliz com a notícia.

— Você não vai sozinha. Nós iremos com você – falou Elisa em tom sério.

— Eu não posso ir – disse Balbino olhando surpreso para Elisa. – Afinal, temos os meninos, quem cuidará deles?

— Vou deixá-los na casa da minha irmã – respondeu a esposa sem pensar. – Quanto a você, poderá faltar dois dias do trabalho para nos acompanhar.

Naquele momento, Balbino explodiu, desrespeitando a casa de Dalva:

— Para mim chega! Vim a todas as reuniões com vocês; ouvi muitas coisas bonitas, que chegam a iludir os menos experientes, mas ir até Uberaba é uma loucura sem tamanho. Como quer viajar se não temos dinheiro? Esqueceu que meu pagamento só sai no dia quinze? E, mesmo se fosse na semana de meu pagamento, eu não iria, pois temos muitas contas a pagar.

Dalva, até aquele momento nada dissera, deixando que Balbino extravasasse sua raiva. Então, ele continuou:

— Dona Marina, compreendo que tem sofrido muito com a morte de seu filho, mas tudo isso não passa de invencionice de pessoas espertas que querem tirar dinheiro de pessoas crédulas como a senhora.

Olavo permaneceu no local, espalmando a mão para que o ambiente se harmonizasse, mas Balbino estava fora de sintonia e, por isso, nada sentiu. Dalva continuou calada ouvindo o desabafo de Balbino, enquanto Marina chorava.

— Desculpe minha indelicadeza, dona Marina. Nós sempre estivemos a seu lado em tudo, mas ir a Uberaba está completamente fora de cogitação.

Marina, não querendo que o casal discutisse, disse:

— Não se preocupem, irei sozinha.

Dalva continuou calada. Elisa, que tinha bom coração, não media o que dizia quando se irritava:

— Se você não quer ir, isso é com você. Eu irei com minha amiga, pois isso é muito importante para ela.

— Eu também vou – disse Dalva esboçando um sorriso. – Afinal, eu sempre quis conhecer Chico e não vejo melhor oportunidade que essa.

— Vocês estão ficando loucas! – Balbino disse, levantando-se. – Sabem quanto custa uma passagem a Minas? E, além do mais, onde ficarão hospedadas?

— Sou viúva e tenho minhas economias – respondeu Dalva. – Então, quanto a isso, eu me responsabilizo.

Marina sentiu-se humilhada e, por isso, voltou a chorar copiosamente. Olavo se aproximou dela e, estendendo a mão sobre sua cabeça, emanou paz. A mulher logo se tranquilizou. Dalva podia ouvir os espíritos, mas não tinha a capacidade de vê-los, então, manteve-se impassível diante dos acontecimentos.

Balbino saiu da casa, indo esperar Elisa e Marina do lado de fora. Naquele momento, Olavo disse a Dalva:

— Faça uma prece em favor desse irmão, e diga à esposa para não discutir com ele, pois numa discussão não há vencedores, todos perdem.

Dalva repetiu, palavra por palavra, o que Olavo lhe transmitira. Elisa, mais calma, pediu desculpas a Dalva e saiu com Marina. Encontraram Balbino esperando-as encostado ao poste. Elisa, ressentida com o marido, saiu acompanhada de Marina e foram andando sem dizer uma só palavra. Balbino, por sua vez, estava mais calmo e arrependido pelo que fizera. Assim, com sua habitual calma, disse:

— Perdoe-me, dona Marina. Perdi a cabeça. Elisa sabe de nossa situação, nós não temos dinheiro para fazer uma viagem agora.

— Eu entendo, seu Balbino – respondeu a outra com um leve sorriso e os olhos úmidos. – Vou sozinha, só não quero que briguem por causa disso.

Elisa continuou sem dizer nada até chegarem a sua casa. Ao entrarem, Balbino disse:

— Elisa, você sabe que somos pobres e que não temos dinheiro para viajar agora.

— Sempre me orgulhei por você ser um homem digno, mas confesso que hoje senti vergonha – Elisa olhou-o com desprezo. – Por favor, não fale comigo, pois estou magoada, decepcionada e envergonhada por tudo que fez.

Elisa foi até seu quarto, pegou seu travesseiro, um lençol e um cobertor para dormir no quarto dos filhos. Balbino deitou-se e se pôs a pensar em tudo que havia dito, e naquele momento o pobre homem chorou. Chorou de vergonha por ter perdido completamente a compostura, afinal, ele poderia ter deixado para conversar com Elisa em casa.

CAPÍTULO

101

Viagem a Uberaba

No dia seguinte, Balbino levantou-se e foi trabalhar. Já eram mais de dez horas da manhã quando o dono da obra onde ele trabalhava disse:
— Balbino, vou parar as obras por uns dias. Minha filha está doente e preciso ficar com minha esposa no hospital. Desse modo, não poderei vir conversar com o engenheiro. Eu reconheço que você é um excelente mestre de obras, mas gosto de estar presente na construção.

Ramon, o dono da obra, era um senhor rico com mais de cinquenta anos que estava construindo um prédio com várias salas comerciais que pretendia alugar para consultórios médicos.
— Vou pagar integralmente o salário de todos vocês, sem exceção, pois gosto das coisas certas – disse isso e tirou do bolso um envelope contendo vários cheques.

Balbino, ao ver o valor do cheque, não acreditou e perguntou:
— O senhor está pagando mais do que o meu salário?
— Gosto de ser generoso com quem merece – respondeu sorrindo.

Balbino logo pensou em Elisa, mas sabia que ela estava magoada o suficiente para não querer conversar com ele. Naquele dia, ele continuou trabalhando, mas sabia que só voltaria à construção em uma semana. O homem chegou em casa constrangido e, sorrindo, disse:
— Elisa, você não sabe o que aconteceu!
— Não sei, e não faço a mínima questão de saber – respondeu a esposa, ressentida.

Ao dizer essas palavras, a mulher foi para fora, deixando o marido sozinho na cozinha. Balbino foi até o tanque e disse:

— Elisa, perdoe-me pelo que fiz ontem. Eu fiquei preocupado.

Ela nada respondeu e continuou a colocar algumas roupas de molho. Balbino ia falar quando Elisa entrou na cozinha para desligar uma boca do fogão. Percebendo que a esposa não iria conversar com ele, foi tomar banho e sentar-se na varanda.

Assim que o jantar ficou pronto, Elisa disse ao filho:

— Daniel, chame seu pai para jantar.

Balbino entrou e jantou em silêncio. Elisa jantou rapidamente e logo se pôs a lavar a louça.

Depois do jantar, saiu e foi à casa de Marina. Ao chegar, encontrou a amiga feliz e perguntou:

— Por que está tão feliz?

— Tenho dinheiro suficiente para pagar sua passagem e a de Dalva também.

— Quando pretende ir?

— O que acha de comprarmos as passagens amanhã? – respondeu a outra depois de pensar por alguns instantes.

Elisa ficou em dúvida, crendo que o marido pudesse causar problema. Porém, ao se lembrar das ofensas que Balbino proferiu a suas amigas, respondeu:

— Vamos à rodoviária e compraremos as passagens. Mas, antes, precisamos avisar Dalva, pois ela irá conosco.

Marina não cabia em si de contentamento:

— Converse com Dalva, e amanhã compraremos as passagens.

Elisa, sorrindo, saiu da casa da amiga. Voltando para casa, ao chegar, encontrou Balbino cabisbaixo sentado na cadeira que ficava na varanda. A mulher ia passando direto quando Balbino disse:

— Elisa, sente-se. Precisamos conversar.

— Não converso com homens que costumam me humilhar na frente das minhas melhores amigas – respondeu a outra com olhar irônico, e entrou sem olhar para trás.

Balbino estava extremamente arrependido pelo que fizera, mas Elisa não lhe dava chance de pedir desculpas. Ele entrou e ouviu a esposa conversar com os filhos na cozinha:

— Vocês ficarão com sua tia Elizete, pois preciso fazer uma pequena viagem.

— Para onde a senhora vai, minha mãe?

— Vou para Minas Gerais.

— O que a senhora vai fazer lá, mamãe? – perguntou Daniel.

— Vou acompanhar tia Marina, pois ela tem um compromisso importante.

As crianças gostavam da tia, por isso não se importaram com o fato de a mãe viajar.

— Queremos presentes de lá – disseram sorrindo.

— Não tenho dinheiro para comprar presentes. A tia Marina vai pagar a passagem da mamãe. Compro alguma coisa para vocês quando seu pai receber.

— Vou lhe dar algum dinheiro, uma pessoa não pode sair completamente desprevenida – disse Balbino constrangido.

Elisa, ignorando as palavras do marido, disse aos filhos:

— Agora vocês vão para cama, pois mamãe ainda tem algumas coisas a fazer.

Os dois meninos dividiam o quarto, e rapidamente se trancaram para dormir. A mulher limpou a cozinha e depois também foi para o quarto dos filhos. No dia seguinte, Elisa saiu, sem dizer para Balbino aonde ia, e foi à casa de Dalva para combinar o horário em que iriam comprar as passagens. Ela estranhou o fato de Balbino não ir trabalhar, mas fingiu não se importar.

Passava das duas horas da tarde quando as três mulheres foram até a rodoviária e compraram três passagens para São Paulo, pois de lá comprariam as passagens para Uberaba. Voltando para casa, Elisa logo arrumou uma pequena mala que levaria na viagem. Balbino observava tudo sem dizer palavra alguma, de modo que Elisa de nada desconfiou.

As três pagariam o ônibus para São Paulo às oito e quarenta da manhã. No horário marcado, as três mulheres estavam conversando animadamente enquanto esperavam pelo ônibus. Então, de repente, Balbino apareceu.

— O ônibus vai demorar? – perguntou.

Dalva gostou de vê-lo, pois sabia que se tratava de um bom homem. Elisa, perdendo a paciência, perguntou:

— O que veio fazer aqui? Rir das três loucas?

Balbino, constrangido, pediu desculpas a Dalva e Marina, dizendo que havia perdido o controle, mas que entendia o motivo.

— Por que a mala? – perguntou Dalva.

— Vou com vocês, posso?

— Fico feliz em venha conosco – respondeu Marina.

— Esqueceu que precisa trabalhar? – perguntou Elisa enquanto olhava para o marido.

Então, finalmente Balbino explicou que ficaria sem trabalhar durante uma semana e que, além disso, o dono da construção havia adiantado a féria do mês.

— Deus, em Sua Infinita Bondade e Misericórdia, não desampara ninguém – disse Dalva.

Marina perguntou, olhando para a esquina:

— Não é esse o ônibus?

Balbino respondeu que sim. O ônibus encostou, e logo todos subiram. Marina ia sentar-se ao lado de Elisa, e Dalva sentaria logo atrás. Mas, querendo que o casal fizesse as pazes, Marina trocou a passagem com Balbino para que ele se sentasse ao lado da esposa. Então, ela precisou trocar novamente a passagem, dessa vez com uma senhora que estava sentada ao lado de Dalva, para que as duas pudessem viajar juntas. Assim que o ônibus saiu, Balbino disse:

— Elisa, não fique zangada comigo. Sei que errei e estou arrependido, por isso peço que me perdoe.

Elisa olhando, para o corredor do ônibus, sem dizer uma palavra, estendeu-lhe a mão. Balbino apertou-a sorrindo:

— Não sou louco de deixar minha esposa viajar sozinha.

Elisa deitou-se no ombro de Balbino e disse:

— Nunca mais faça isso. Você nunca me ofendeu tanto como fez naquela noite.

— Você e os meninos, Elisa, são tudo que tenho. Sempre procurei ser um bom pai e um bom marido, mas infelizmente não sou perfeito e estou sujeito a cometer erros. Eu juro que isso nunca mais acontecerá novamente. Quando você começou a me ignorar, eu me dei conta do quanto te magoei.

— O importante é como agirá de agora em diante, Bino. Não quero que meus sentimentos por você mudem.

Balbino, feliz, acariciou os cabelos da esposa, e logo passaram a falar de outras coisas, e foi assim durante todo o trajeto até São Paulo. Ao chegarem, esperaram durante duas horas pelo ônibus que os levaria a Uberaba.

CAPÍTULO

102

Em Uberaba

— Perguntei ao motorista quanto tempo leva para chegar a Uberaba – comentou Balbino durante a viagem. – Ele respondeu que leva em média sete horas, dependendo das condições da estrada.
— Não é muito tempo – respondeu Elisa sorrindo. – Gosto de viajar.
Então, os quatro finalmente chegaram a Uberaba. Marina disse:
— Não imaginei que Uberaba fosse uma cidade grande. E agora? Como faremos para encontrarmos a Casa da Prece onde Chico Xavier trabalha?
— Nunca ouviu que quem tem boca vai a Roma? – disse Balbino. – Pois bem, vamos perguntar, pois Chico Xavie é um homem público, todos o conhecem.
Marina estava feliz por Balbino tê-las acompanhado. Balbino se informou com um transeunte e logo descobriu onde ficava a Casa onde Chico atendia. Ao chegar, espantaram-se com tamanha simplicidade da casa, afinal, Chico era famoso em todo o país. A casa já estava cheia de pessoas, então, eles foram obrigados a ficar do lado de fora.
Chico ainda não havia chegado. Marina ficou observando tudo pela janela. Não demorou muito quando chegou aquele senhor simples que, cumprimentando todos, entrou na Casa acompanhado por algumas pessoas. Chico sentou-se à mesa e, depois de sentida prece, pôs-se a psicografar. Enquanto escrevia, todos permaneciam no mais absoluto silêncio. Quando terminou de escrever, Chico chamou algumas pessoas pelo nome. Algumas mães choravam, pois não tinham dúvidas de que as cartas eram realmente de seus

filhos. Marina também chorava, mas porque Chico não a chamou. Foi com tristeza que viu o médium se despedir de todos e sair.

— Foi um erro ter vindo até aqui – disse chorando copiosamente. – Pois João não veio para me dar a notícia que eu tanto esperava.

Balbino sensibilizou-se com a situação de Marina e falou:

— João vai dar notícias, a senhora vai ver.

— O melhor que temos a fazer, meu amigo, é voltar para casa – respondeu ela, decepcionada.

Dalva, naquele momento, disse energicamente:

— De maneira alguma! Vamos procurar uma pensão para ficar e amanhã voltaremos.

— Não adianta ficarmos aqui, pois João não nos dará notícias – respondeu Marina desanimada.

Elisa, pegando no braço da amiga, proferiu:

— Não viemos até aqui para voltarmos desanimados para casa. Ficaremos até termos uma notícia de João. E, se for preciso, ficaremos o resto da semana, afinal Balbino só volta a trabalhar na semana que vem.

— Não temos dinheiro para nos manter aqui até o final da semana. Vamos embora.

— De maneira alguma! – disse Balbino interferindo na conversa. – Quem desiste são os fracos, e eu não sou homem de desistir facilmente. Pense que se João não veio hoje é porque ainda não é o momento. Mas quem sabe ele não virá amanhã ou depois de amanhã? Não se preocupe com dinheiro, tenho o suficiente para permanecermos aqui.

— Não vou permitir que gaste seu dinheiro comigo – insistiu Marina, chorando. – Vamos embora, será melhor para todos nós.

Dalva, então, perdeu a paciência e disse:

— Jesus estava certo quando chamou os discípulos de "raça incrédula e depravada até quando estarei convosco", disse ele demonstrando que até os discípulos não tinham fé. Marina, você chegou aqui tão esperançosa e, deparando-se com o primeiro obstáculo, desistiu. Onde está sua fé? Jesus disse que se tivermos a fé do tamanho de um grão de mostarda, poderíamos transpor uma montanha de lugar para outro. A montanha a que Jesus se referia são os obstáculos que a vida nos apresenta, e você não está tendo fé suficiente. Viemos até aqui e esperaremos uma mensagem de João, quer queira, quer não! Tenha um pouco mais de fé e peça a Deus em prece para que lhe seja concedida essa mensagem que tanto alento lhe trará ao coração. Balbino tem razão, se for preciso, ficaremos até o fim da semana. Tenho certeza de que não sairemos daqui de mãos vazias.

Marina, que ainda chorava, não conseguiu contestar as palavras de Dalva e, então, decidiu ficar.

CAPÍTULO 103

A carta

Olavo foi até o Centro de Recuperação e encontrou João animado, pois em breve ele começaria a fazer seu primeiro curso na colônia.

Olavo, em tom sério, disse:

— João, a carta que me apresentou foi rejeitada pelo irmão Geraldo, pois, segundo ele, está muito superficial.

João sentiu-se desapontado quando disse:

— Por que a carta está superficial? Escrevi o que sentia em meu coração.

— Quando se envia uma carta a um encarnado, deve-se enviar uma mensagem de consolo, esperança e fé, mas você apenas se prendeu a detalhes de sua vida, e isso não é o mais importante.

João sentiu seus olhos umedecerem e pediu humildemente:

— Por favor, ajude-me a escrever uma carta à minha mãe. Todas as noites, ouço suas preces em meu coração, e isso me deixa agitado.

Olavo pensou por alguns instantes quando disse:

— Vamos até seu quarto. Vou ajudá-lo a escrever essa carta, mas não me peça isso novamente.

Olavo dava as dicas, mas quem escreveu a carta foi João. Depois de escrita a carta, Olavo levou-a até Geraldo, que leu e disse em tom maroto:

— Esse estilo de escrever é todo seu...

— Dei algumas dicas, não vou negar – respondeu o outro sorrindo. – Mas quem a escreveu foi João. Ele colocou todo o seu coração na carta.

— Diga a João para se preparar, pois amanhã mesmo nos encarregaremos de levar essas linhas até sua mãe.

Olavo sorriu satisfeito, sabendo que o rapaz ficaria feliz. Ele retornou no fim do dia para avisar João de que a carta seria enviada no dia seguinte. O rapaz começou a fazer perguntas, mas o outro se limitou a dizer:

— Espere até amanhã que você verá como tudo acontece.

CAPÍTULO

104

Chegam as cartas

Fazia três dias que os quatro estavam em Uberaba, e Marina estava completamente desanimada, pois durante as três reuniões não obteve o que queria. Ao término da terceira reunião, ela disse:

— Vir até aqui foi um erro, pois não recebi notícias de João e estou gastando o dinheiro que não tenho.

— Tenha fé de que amanhã a senhora terá notícias de João – disse Balbino, penalizado com a situação.

Não querendo desapontar os amigos, Marina respondeu somente:

— Aprendi que as coisas só acontecem se nós merecemos. Agora, vejo que não tenho merecimento algum. Não terei notícias de João porque Deus acha que não mereço.

Dalva, não querendo que a mulher mergulhasse em tristeza, disse:

— Vamos descansar, pois estou cansada.

Os quatro estavam hospedados em uma pensão próximo à Casa da Prece. Marina chorava inconsolavelmente e, ao se ver a sós com Dalva, disse:

— Amanhã será a última reunião. Se eu não receber notícias de João, voltaremos para casa.

— Em vez de ficar sofrendo, por que não faz uma prece e pede a Deus essa benção? – sugeriu Dalva, e juntas fizeram uma sentida prece para pedir a Deus que João se comunicasse.

Balbino, estando no quarto com Elisa, comentou:

— Estou começando a pensar que Marina tem razão. Vir até aqui foi um erro, pois ela não receberá a tal carta.

Elisa fitou intensamente o marido e perguntou:

— Bino, você está fazendo tudo isso só para me agradar? Lembre-se de que você nos chamou de loucas por acreditar nessas coisas.

— Elisa, não vou mentir, apenas vim a essa viagem maluca para não deixar que três mulheres o fizessem sozinhas – disse sentindo-se embaraçado. – Mas, sinceramente, não acredito nisso. O homem leva à mão a testa e começa a escrever sem parar, enquanto uma senhora vai tirando os papéis. Acho que as pessoas que recebem cartas já são conhecidas dele ou daquelas pessoas que o acompanham.

— Pobre do homem que não tem fé – disse Elisa depois de pensar por alguns instantes.

— Vai ficar brava comigo novamente? – perguntou Balbino. – Foi você quem perguntou, e fui sincero em responder.

— Não estou brava, estou desapontada. Eu pensava que tivesse o mínimo de fé.

— Já lhe contei a minha história. Sou filho da Bahia, lá há muitos terreiros. Além disso, minha pobre mãe acreditou que um dia meu pai voltaria e que sua situação financeira melhoraria, mas a pobrezinha morreu na mais completa miséria.

— Não posso cobrar de você algo que não tem. Portanto, vamos encerrar esse assunto antes que me aborreça.

Balbino se arrependeu por dizer o que pensava à esposa, mas decidiu esquecer o assunto e descansar. E, assim, todos descansaram.

Na noite seguinte, os quatro chegaram mais cedo que o habitual à Casa da Prece, e já havia muitas pessoas, mas os quatro conseguiram sentar-se em frente à mesa.

— Fique em prece e peça a Deus para que a ajude a receber o que veio buscar – disse Dalva percebendo o olhar vago de Marina.

Não demorou e logo Chico chegou acompanhado por algumas pessoas. O bom senhor sentou-se em seu lugar habitual e, depois de uma prece, começou o trabalho. Chico escrevia rapidamente e, ao terminar, passava a ler os nomes dos destinatários. Várias pessoas foram chamadas, Marina estava desanimada quando foi lido o nome: Balbino da Costa Guimarães. Balbino ficou lívido, afinal, ele não havia dito seu nome a nenhum dos presentes.

— Bino, é você – disse Elisa, feliz.

Balbino se levantou para pegar a carta e agradeceu timidamente o médium. Quando leu o nome no final da carta, ele não conseguiu conter a emoção.

— É minha mãe – disse a Elisa. – Veja: Maria Benedita da Costa Guimarães.

— Ninguém aqui conhece você, e muito menos sabe o nome de sua mãe.

Naquele momento, Balbino pôs-se a ler a carta e chorou muito, afinal, tinha certeza de que aquela carta era de sua mãe, pois havia detalhes que só ele conhecia. O homem chorava de felicidade, pois jamais imaginara que um dia receberia uma carta de sua falecida mãe.

Todos ficaram imensamente felizes ao ver que Balbino recebera uma mensagem de sua mãe, principalmente Dalva. A reunião terminou e Marina, novamente, não recebeu a mensagem que tanto esperava. Mas o fato de Balbino ter recebido uma carta reacendera em Marina a esperança de receber uma mensagem do filho. E foi com entusiasmo que ela esperou pela próxima reunião.

Enquanto voltavam à pensão, Elisa alfinetou o marido:

— E agora? Continua achando que somos três loucas?

Balbino empalideceu em poucos segundos e, segurando a carta, olhou para as três mulheres dizendo:

— Nós pecamos pela ignorância. Confesso que não acreditava nessas coisas, mas agora chego à conclusão de que o louco era eu.

As mulheres desataram a rir, e Marina disse convicta:

— Tenho a mais absoluta certeza de que João virá para me dar notícias.

— É assim que se diz! – disse Dalva.

Naquela noite, todos estavam felizes. Pela primeira vez, Balbino fez sentida prece em agradecimento. Afinal, ele relera a carta diversas vezes e não teve dúvidas de que fora escrita pela mãe, pois alguns fatos passados, que até mesmo ele esquecera, foram relembrados na carta.

Elisa acordou no meio da noite e viu Balbino reler a carta chorando copiosamente. Elisa perguntou:

— O que está fazendo acordado, homem? Apague essa luz e venha dormir.

— Minha mãe só me chamava de moleque danado. Veja, na carta ela disse que eu continuava a ser um moleque danado – disse Balbino soluçando.

— Ela disse que está bem – disse Elisa abrindo um largo sorriso. – Isso aconteceu para você saber que a vida continua e que a morte não existe.

Balbino chorou copiosamente, e então disse:

— Vou juntar dinheiro para irmos a Salvador, pois quero visitar o túmulo onde minha mãe está enterrada.

— Para que fazer isso? Ela não está mais lá, somente os despojos do corpo que um dia foi a morada de seu espírito. Agora, o espírito de dona Maria está em uma das Moradas do Pai, como diz dona Dalva.

Elisa pediu para o marido deitar e apagar a luz. Naquela noite, porém, Balbino mal conseguiu dormir, pois pensava na mãe bem, sem o peso da doença que corroeu seu corpo físico. Depois de algumas horas, ele finalmente adormeceu, com semblante de felicidade.

— Não podemos ficar mais tempo na cidade – disse Marina a Dalva. – Mas estou preparada caso João não me mande uma mensagem. Juntarei dinheiro para vir novamente em outra ocasião, pois, se Balbino recebeu uma carta, tenho certeza de que meu João não deixará de me dar notícias.

— É assim que se pensa, e saiba que, quando voltar, virei com você.

Marina foi à reunião na noite seguinte, mas sem estar afoita para receber uma mensagem, pois estava lá para absorver a paz do lugar. O semblante de Chico transmitia serenidade, e o local, embora simples, era envolvido em uma paz que se fazia sentir por todos que ali estivessem. Terminada a reunião, o médium passou a ler os nomes mais uma vez.

— Marina Lopes Miranda.

Marina mal podia acreditar no que estava ouvindo. Levantou-se rapidamente e pegou a carta. Sem pensar, a mulher beijou ternamente suas mãos ao cumprimentar Chico. Ela começou a ler a carta assim que se sentou, e não pôde conter as lágrimas. Ao voltar à pensão, Marina finalmente leu a carta para que todos pudessem ouvir:

Querida mãezinha, hoje tive a oportunidade de lhe enviar esta mensagem. Peço perdão pela maneira como desencarnei, pois estava preso ao vício da droga. Talvez a senhora tenha pensado que eu fiz de propósito, mas na verdade foi um acidente. Eu usei muito e meu corpo não suportou.

Infelizmente, o lugar para onde fui levado era horrível, pois lá me deparei com minha própria consciência, e foi somente assim que pude perceber o quanto fiz a senhora sofrer.

Mãezinha, sempre culpei meu pai por tudo o que havia me acontecido, coloquei-me na posição de vítima. Mas não percebi que fui vítima de mim mesmo, pois, se me afinei a companheiros duvidosos, isso acontece porque eu era como eles.

Lembra-se de quando meu pai a surrou, quebrando seu nariz, e eu disse que havia conversado com um médico que mais ninguém viu? Então, esse médico na verdade é o irmão Olavo, que tem me orientado em tudo no lugar onde me encontro.

A senhora sempre procurou o terço de madrepérola que era da vovó. Ele está escondido no assoalho solto sob minha cama, pois eu sempre o achei bonito.

Mãezinha, não odeie meu pai, pois ele já sofre o suficiente pela sua ignorância e, principalmente, pela falta de conhecimento espiritual. Perdoe-o, minha mãe, pois somente assim a senhora será feliz.

Ah, já ia me esquecendo. A vovó pediu para a senhora ir visitar a tia Joana, pois ela está precisando de ajuda espiritual.

Fique bem, porque eu estou bem onde estou. Confie em Deus e faça seu melhor enquanto estiver encarnada, pois um dia estaremos juntos, se for da vontade do Pai.

Marina lia feliz pela benção de obter notícias do filho. Ajoelhou-se ao lado da cama, agradecendo a Deus pela oportunidade de tão bela comunicação.

— Agora podemos voltar para casa, pois Deus me abençoou com uma mensagem de meu filho – disse para Dalva.

Ela estava feliz e concordou com Marina. No dia seguinte, os quatro foram até a rodoviária e embarcaram de volta a São Paulo. Todos estavam com a fé renovada. Balbino, desde que recebera a carta de sua mãe, passou a aprofundar seus conhecimentos espirituais. Mais tarde, tornou-se um trabalhador da Casa Espírita.

CAPÍTULO

105

Espíritos na Casa da Prece

João e Olavo finalmente chegaram à Casa da Prece. O rapaz ficou feliz ao ver sua mãe.
— Veja! Minha mãe está aqui, até Balbino veio – disse o rapaz com lágrimas nos olhos. – Balbino foi o único amigo verdadeiro que tive em vida. Arrependo-me de ter roubado a bicicleta dele, fazendo-o ir trabalhar a pé. Ah, posso enviar uma mensagem a ele também?
— João, atente-se somente em enviar a carta que escreveu para sua mãe, pois as coisas sempre devem seguir a ordem.
O rapaz olhou para os lados e viu vários espíritos desconhecidos. Alguns eram rapazes e moças, mas também havia pessoas com mais idade. Todos estavam aguardando sua vez de se posicionar atrás do médium para deixar sua mensagem. Chegando a vez de João, a princípio ele ficou receoso, mas logo se sintonizou com o médium e finalmente pôde deixar sua mensagem escrita.
— Hoje é o dia mais feliz da minha vida, pois Deus, em sua infinita bondade e amor, permitiu-me comunicar com minha mãezinha, que tanto sofreu por minha causa – disse João, fascinado com o que acabara de acontecer.
A reunião ainda não havia terminado quando João fez uma prece em pensamento para agradecer a Deus pela oportunidade bendita que tanto conforto traria à sua mãe, que ainda estava encarnada. Depois que a reunião terminou, João se aproximou de Marina, que lia a carta, e beijou-lhe ternamente a têmpora.
— Até um dia, minha mãe querida. Que Deus a ajude a suportar minha falta – disse, sem que Marina pudesse ouvir.

CAPÍTULO

106

Rotina

Altino já estava preso havia alguns anos. Por causa dos sofrimentos na prisão, ele envelhecera consideravelmente. Embora fosse calado, o homem não era bem-visto pelos outros detentos, pois todos sabiam o motivo pelo qual ele estava preso. Os detentos não se posicionaram contra o assassinato de Joselina, mas pelo motivo que o levou a cometer o ato, ou seja, o fato de ela ter contado à sua ex-esposa que seu filho fora vítima de abuso sexual. Altino ficava sozinho na maior parte do tempo, pois todos o olhavam de soslaio, então, ele evitava falar com quem quer que fosse.

Joselina voltou a importuná-lo, pois descobriu que podia fazer isso durante a noite.

Não raro, Altino via Joselina em seus sonhos. Ela chamava-o de assassino, levando-o a acordar ora suando ora com seus próprios gritos. Altino mudava de cela constantemente, pois os outros detentos o evitavam visivelmente.

Certa feita, chegou à prisão um homem chamado Genuíno. Esse homem era frio e tinha um semblante pavoroso, sempre dizendo não ter pena de ninguém. Segundo o boato que correra na prisão, Genuíno havia assassinado quase vinte pessoas, sendo pago por isso.

Altino, ao ver Genuíno, pensou: "Preciso ficar longe das vistas desse homem, pois ele é matador profissional".

Todas as manhãs, os presos ficavam no pátio tomando banho de sol. Depois do almoço, eram levados à cela, de onde só sairiam no dia seguinte. Altino não gostava de ir ao pátio, pois lá era obrigado a conviver com presos de todas as celas. Enquanto os outros conversavam, ele ficava sentado sozinho em um canto, esperando o momento de voltar à cela.

Certo dia, Genuíno se aproximou de Altino perguntando:

— Por que passa tanto tempo sozinho?

— Não tenho amigos, por isso fico sozinho.

O outro, soltando uma gargalhada, disse:

— Aqui é cão comendo cão, e ninguém é amigo de ninguém, mas se você tiver alguém para lhe proteger é melhor.

Altino compreendeu perfeitamente o que Genuíno estava dizendo.

— Isso aqui é o inferno na Terra! – respondeu.

— Procure arranjar companheiros, pois, pelo que ouvi, você é odiado por todos.

Altino, ao ouvir as palavras de Genuíno, respondeu:

— Não me importo com ninguém e, para falar a verdade, nem comigo mesmo.

O outro se afastou sem dizer uma única palavra. Ele sabia que Altino estava cumprindo a pena por assassinato, mas não sabia que ele havia abusado do próprio filho. Assim, o tempo foi passando, e Altino continuou nessa mesma rotina.

CAPÍTULO 107

Sofrimento e desencarne

Certa noite, Cassiano se aproximou de Joselina enquanto ela perturbava Altino, e disse:

— Joselina, deixe disso. Vamos pedir ajuda aos Iluminados para que possamos viver melhor, estou cansado.

— Cassiano, foi por isso que terminei o namoro contigo, pois você sempre foi um fraco – respondeu irritada.

— Quando desencarnou, achei que você fosse uma pessoa melhor, mas agora percebo que tem um coração duro. Se Altino a odiava, era porque tinha seus motivos – disse ele de cenho fechado.

— Você está defendendo esse safado? – gritou Joselina perdendo totalmente a compostura. – Hoje estou aqui por culpa dele e sua também, pois se não tivesse intuído esse miserável a me matar, ele não teria coragem para fazer isso.

— Como me arrependo por isso – respondeu Cassiano abaixando o olhar.

— Arrependimento não apaga erros. Portanto, você deve me ajudar, até porque está em dívida comigo.

Cassiano, posicionando-se contra Joselina, disse:

— Para mim chega! Não vou mais ajudá-la nessa vingança barata. Errei muito quando me deixei levar por você, mas saiba que você ficará sozinha.

— Você não pode me deixar!

Cassiano, com lágrimas nos olhos, disse:

— Você já está sozinha. Vou me preocupar comigo e tentar sair dessa vida infeliz na qual me meti.

Cassiano, naquele momento, deixou Joselina, que estava ao lado de Altino, e voltou ao Vale de Lágrimas. Ele conhecia bem o Vale e ficou andando de um lugar a outro, e vez por outra sentia algumas dores.

Ele andava pelo Vale chorando copiosamente quando disse:

— A dor que sinto é o pagamento por ter tirado minha própria vida. Mas o que mais me dói é saber que deixei minha família por uma ilusão. Joselina é má e nunca vai aprender que a vingança não leva a lugar algum.

Cassiano, então, ajoelhou-se e pediu ajuda a Deus, pois estava cansado de viver naquele lugar. Logo, surgiram duas figuras ao seu lado, que rapidamente ajudaram-no a sair dali de maneira digna.

Enquanto isso, Joselina continuava a atormentar Altino, dia e noite, fazendo os outros detentos implicarem com ele.

Altino era um homem fragilizado que a cada dia perdia um pouco de sua força física. Não raro alguém se referia a ele como velho, sem que ele se importasse.

Joselina andava na prisão de um lado a outro entre os presos, procurando por algum deles que fosse realmente mau. Logo ela se afinou com Genuíno, e isso a fez ficar durante um longo tempo ao lado do dele, intuindo-o a fazer o que ela queria. Joselina desejava acertar as contas pessoalmente com Altino, de modo que começou a intuir Genuíno a arranjar confusão com ele. Genuíno era um homem forte e não demorou a se tornar respeitado pelos outros presos. Em uma ocasião, Joselina o viu bater em um detento só porque estava olhando para ele. Ela gostava de Genuíno, pois sabia que ele cedo ou tarde faria o que ela desejava.

Certo dia, enquanto tomavam banho de sol, Altino olhava para o nada quando Genuíno se aproximou, dizendo:

— Velho, estou cansado de vê-lo sentado todos os dias no mesmo lugar. Quero que se misture aos demais, afinal, somos uma família aqui.

— Não quero me misturar a ninguém. Prefiro viver sozinho, pois aqui é como você disse outro dia: "É cão engolindo cão", portanto, peço que me deixe sozinho.

— Quero que limpe minha cela! – ordenou o outro irritado. – Aquele lugar está muito sujo.

— Por que não manda que um de seus companheiros faça isso?

— Vá limpar minha cela! É uma ordem, e quero que faça isso agora!

Altino não respondeu nem se moveu. Irritado com a postura do outro, Genuíno deu-lhe uma surra. Altino apanhou tanto que seu olho esquerdo ficou inchado, mas obedeceu em seguida. Os guardas costumavam ver brigas entre os presos, mas não se importavam, pois sabiam que em todo grupo havia sempre um líder. Depois daquela surra, Altino passou a limpar a cela de Genuíno todos os dias durante o banho de sol.

Genuíno não entendia porque era tão hostil com Altino, mas no momento em que sentia aquela raiva surgir do nada, ele tornava-se impiedoso com o preso mais velho do lugar. Ele, até o momento, ainda não sabia que Altino havia abusado do próprio filho, mas Joselina fez outro preso lhe contar.

— Aquele miserável fez isso a uma criança? Com o próprio filho? – gritou ao saber do fato. – Tenho cinco filhos e, embora tenha matado muita gente, nunca fiz mal a nenhum deles. Isso é imperdoável!

Depois daquele dia, Genuíno passou a sentir verdadeiro ódio por Altino. Certa manhã, Altino estava limpando a cela de Genuíno quando este entrou dizendo:

— Limpe bem a latrina, pois, se não fizer isso, vai levar uma surra daquelas.

Altino obedeceu e limpou novamente a latrina da cela, que já havia limpado antes. Genuíno observava o outro quando disse:

— É verdade o que fiquei sabendo?

— O que você ficou sabendo?

— Que você abusou de seu filho e que ele morreu de overdose? – continuou Genuíno sem medir as palavras.

Altino ficou em silêncio sem responder, quando ouviu:

— Então, você é daqueles valentões que só é homem com criança e com mulher?

Altino permaneceu calado. O outro soltou uma gargalhada e disse:

— Vamos ver o quanto você é homem...

Genuíno era mais jovem e mais forte que Altino, e avançou sobre ele. Violentou-o diversas vezes. Altino, indignado com tal situação, tentou revidar e deu um soco no rosto de Genuíno. Este, sem pensar, começou a surrá-lo sem piedade. O guarda não viu o que estava acontecendo, então, movido pelo ódio de Joselina, Genuíno continuou com a sessão de tortura.

— A partir de hoje você será minha mulher aqui na cadeia – disse sorrindo.

Altino sentiu um ódio profundo se arraigar em seu coração. Saiu da cela chorando, deixando Genuíno sozinho. De volta à sua cela, Altino pegou um pedaço de aço que encontrara no corredor e passou a afiá-lo com uma pedra. Ele tinha paciência, então, conseguiu afiar o aço sem que o vissem.

Genuíno aproveitava as manhãs para importunar Altino, deixando Joselina imensamente satisfeita com tanta brutalidade. Depois de estuprar Altino, ele disse:

— Um homem de verdade não abusa de mulher e muito menos de criança. Tenho cinco filhos e nunca fiz mal a nenhum deles porque sou homem. Você não é homem, é um covarde que só abusou de pessoas indefesas.

Genuíno, olhando com ódio para Altino, perguntou:

— Você abusou da mulher que matou?

Joselina ficou aguardando a resposta também. Ao passo que Altino respondeu:

— Não sei do que está falando.

— Não foi isso o que ouvi dizerem lá fora...

— Você não é homem para responder? – gritou diante do silêncio do outro.

Altino respondeu gritando com ódio:

— Sim! Ela era uma mulher sem moral e usava os homens com interesses financeiros.

— Mas era mulher... Nunca bati na minha mulher e sempre tratei a minha família com respeito.

— Mas ela não era minha mulher... Joselina era mulher de todo mundo.

Ao ouvir tais palavras, Joselina sentiu tanta raiva de Altino que passou a gritar para Genuíno:

— Mate esse desgraçado! Mate-o agora!

Genuíno sentia ódio por Altino e quis surrá-lo ainda mais, quando pensou: "Não posso fazer isso na cela, pois isso vai aumentar mais a minha pena. Preciso fazer isso no pátio, quando todos estiverem reunidos".

Genuíno mandou que Altino saísse de sua cela naquele exato momento. Altino saiu e, pegando o pedaço de aço, sentou-se no pátio para afiar o metal. O aço já estava bem afiado, e Altino prometeu se vingar de Genuíno.

Naquela manhã, quando todos estavam no pátio, Altino chamou Genuíno até um canto. Ele, que estava com outros prisioneiros, foi ver o que o outro queria.

— Você disse que não sou homem porque abusei de uma mulher desavergonhada e de meu filho que era um pederasta, agora você vai ver o quanto sou homem – disse Altino. Tirando da cintura a faca improvisada, ele avançou sobre Genuíno.

Genuíno soltou uma gargalhada quando prensou Altino contra a parede, tomando o pedaço de aço em seguida. Altino foi golpeado diversas vezes pela arma que ele mesmo improvisou. Todos os prisioneiros viram o que havia acontecido quando os guardas chegaram. Estes, porém, não disseram nada, permanecendo em silêncio.

Altino foi levado gravemente ferido para a enfermaria, mas não resistiu aos ferimentos e morreu ali mesmo, no mais completo abandono.

Ao acordar, viu Joselina e, aos gritos, disse:

— Isso não é verdade! Só pode ser um pesadelo.

— Seja bem-vindo ao inferno! – disse ela gargalhando.

Altino estava sentindo-se fraco, então, Joselina passou a esbofeteá-lo. Ele dormia e acordava, e em todas as vezes Joselina estava a seu lado. Ao ver o estado em que Altino ficou, o espírito de Joselina deixou-o sozinho, pois ele havia recebido em retorno tudo o que havia feito.

Altino dessa vez acordou em lugar escuro, cujo fedor o deixava nauseabundo. Ele voltou a dormir e, ao acordar, sentiu muito frio e fome, mas ele não via ninguém, apenas ouvia gemidos de dor e gritos de alguns que estavam bravos. Logo lembrou-se de tudo que Genuíno havia feito e sentiu seu ódio aumentar. Foi naquele instante que percebeu que estava com várias perfurações em seu abdome, e as feridas sangravam quando suas emoções ficavam ainda mais exacerbadas. Ele andou à procura de ajuda, e encontrou com um ser que mais parecia um animal.

— Quem é você? – gritou o ser.

— Meu nome é Altino – respondeu ele com medo da criatura.

A figura tinha patas de cavalo no lugar dos pés, seu quadril era totalmente disforme, e da cintura para cima parecia um homem, porém, os pelos grossos emprestavam a ele um aspecto demoníaco.

O ser levou Altino para uma espécie de vila cuja paisagem tétrica e escura deixava-o com mais medo. A criatura ia andando na frente, enquanto Altino seguia com a mão nos ferimentos do abdome. Enquanto caminhava, viu algumas casas com fachadas horrendas e a rua, que era um lamaçal pegajoso. O fedor do local fazia-o levar a mão ao nariz vez ou outra.

A figura se aproximou de uma casa e gritou:

— Arlindo! Trouxe mais um para você cuidar.

Por um momento, Altino sentiu que não tinha mais nada a perder e perguntou:

— Por que está mandando alguém cuidar de meus ferimentos?

— Porque você será meu escravo, então, primeiro, precisa se curar para começar o trabalho.

Altino logo se lembrou de Joselina e disse:

— Sei de um espírito mau que poderá ser útil para você.

A figura olhou para Altino sem dizer nada, e o outro prosseguiu:

— O nome dela é Joselina. Ela é má e poderá ser uma excelente escrava.

— Onde ela está?

— Não sei lhe dizer, mas a última vez que a vi foi na enfermaria da cadeia onde eu estava.

— Vou mandar que a procurem. Mas, se for mentira, mandarei chicoteá-lo até perder os sentidos.

Altino, naquele momento, percebeu que estava com graves problemas e disse:

— É verdade. Essa mulher foi responsável por todo meu sofrimento.

A figura lançou um grunhido e disse:

— Não se preocupe com nada agora, pois terá com que se preocupar depois.

Em seguida, um velho com barba e cabelos brancos saiu da casa, descalço e roupas sujas.

— O que o senhor quer, Chefe? – perguntou o velho.

— Quero que cuide de mais um, pois quero que minha tropa se torne um verdadeiro exército.

O homem, de cabeça baixa, desceu dois degraus e, aproximando-se de Altino, pegou-o pelo braço para levá-lo ao interior da casa em ruínas. Altino ouviu o barulho das patas do Chefe, que caminhava tranquilamente pelas ruas lamacentas.

— O que vai fazer comigo? – perguntou timidamente.

— Vou ajudá-lo a se curar dessas feridas, depois, você começará a trabalhar com o Chefe.

Altino observou o local e viu que tudo era sujo e fétido.

— Deite-se na rede e fique lá até melhorar. Cuidarei de suas feridas, mas já vou avisando que não gosto de ser desobedecido.

Altino obedeceu, mas a rede cheirava a mofo e ele logo começou a espirrar e tossir. Irritado Arlindo gritou:

— Por que a tosse?

— Talvez seja pelo cheiro da rede.

— Não se preocupe, logo você se acostuma e tudo lhe parecerá normal – gargalhou o outro.

Altino espirrou mais algumas vezes e se pôs a observar que a casa tinha apenas um compartimento. A rede estava em um canto, do outro lado havia um móvel onde Arlindo guardava alguns de seus remédios, e uma outra rede no outro canto do grande cômodo.

— Há quanto tempo está aqui? – perguntou Altino.

— Estou preso há alguns anos – respondeu Arlindo sem hesitar. – No começo, confesso que odiava tudo isso, mas agora sou indiferente a tudo que vejo em minha volta.

— Por que se tornou empregado do Chefe? – perguntou Altino depois de pensar por mais alguns instantes.

— Porque, enquanto vivia na Terra, não fiz nada do que pudesse me orgulhar. Eu costumava trabalhar com espíritos que pediam ajuda para fazer remédios e matar pessoas. Na ocasião, ganhei muito dinheiro, mas nunca deixei de servir ao Chefe, mesmo quando estava vivo.

— Como assim?

— Eu tinha um terreiro. Naquela ocasião, o Chefe se apresentava como exu, e eu o servia, fazendo tudo o que ele queria.

— Mas como você sabia o que ele queria sem vê-lo?

Arlindo, percebendo a total ignorância de Altino, respondeu:

— Por acaso você não sabe que muitas pessoas vivas podem se comunicar com o mundo espiritual? Eu era o que na Terra se chama de pai de santo, e muitas pessoas iam ao meu terreiro para receber orientação, uma vez que os exus incorporavam no terreiro em que eu trabalhava.

— Então, quer dizer que é verdade essa história de terreiro? – perguntou o outro assustado.

— Claro que é verdade. Todo pai de santo entra em contato com o mundo espiritual, e sempre há uma falange que mais lhe agrada.

— Mas você os via?

— Via alguns membros da falange, mas eles se apresentavam como Exu Caveira, e eu pensava se tratar de um espírito de luz. Minha mãe também era mãe de santo, e quando ela percebeu que eu tinha o dom de vê-los, logo me colocou para trabalhar no terreiro, desde menino. Para mim, os exus eram verdadeiros deuses que deviam ser servidos e obedecidos, e nós os chamávamos de Orixás. Mas, quando se fala em exus, na verdade são falanges, ou seja, são muitos os que fazem parte dessa ordem. Eles se denominam Exu Caveira, Sete Encruzilhadas, Sr. Marabô e outras falanges. O Chefe, que hoje é conhecido por todos como Pata de Cavalo, fazia parte da falange do Exu Caveira, mas eu nunca o havia visto antes. Só vi a verdade depois que passei pela morte e, então, vim parar neste lugar tenebroso.

— Mas o que você fazia?

— Trabalhava com magia, ajudava as pessoas a se livrarem dos inimigos e outras coisas mais.

— Mas como se livrar dos inimigos?

— Só se livra de um inimigo por meio da morte. Depois que aprendi o ofício, fazia tudo com perfeição.

— E você matou muitas pessoas?

— Perdi as contas de quantos trabalhos fiz para acabar com os inimigos de pessoas que vinham me pedir isso.

— Você se arrepende por ter feito o que fez? – perguntou Altino sentindo medo.

— Não! Embora viva neste lugar horrendo, tenho meus privilégios. O Chefe me respeita e me encarregou de cuidar dos eguns que vez por outra ele traz.

— O que é um egum?

— Egum é o espírito de pessoas mortas, como você, que veio para ser tratado e depois servir à falange do Exu Caveira.

— Mas eu não quero trabalhar com esse Chefe.

— Você não tem escolha, uma vez que foi ele mesmo quem o escolheu. Portanto, compreenda que agora você se tornou um escravo.

— E se eu não obedecer?

— Não faça isso, pois ele pode esmagá-lo como se faz a um inseto.

Naquele momento, Altino sentiu pavor de tudo o que estava ouvindo, sendo assim, parou com as perguntas.

— Para uma pessoa vir parar neste lugar é porque fez por merecer enquanto estava vivo. O que você fez? – perguntou Arlindo.

— Casei-me muito jovem, mas sabia que nunca amara realmente aquela mulher, e só o fiz porque minha mãe gostava imensamente dela e, então, achei que ela seria uma boa esposa – respondeu Altino depois de pensar por alguns instantes. – Eu não tinha paciência com ela, sempre gritava. Até que dei o primeiro bofetão, e depois disso as surras se tornaram constantes. Eu não suportava sua maneira submissa de ser. Ela era prestativa, cuidava bem da casa, das minhas roupas, mas mesmo assim eu sentia uma imensa aversão por ela, que até hoje não sei como explicar. Nos momentos íntimos gostava de humilhá-la ao extremo, e ela nunca reclamou. Foi então que acabei me envolvendo com muitas mulheres. Para falar a verdade, gostava da boemia, até que conheci Joselina num bar. Foi amor à primeira vista, pois ela me encantou, era completamente diferente de Marina. Joselina me enfrentava, e quando brigávamos chegávamos ao ponto de agredir um ao outro, mas bom mesmo era quando fazíamos as pazes. Mas, para ter Joselina, eu precisava dar dinheiro a ela, e mesmo assim ela achava que era pouco.

Arlindo perguntou:

— E você não levava dinheiro para casa?

— Não! Marina casou-se comigo sabendo que eu não a amava. Por esse motivo, deixava todas as despesas da casa para ela. Minha mãe sempre foi a favor de Marina, mas eu não me importava com suas críticas. Joselina era ardente, e eu estava apaixonado, desse modo, eu só estava feliz quando estava em sua casa. Mas, quando voltava para casa, tinha ódio de ver Marina sentada à máquina de costura, com aquela fita métrica no pescoço. E assim o tempo foi passando, até que, em 1950, nasceu João, nosso único filho.

Altino pensou por alguns instantes até continuar sua história em vida:

— Confesso que fui indiferente ao nascimento do menino, pois, como não gostava de Marina, também não gostava muito de seu fruto. Mas o menino foi crescendo e era muito bonito, magro, tinha cabelos negros, olhos verdes, e não sei por que a beleza do menino me atraía. Quando João tinha apenas seis anos, aproveitando a oportunidade de estar sozinho com ele, acabei por molestá-lo, mas ele ficou quieto e permitiu que eu continuasse. Eu pensei que ele gostou, porém, nunca mais tive a oportunidade de ficar sozinho com o menino novamente. Para mim, aquele menino seria um pederasta quando crescesse, e por isso o chamava por diversos nomes quando ainda era garoto. Além de tudo isso, certo dia, João, passando em frente ao bar, me viu com Joselina e logo contou para sua mãe, que mudou completamente a postura comigo. Ela, que não me respondia, começou a me desafiar e a gritar comigo, mas apanhava toda vez que fazia isso. Quando João tinha doze anos, eu dei-lhe tamanha surra que João se intrometeu e acabou apanhando também. Naquele dia, eu quebrei o nariz de Marina, que foi parar no hospital.

Então, Altino prosseguiu:

— E assim minha vida familiar foi se deteriorando, comecei a beber exageradamente e perdi o emprego, fiquei desempregado durante um ano. Quando perdi o emprego, as coisas entre Joselina e eu começaram a degringolar, pois ela queria dinheiro e eu não tinha. Até ela arranjar outro amante, um bancário que lhe dava tudo que ela queria. Joselina se relacionou com Caetano e comigo por um bom tempo, até colocar um ponto final em nossa relação. Não aceitei aquilo e acabei contando a Caetano tudo o que ela me dissera, e foi então que o homem rompeu o relacionamento com ela. Joselina e eu somos iguais. Ela, para se vingar, esfaqueou Caetano e foi parar na cadeia. Consegui voltar a trabalhar na empresa em que trabalhava, no setor de limpeza, e tentei reajustar as coisas em casa, mas João me odiava, até chegarmos ao ponto de Marina pedir o desquite. Para me vingar de Joselina, violentei-a antes de matá-la e, depois, fui parar naquela maldita cadeia. Lá fui humilhado de todas as maneiras, três homens me violentaram, o último foi Genuíno, um assassino que ganhava dinheiro para matar pessoas. E aqui estou, todo machucado, mas não pense que eu me esqueci do que ele me fez. Vou pedir ao Chefe uma vingança contra aquele infeliz.

Arlindo ouviu a história resumida de Altino e o alertou:

— Se eu fosse você não pediria favor ao Chefe, pois isso lhe custará muito caro.

— Quanto? – perguntou assustado.

— Você verá.

— E seu filho?

— Fiquei sabendo, enquanto estava preso, que ele morreu de overdose, o desgraçado morreu antes de fazer vinte anos.

— Agora compreendo porque está aqui. Você foi um péssimo marido e pai e, além disso, entregou-se à vingança e depois matou a mulher que um dia amou. Ninguém sofre sem merecer, e você mereceu tudo o que lhe aconteceu.

— Você não pode me julgar – respondeu Altino sentindo-se ofendido. – Você matou muito mais pessoas que eu.

O outro rebateu:

— Mas eu nunca fiz mal a nenhuma de minhas filhas. Já parou para pensar que, se seu filho morreu jovem, você teve sua parcela de culpa?

— Fiz e não me arrependo. Pena que não pude fazer outras vezes.

— Você agora conhecerá o sofrimento e ouvirá muito choro e ranger de dentes neste lugar, pois seu sofrimento está apenas começando.

Altino ia responder quando Arlindo pegou um pote e embebeu um pedaço de pano sujo no líquido, colocando-o sobre as feridas no abdome do outro. Depois de ouvir a história de Altino, Arlindo passou a falar somente o necessário, pois considerava-o um verme que estava ali para ser cuidado.

O tempo passou e as feridas cicatrizaram. Altino já se sentia bem disposto quando Pata de Cavalo foi até o casebre de Arlindo.

— Com está meu cavalo? – perguntou.

Arlindo, que não suportava mais a presença de Altino, respondeu:

— Está pronto para o trabalho.

O Chefe levou Altino a um lugar horrendo. O caminho passava por um túnel escuro, e no final havia uma espécie de sala.

— Você acompanhará Josevaldo, e ele lhe dirá o que deve fazer – ordenou, chegando à sala.

— O senhor encontrou Joselina? – perguntou timidamente.

— Sim, ela está aprendendo o trabalho comigo. Depois, irá para outra falange.

Naquele momento, Joselina entrou na sala acompanhada por duas mulheres, e, sorrindo, disse:

— Você pediu para que o Chefe me escravizasse? Mas ele não o fez, logo farei parte de outra falange, na qual serei senhora do meu destino, e você, um escravo.

Joselina virou-se para o Chefe e disse:

— Humilhe-o como lhe aprouver, pois essa criatura é do mal e merece ser castigada por tudo que fez.

Altino mal podia acreditar no que estava vendo, pois ele seria castigado enquanto Joselina receberia privilégios especiais. A mulher soltou uma gargalhada quando Altino gritou:

— Você não passa de uma meretriz!

Joselina, olhando para o Chefe, disse:

— O senhor vai permitir que ele fale assim comigo?

O Chefe se aproximou de Arlindo dando uma sonora bofetada em seu rosto:

— Joselina merece ser respeitada, e você fará isso por bem ou por mal.

Altino sentiu a bofetada doer em seu coração e, então, permaneceu calado. Como tinha um coração perpetrado no mal, passou a servir ao Chefe sem reclamar, praticando toda sorte de maldade contra encarnados e desencarnados. Com o tempo, ele passou a gostar do lugar onde estava, deleitando-se na prática do mal.

CAPÍTULO 108

Recuperação

João estava feliz na Colônia, pois, após muitos tratamentos, ele finalmente conseguira se livrar do vício psíquico pela droga e, com o auxílio de Olavo, passou a fazer cursos que a Colônia oferecia.
　　João gostava mesmo era de dar palestras para jovens que deixaram a vida na terra em decorrência dos vícios, explicando como o vício atingia o perispírito e, principalmente, suas consequências.
　　Havia um grupo de cinco jovens que desencarnaram vitimados pelo abuso de drogas e álcool. João explicava-lhes que eles poderiam se livrar definitivamente do vício submetendo-se ao tratamento que a Colônia oferecia. Enquanto falava, Olavo chegou e sentou-se em uma cadeira para ouvir o rapaz que falava fluentemente. Terminada a palestra, os alunos saíram da sala, e então Olavo perguntou:
　　— Como se sente, João?
　　— Estou bem com a ajuda de Deus. Agradeço a Ele todos os dias pela oportunidade de ter sido recolhido a este lugar de paz.
　　— Devemos dar graças a Deus por todas as bênçãos recebidas, afinal, se não fosse pela Bondade e Misericórdia de Deus, isso não seria possível.
　　— Guardo em minha memória todos os erros que cometi enquanto encarnado. Primeiro, por acusar meu pai pelas minhas desgraças, sendo que o único culpado era eu mesmo. Às vezes penso que é mais fácil se colocar na posição de vítima do que assumir as responsabilidades pelos próprios atos.

Fui responsável pelas minhas desgraças quando me envolvi em más companhias. Naquela ocasião, eles eram meus ídolos, mas com o passar do tempo vi que não eram nada daquilo que eu pensava. Arrependo-me de não ter pensando em minha mãe, que sempre esteve a meu lado e que foi a única pessoa que me amou verdadeiramente. As drogas são uma ilusão que as pessoas usam para fugir da realidade, porém, esquecem-se de que mudar a realidade depende apenas das decisões que tomarmos na vida. A vida é feita de escolhas, e infelizmente eu escolhi o pior caminho para trilhar, e paguei muito caro por isso.

— Pelo que vejo, você traz em seu coração um sentimento de culpa, e isso não é bom.

— Não tem como não se culpar quando você desperdiçou uma encarnação por ter feito a escolha errada.

— E hoje? O que sente pelo homem que foi seu pai na Terra?

— Sinto pena – respondeu João depois de pensar por alguns instantes. - O pobre hoje vive encarcerado em uma prisão e está, de certa forma, respondendo pelos erros que cometeu.

— Altino já não está mais na prisão – respondeu Olavo fechando o cenho.

— Ele foi liberto? – perguntou João.

— Não! Ele foi assassinado na prisão. Agora, se encontra nas zonas inferiores servindo como escravo para entidades do mal.

— Que Deus tenha misericórdia de Altino – disse pela primeira vez ao se lembrar do pai. - Ele sempre foi um homem atormentado pelas suas más inclinações, e agora sofre por ter seguido seus instintos. Há muito eu o perdoei, afinal, perdoar não é esquecer, como muitos pensam, mas é quando se lembra daqueles fatos passados e eles já não doem mais, tornando-se apenas cicatrizes.

João, naquele momento, deixou que uma lágrima escorresse de seus olhos.

— Você já foi visitar Manoel? – perguntou Olavo sorrindo.

— Quem é Manoel?

— Neco. Ele chegou ontem, mas como ficara muito tempo no Vale e na Terra, está na mais completa perturbação. Acredito que logo ele recobrará a lucidez.

João, então, fez sentida prece em agradecimento. Deus, em Sua Infinita Bondade e Misericórdia, havia enviado emissários do bem para auxiliar aquela alma atormentada.

— E Nico? Ele foi ajudado? – perguntou João depois da prece.

— Sim, foi ajudado muito antes de você. Agora trabalha em um grupo de jovens em outra Colônia, ajudando aqueles que pretendem reencarnar a não se deixar levar pelo mundo dos vícios, ensinando que o espírito reencarna com o objetivo evoluir por meio de uma vida digna, por mais pobre que possa ser.

— Gostaria muito de visitar Nico.

— Não se preocupe, pois logo você vai visitá-lo.

Olavo ficou em silêncio por alguns instantes e disse:

— Sente saudades de sua mãe?

João, ao se lembrar da fisionomia da mãe, emocionou-se.

— Deus é testemunha do quanto gostaria de vê-la novamente – disse depois de enxugar algumas lágrimas.

— Vem comigo, há uma pessoa que você vai gostar de ver.

João acompanhou Olavo, andando calmamente pela imensa alameda. Quando reconheceu o trajeto disse:

— Olavo, por que estamos indo ao Centro de Recuperação?

Olavo nada respondeu. Assim que entraram, viram Eliziel, o coordenador dos trabalhos no Centro de Recuperação.

— Que a Paz esteja convosco, meus irmãos – cumprimentou-os sorrindo.

Os dois responderam aos cumprimentos, e Eliziel perguntou:

— Veio visitar alguém?

— Sim, mas ainda não sei de quem se trata – respondeu João.

Eliziel, olhando para Olavo, instruiu:

— Por favor, façam silêncio, pois o silêncio ajuda na recuperação do espírito.

João andou lado a lado com Olavo até chegarem à porta de um quarto, Olavo advertiu:

— Faça silêncio e deixemos para conversar quando sairmos do quarto.

João olhou para Olavo sem nada dizer. Olavo abriu a porta, entrou e depois fez sinal para que João entrasse. O rapaz ficou lívido ao ver de quem se tratava e deixou que lágrimas escorressem pelos seus olhos. A pessoa que estava adormecida era Marina, sua mãe. Entre sorrisos e lágrimas, João se aproximou e beijou sua testa, deixando que uma lágrima banhasse o rosto de sua mãe. João ficou por alguns instantes até Olavo fazer sinal para saírem.

— O que aconteceu com minha mãe? – perguntou logo que saíram do quarto.

— Ela foi vítima de um enfarto fulminante, mas logo recebeu ajuda, afinal, ela ajudara muitas pessoas enquanto encarnada – respondeu serenamente. – Depois que você enviou a mensagem, ela sentiu sua fé aumentar e tornou-se uma trabalhadora da Casa Espírita junto com Dalva, Balbino e Elisa. Ela já estava doente havia algum tempo, pois os sofrimentos da vida afetaram seu coração sobremaneira. Embora morasse sozinha, ela nunca esteve deveras sozinha, pois recebia muitas visitas de seus companheiros da Casa Espírita, onde trabalhava, sendo uma pessoa muito querida.

— Ela está com a aparência envelhecida, embora não seja tão velha assim.

— Meu filho, o sofrimento tem o dom de envelhecer as pessoas. A pobre Marina sofreu muito desde que casara com seu pai, e depois seu sofrimento aumentou significativamente quando você partiu.

— Sou o culpado por minha mãe chegar tão cedo à Colônia – disse o rapaz, chorando.

Olavo o repreendeu dizendo:

— Compreenda que há um tempo para todo assunto debaixo do céu: tempo para nascer e tempo para morrer. Portanto, chegou o tempo de sua mãe. Mesmo se ainda você estivesse encarnado, ela partiria da mesma maneira. Não vejo motivos para se culpar, afinal, ela foi ajudada graças às boas ações que praticou enquanto estava encarnada. Em vez de lamentar o que se passou, pense que ela recebeu a benção da ajuda imediata. Estive presente em seu passamento, e ela não desencarnou sozinha, pois na casa havia oito pessoas. Marina foi assistida por bons espíritos porque fez por merecer. Portanto, hoje não é dia de tristeza, mas de alegria, pois você reencontrou sua mãe.

João, naquele momento, abraçou Olavo e disse entre lágrimas e sorrisos:

— Olavo, eu o amo como se fosse meu pai.

Olavo, sorrindo, respondeu vagamente:

— Talvez você já tenha sido meu filho em uma vida qualquer...

João não compreendeu, mas sentiu o abraço do bom espírito que sempre o ajudou desde que desencarnara.

CAPÍTULO
109

Reencontro

João visitava Marina todos os dias, e foi com alegria que, ao acordar, pôde ver seu filho ao lado da cama. Sorrindo, ela disse:

— Este é o mais belo sonho que já tive.

— Não, minha mãe, esta é sua nova realidade. A senhora sofreu muito ao desencarnar?

— Há dois anos comecei a ter problemas cardíacos, e o doutor Abílio me indicou um cardiologista muito bom, o doutor Fontinelle. Ele sempre dizia que eu não deveria fazer esforço, pois o meu coração estava enfraquecido Por isso, eu deixei de trabalhar e, com a ajuda dos amigos da Casa Espírita, consegui me aposentar por invalidez. Elisa, Dalva, Maria do Rosário, Glória e outras trabalhadoras da Casa revezavam para me ajudar nos afazeres domésticos. Como eu me cansava com qualquer movimento, todas me faziam descansar durante a maior parte do tempo. Balbino conseguiu comprar um carro e me levava à Casa Espírita para todas as reuniões. Porém, eu já não podia fazer as mesmas coisas de outrora, mas me sentia bem com o pouco que fazia, como colocar água nos copinhos para que fossem fluidificados, e indicar as pessoas à câmara de passes. Depois de um tempo, o doutor Fontinelle disse que eu estava com o mal de chagas. O cansaço se tornou constante, e com o tempo eu não aguentava mais ir às reuniões. O médico cogitou a ideia de colocar um marcapasso, mas eu não aceitei, resolvi deixar as coisas seguirem seu rumo natural. Eu sentia muito cansaço e falta de ar. Havia dias em que eu estava melhor, e outros, nem tanto.

Marina pensou por alguns instantes até continuar:

— Até que numa manhã, Elisa trouxe o café dizendo que eu tomaria banho um pouco mais tarde. A xícara estava demasiadamente pesada, e eu desisti de tomar café, embora Elisa levasse a xícara à minha boca. Eu sentia que não ia demorar a desencarnar, então, pedi para Elisa me levar para o banho e colocar em mim o meu melhor vestido. Ela mandou Daniel avisar Balbino que eu não estava bem, e logo todos os meus amigos estavam a meu lado. Pelo dizem, foi infarto fulminante, mas eu sinceramente discordo. Pois, olhando para todos os meus amigos, lancei um sorriso quando senti um formigamento nos pés que foi subindo e sem querer fechei os olhos e os abri aqui. Não sofri ao morrer, meu filho. O importante é que agora estou com você.

João ficou feliz por saber que a mãe não havia sofrido e disse:

— Mãe, quando estiver recuperada, vou levar a senhora para conhecer a Colônia. Tenho certeza de que vai gostar.

João, depois de conversar um bom tempo com sua mãe, disse:

— Mãe, sabe o que fiz? Contei minha história à Margarida, uma irmã que é aspirante a escritora. Já imaginou as pessoas na Terra conhecendo a minha história?

Marina pensou por alguns instantes quando disse:

— Não acho uma boa ideia, meu filho – disse ela depois de pensar por alguns instantes. – Afinal, você vai se expor, e muitas pessoas que nos conheceram ficarão sabendo de nossa vida.

— Não se preocupe, minha mãe – respondeu sorrindo. – A irmã Margarida disse que mudará os nomes, as datas e o local, para que ninguém possa nos identificar.

Marina continuou desconfiada e perguntou:

— E qual será o nome do livro?

João pensou um pouco e disse:

— O que acha de *Pronto para recomeçar*?

Marina, por um momento, lembrou-se de como o filho ficava quando estava drogado e, principalmente, da maneira que desencarnou. Então, disse:

— Ai, meu filho, não sei...

João, sorrindo, disse:

— O livro se chamará *Pronto para recomeçar*.

Marina estava feliz ao ver o filho plenamente recuperado, e com um sorriso disse:

— Não me importa o título do livro. O importante é como você se recuperou com a Misericórdia Divina.

FIM

Posfácio

Na paz, os filhos enterram os pais. Na guerra, os pais enterram os filhos. O mundo vive em tempos de guerra, mas não se trata de uma guerra declarada na qual nossos jovens são obrigados a pegar em armas e aniquilar seus inimigos. Vivemos em um tempo de guerra silenciosa e assassina!

Que guerra é esta? É uma guerra contra o câncer que se instalou no seio da sociedade global. Não é uma corrida armamentista como a que ocorreu no século passado, na qual os prejuízos financeiros foram generalizados e cuja depressão fazia muitos passarem fome.

Hoje, é uma guerra que tem o poder de empobrecer muitos, mas de enriquecer poucos.

De que guerra estamos falando?

Da guerra contra as drogas.

Nessa guerra não há vencedores, apenas perdedores:

Perde-se a dignidade,

Perde-se a humanidade,

Perde-se o senso do que é certo ou errado.

Perde-se tudo aquilo que, um dia, pais primorosos ensinaram.

Perde-se a razão, mas ganha-se somente uma coisa:

A morte prematura, que leva jovens em deplorável estado às densas esferas, onde há gritos e ranger de dentes.

Muitos dos jovens pensam que a morte significa o fim do vício, mas que vão engano. Mesmo vivendo do outro lado da vida material, continuarão a sentir os efeitos nocivos do vício.

Jovens, não se deixem enganar pelos encantos dos entorpecentes, pois esses venenos vão minando o organismo aos poucos ou, em determinados casos, rápido demais.

Oh! Juventude perdida, arrastada pelo vício para ser levada ao precipício.

Cada jovem deve olhar para seu corpo e encará-lo como um presente de Deus. Pois, graças a esse corpo, Deus dá a oportunidade para um novo recomeço.

Aqueles que se deixam levar pelas drogas perdem, principalmente, o amor que deveriam sentir por si mesmos e pelo próximo.

Vamos seguir a ordem natural das coisas! Deixem que sejam vocês a enterrarem seus pais. Não deixem que vocês sejam enterrados por eles.

Quantos desencarnes ocorrem diariamente por causa das drogas e de seus efeitos nocivos?

Quanta violência há por causa das drogas ou da ganância por ganhar mais dinheiro?

Quantos jovens chegam às densas esferas em deplorável estado, ou até mesmo na mais completa indigência?

Quando a Terra mudar e deixar de ser um planeta de provas e expiação para se tornar de regeneração, certamente esse quadro irá mudar. Porém, enquanto isso não acontecer, muitos pais ainda chorarão e continuarão a enterrar seus filhos, rendendo-se a essa guerra na qual jovens desavisados se enfileiram como soldados.

Margarida da Cunha

Av. Porto Ferreira, 1031 - Parque Iracema
CEP 15809-020 - Catanduva-SP
17 3531.4444

www.lumeneditorial.com.br | atendimento@lumeneditorial.com.br

www.boanova.net | boanova@boanova.net